河北大學國朝文化高等研究院
INSTITUTE FOR ADVANCED STUDY OF YANZHAO CULTURE,HEBEI UNIVERSITY
————成|果|文|庫————

BEIYANG GUANBAO
YANJIU

《北洋官报》研究

都海虹 著

人民出版社

序

从 1901 年到 1911 年,是 20 世纪开启的十年,也是清王朝崩溃前的最后十年,在中国历史上是一个非同寻常的历史大变局时期。这十年,是中国从传统的封建社会转向现代社会的关键性拐点。历经庚子事变,命悬一线的清政府启动新政,试图挽大厦于将倾,但最终却加速了清王朝的崩塌。这一时期的"清末新政"是一段见仁见智的世界史。评价清末新政绝不是简单用"失败"二字就可以概括了之的。清末新政改革,其实在社会政治、经济、军事、文化教育等方面都产生了新陈代谢的历史作用,是承上启下的一个过程。

晚清十年,新闻媒介见证了历史发展。国人掀起了第二次办报高潮。新闻理念、新闻业务水平都有了长足的进步。清政府也认识到办报是不可遏制的历史潮流,利用官报引导社会舆论导向,是统治者必然的选择。1902 年,直隶总督兼署理北洋大臣袁世凯率先创办了《北洋官报》。

呈现在读者面前的这本专著,是作者在其博士学位论文的基础上扩展而成的。当年,本书作者同我交流,说想选择《北洋官报》为学位论文题目,我建议她在现有基础上搜集更多的文献,特别要认真研读官报,找到其值得书写的亮点。于是,生活与工作都在保定的她,数周往返于保定与天津之间,查阅天津图书馆收藏的由天津古籍出版社出版的全套《北洋官报》,以及相关资料。她说连图书馆员都被她这个天天泡在阅览室的外地人打动,允许她部分书页拍照带回保定继续研究。终于,当她再次同我交流有关《北洋官报》的论文设想时,《北洋官报》的真实历史面貌和其内在的研究价值开始呈现在我们眼前。

《北洋官报》从1902年12月25日创刊,至1912年2月12日清朝末代皇帝溥仪宣布逊位,这份作为晚清直隶官方喉舌的报纸随之谢幕,《北洋官报》共出3053期。1912年2月23日以后,《北洋官报》先后改名为《北洋公报》《直隶公报》,期号顺延旧报,继续出版。这份官报有多个第一:它是我国近代史上第一份产生重要影响的政府官报,是我国第一份邮发报纸,是我国最早采用铜版印刷技术的报纸。研究这样一份饱经沧桑的报纸,一定能把读者带入那汹涌澎湃的历史长河之中,感受晚清最后十年的山岳崩颓、风云变色。

定了题目之后,作者花了近两年时间锐意穷搜、博览文献,将清末十年的《北洋官报》逐页阅读,分类统计,开展研究。本书的写作有一定难度,首先是要求作者有一定的古文功底。翻阅官报以及相关文献,要克服竖排版、文言文、繁体字的困难。作者非汉语文史相关专业毕业,为了攻克这第一关,她把手机字体设置成繁体字,日日沉浸在繁体字的环境中,使得古文阅读渐入佳境。其次作者还需沉潜于清末新政、预备立宪这一段历史,这样才可能进一步了解、探讨社会变革与传媒发展的互动关系。作者乃新闻学专业出身,为弥补自身历史知识的不足,她下班之后便闭门谢客,手不释卷,夜以继日与那书籍纸笔电脑为伴。真是应了那句话,"坐得住冷板凳,下得了苦功夫"。熬得住读书的寂寞,才能守得住历史的精彩。

最终,功夫不负有心人,论文顺利完成。作者对《北洋官报》创办的历史背景、创办的客观原因,它的形式、内容、传播渠道和手段,以及它的特色都做了深入探究和论述,并对《北洋官报》在我国新闻传播史上的地位和作用,做了再认识、再评估。《北洋官报》已脱离古代邸报的样态,具备了现代媒介传播的部分功能。它促进了近代新闻事业的发展,进而推动了中国社会的历史进程。在清政府实行新政及预备立宪的过程中,《北洋官报》起到了一定的舆论引导作用。客观上促进了清末官员思想的现代化,促进了社会政治文化形态向现代化过渡。《北洋官报》作为中国新闻事业发展史上的一座里程碑,不仅宣告了古代形态官报的终结,推进了出版技术的发展,提高了报人的地位,而且初步形成了现代化和专业化的编辑理念与编辑技术体系,开启了现代化官报的历程。在中国新闻传播史上,起到了承上启下的作用。

迄今为止,这是全面梳理《北洋官报》并进行深入个案研究的第一部专著。它对完善清末民初我国政府官报的发展历史,推动地方报刊史的研究,具有一定的参考价值,并为学界提供了评价清末直隶新政的新闻史视角。同时,这部专著探讨了社会变革与传媒发展的互动关系,或许会给正处于媒介融合、社会转型时期的当代媒介某些启迪,启发当代媒介积极融入社会变革,并在社会变革之中发挥积极作用,以促进媒介自身及社会的进步。这也正是历史研究的现实意义所在。

清末民初官报的实践活动,是中国新闻事业史上一个特殊的篇章。《北洋官报》的问世,起到了示范和带动作用,中央和各省官报随之而起,《湖南官报》《江西日日官报》《南洋官报》《政治官报》《安徽官报》《山西官报》《四川官报》《豫省中外官报》《湖北官报》《山东官报》《甘肃官报》等相继创办。预备立宪后,中央政府及各地一些部门又创办起了名目繁多的专业性报刊,如商务部创办了旬刊《商务官报》,学务部创办了《学务官报》,邮传部创办了《交通官报》,等等。一时间官报发展呈鼎盛状态,形成了一个从中央到地方的新式官报系统。这是很值得研究的一个报纸群、一个时期的传媒景观。然而,迄今为止,这方面的研究,特别是其中一些有代表性的报纸的个案研究,还很不够。本书作者在这方面先行了一步。我希望有更多的学者关注并投入其中,为中国新闻事业史的发展做出贡献。

白贵

2022 年 2 月 8 日于三亚凤凰水城

目　　录

绪　论……………………………………………………………… 1

第一章　《北洋官报》创办的历史背景 ………………………… 20

　　一、《北洋官报》创办前后中国时局动荡 ………………… 20

　　二、清末新政的实施与新闻事业的发展 …………………… 23

　　三、袁世凯与直隶新政 ………………………………………… 30

　　四、晚清的政治舆论失范与媒介控制 ……………………… 33

　　五、本章小结 …………………………………………………… 37

第二章　《北洋官报》的定位、形态与运营 ………………… 39

　　一、《北洋官报》的发展分期与形态确立 ………………… 40

　　二、《北洋官报》的体制 ……………………………………… 46

　　三、《北洋官报》的发行方式与广告 ……………………… 61

　　四、本章小结 …………………………………………………… 68

第三章　《北洋官报》的内容分析——"通上下，开民智" … 71

　　一、《圣谕广训》与邸报的摘抄 …………………………… 71

二、官方文牍的刊载 ················ 80

三、国内新闻的报道 ················ 86

四、外国新闻的选登 ················ 148

五、图画的刊载 ················ 157

六、论说的编发 ················ 166

七、本章小结 ················ 175

第四章 《北洋官报》的历史作用及其地位 ········· 178

一、《北洋官报》与舆论引导 ············ 178

二、《北洋官报》与清末官员思想的现代化 ······· 189

三、《北洋官报》促进了政治文化形态向现代化过渡 ···· 204

四、《北洋官报》在中国新闻事业发展史上的重要地位 ···· 214

五、本章小结 ················ 228

结 语 ················ 230

参考文献 ················ 235

后 记 ················ 249

绪　　论

　　河北省在清代属直隶省,直隶省的行政中心设在京畿要地保定。从明代到清代,直隶省所辖范围不断在调整。直隶总督权重位显,是疆臣之首。从雍正元年至宣统三年,清代187年历任直隶总督74人,共99任。光绪二十七年即1901年11月,直隶总督兼北洋大臣李鸿章病故,袁世凯继任。1901年1月,清政府推行新政。时任山东巡抚的袁世凯赞成君主立宪,积极推进改革。《北洋官报》1902年12月25日在天津的出版成为袁世凯在直隶推行新政的重要举措之一。其出版总局设在天津,分局设在保定和北京。宣统二年即1910年11月2日,《北洋官报》迁保定出版。《北洋官报》是我国近代史上第一份产生重要影响的政府官报,也是我国第一份邮发报纸,同时还是我国最早采用铜版印刷技术的报纸。本书拟对《北洋官报》展开深入研究。

一、选题意义

　　深入研究《北洋官报》具有多层重要意义。

　　第一,研究将完善清末民初我国政府官报的发展历史,推动地方报刊

1

史的研究。

《北洋官报》原件由国家图书馆、上海图书馆馆藏较多,除此之外,散落在民间及其他机构也有一些。后在全国各地图书馆的大力支持下,天津古籍出版社全面搜索,终于出版了全套影印版《北洋官报》。即使如此,还是差了9期,还有较多期报纸残缺不全。长期以来,史学界对于清末民初官报的研究未予足够的重视,不仅资料散佚残缺,搜集整理工作任重而道远,对其价值的深入挖掘与研究工作更是只做了初步的拓荒工作。

中国本土现代化报纸产生较晚。《北洋官报》的历史已过百年,它作为中国走向现代化过程中的产物,作为中国现代化报纸的官方尝试,确实具有重要的历史地位。深入研究《北洋官报》的办报思想、办报方法及其内容、发行等,有助于完善清末民初政府官报发展历史的研究。

再有,《北洋官报》诞生在天津卫,酝酿出版《北洋官报》的北洋官报局在保定府成立。这份报纸百年前也曾在一定程度上反映了直隶总督的意旨,记载了直隶地区的政治、经济、文化、教育、军事等方面的发展变化。所以,《北洋官报》本身就是直隶历史的一部分,是直隶地方报刊史的一部分,加强对《北洋官报》的研究有助于推动地方报刊史的研究。

第二,全面研究《北洋官报》将为学界提供评价清末直隶新政的新闻史视角。

《北洋官报》是直隶新政的产物。直隶新政是清末新政的重要组成部分,甚至可以说是清末新政的先导与示范。清末新政时期,袁世凯积极投身新政的改革过程,率先响应清政府的改革主张,以积极的态度付诸实践,推进了中国现代化的进程。他在直隶推行行政和司法制度改革,实行较为完整的振兴经济措施,创办北洋新军,推进近代化军事改革,促进新式教育的发展,等等。《北洋官报》作为宣传新政的窗口应运而生。报纸创办以后,主要刊载政府公文、新闻时政和学术理论,记录、反映了直隶新政的推进过程。其本身的现代化程度就说明了清末舆论领域的改革,进而反映了清末改革的深化程度。通过研究《北洋官报》的内容,可以从一个侧面进一步了解清末直隶新政的内容、推行过程和实践效果等。

第三,研究《北洋官报》的历史将有助于我们探讨社会变革与传媒发展的互动关系。

《北洋官报》创办之时,中国本土近代报刊已出现半个世纪之久。维新变法时期,国人掀起第一次办报高潮,民办报纸如火如荼,报刊数量多,办报地区广,报刊种类丰富。以政论为主的报刊发展迅速,除此之外还出现了专业性报刊、纯商业性报刊、文艺娱乐性报刊以及以青年、妇女、儿童为读者对象的报刊、图画报刊、白话报刊等。中国古代官报"邸报",这个存在了1000多年的官方新闻机构受到严重冲击。其时效性、刊载内容、版式装帧、发行制度等早已无法满足受众需求,不适应时代的发展。而此时外国人创办的报纸和中国人创办的非官方报纸却越来越多地被国人接受。清末新政伊始,袁世凯大力支持创办新式官报。《北洋官报》存世10多年,出版3000多期,获得了一定的成功,对外省新式官报的创办起到了示范作用;在"通上下、开风气""对抗诡激之报刊"方面也发挥了积极的作用。《北洋官报》发行量大,发行地区达直隶省内外,尤其在发展前期产生了较大的社会效应。

从一定程度上说,《北洋官报》的创办与发展正逢历史变革,社会风云激变,报纸这种媒介形式也处在巨大的转变过程中。在这样的背景下,《北洋官报》获得一定的成功,有办报宗旨、办报方法、报道内容及发行制度等方面的原因。另一方面,官报的变革与发展和当时社会的变迁呈现出一种互动的关系。社会的变革深刻影响着官报的发展,官报的发展不仅反映出时代的变迁,而且能动地促进当时官员思想的进步以及清末新政、预备立宪的开展等。探讨社会变革与传媒发展的互动关系可以给正处于媒介融合、社会转型时期的当代媒介些许启发，启发当代媒介积极融入社会变革，并在社会变革之中发挥积极作用，以促进媒介自身及社会的进步，这也正是历史研究的现实意义所在。

二、研究综述

虽然《北洋官报》的重要历史地位已得到新闻史学界的一致认可，但对于它的研究却还处于起步阶段，概述性的介绍多，深入研究的论著少。下文对具有代表性的研究成果以及与本研究有关的研究成果做一梳理。

第一，关于报刊资料的搜集与整理。

天津古籍出版社出版的《北洋官报》全套影印本，辑录了从 1902 年创刊至 1912 年停刊的报纸（缺 9 期），共 89 卷，为史学研究提供了弥足珍贵的资料。

《北洋官报》成功带动了一大批省府官报效仿。与《北洋官报》同一时期的其他官报对本研究同样具有参考价值。当时的主要官报在国家图书馆几乎都能找到缩微版。如《湖南官报》(1902—1906)、《四川官报》(1904—1911)、《南洋官报》(1904—1911)、《湖北官报》(1905—1910)、《政治官报》(1907—1911)、《甘肃官报》(1908—1910) 等。对这些官报的概略扫描能使我们对当时官报的固定内容、体例、办报方法和完整的布局有一个宏观的认识。同时，通过对比，《北洋官报》更加突显出引领性的地位与特色。

除了官报以外，与《北洋官报》同一时期的私营报纸对本研究也具有较高的参考价值。私营报纸相较官报来说，出现时间早，更为发达。近代化的私营大报在新闻报道等方面更为成熟。官报的兴起与发展，清末新政的实施与推进，在私营大报上都有反映和评论。查阅这些报道和评论能够从侧面印证官报的宣传、报道效果以及社会舆论反应等。如《大公报》(1902—1911)、《申报》(1902—1911)、《东方杂志》(1904—1911)、《顺天时报》(1908—1910)等。这些报纸在国家图书馆也能查阅到。

第二,相关史料的辑录。

《北洋官报》的创办正值大清王朝统治根基动摇,大厦将倾,清政府试图通过新政挽救古老帝国于狂澜之中的大变革的历史时期。同时,列强通过武力侵犯不仅强占了中国的领土,进一步控制了中国的经济命脉,也把西方新的政治理念、学术思想等输入到这个千疮百孔的国家。《北洋官报》的创办和发展与时代紧密相连,研究《北洋官报》必须要了解这段历史。有几部重要的史料辑录值得关注,一部是由故宫博物院明清档案部编的《清末筹备立宪档案史料》。该书分两编,共辑录光绪三十一年(1905)到宣统三年(1911)之间的史料401件,全部选自故宫博物院明清档案部所藏清廷军机处上谕档、录副奏折及宫中朱批奏折等有关清末筹备立宪活动的文件。第一编是清末统治集团对筹备立宪的策划和议论,分为出洋考察政治的情况、预备立宪的宣布和策划、统治集团内部的议论三个部分;第二编是清末筹备立宪各项活动情况,分为官制、议院、咨议局和地方自治、法律和司法、满汉关系、教育、财政及官报八个部分。对本研究来说,这些珍贵史料的参考价值不言而喻。

另一部重要的史料辑录是朱寿朋编的《光绪朝东华录》。编者依据当时的报纸记载了自1875年(同治十三年十二月)至1908年(光绪三十四年九月)的内政、外交、军事、经济等方面的大事。全套书共220卷,460万言。按时间顺序编排,逐年逐月乃至逐日记载,是一部具有较高史料价值的编年体资料长编。当然对于本研究来说,该书卷帙浩繁,限于研究者时间与精力,重点查阅的是1900年以后的史料。

赵尔巽的《清史稿》也属于较为全面的历史资料。全书536卷,分本纪、志、表、列表。所记之事，上起 1616 年清太祖努尔哈赤在赫图阿拉建国称汗，下至 1911 年清朝灭亡，共 296 年历史。作者著书之时清朝刚刚灭亡，清廷档案、私家著述和文化典籍保存得比较完整，因此史料丰富充实，为后人研究清朝历史提供了理想的参考。

由廖一中、罗真容整理，天津古籍出版社出版的《袁世凯奏议》，辑录了自 1898 年 9 月 17 日，即袁世凯被光绪皇帝任命为候补侍郎专办练兵事宜时起，至 1907 年 9 月 5 日，清廷免去其直隶总督兼北洋大臣，授为外务部尚书、军机大臣时止，他的奏议、公牍、函电和其他资料。这段时期是袁世凯在清朝任职最重要的阶段，这些资料对研究袁世凯及晚清历史具有重要的价值。

除以上四部重要的史料辑录可作参考外，河北省保定市保定日报社编写的内部资料《保定报志》、河北省地方志编纂委员会编写的《河北省志·新闻志》、中华文化通史编委会编写的《中华文化通志·新闻志》等，都有关于《北洋官报》以及同时期其他报纸的资料梳理。虽然是目录式概述，却也能为研究过程中查证报纸的基本情况提供参考。

另外，由中国第一历史档案馆出版的《历史档案》杂志，经常会刊载关于晚清历史、晚清报刊的文章。如 2000 年第 2、3、4 期与 2001 年第 1 期杂志连载丁进军编录的《晚清创办报纸史料》。辑录了晚清各省为创办报纸请示民政部的咨文以及筹备事项清单。

第三，相关研究专著。

关于《北洋官报》的最早研究大概要追溯到 1927 年中国新闻史学的拓荒者戈公振所著的《中国报学史》。这本中国新闻事业史的开山之作的第二章为"官报独占时期"，从中国古代邸报写起，写到清末官报的诞生与发展。该章第十九节"官报的全盛时期"提到了《北洋官报》的创办，开风气之先，并引起其他各省效仿。戈公振认为我国官报创办虽早却不发达,最主要的原因就是,我国官报办报的唯一目的是为遏止人民干预国政,结果造成人民对国家对政治的漠然,这种状况更进一步导致社会黑暗。戈氏对于官报的认识有待商榷,但却是最早而又较为全面地梳理古代官报发展脉络者,对历朝历代官报的特点、制度、印刷等都有研究。对清末现代化官报的出版也做出自己独到的评价。由于专著体例所限,此书并没有对《北洋官报》进行深入的个案研究,只是将当时有影响的各大官报概况给予介绍,并附有报纸章程。

随着我国新闻史学的不断发展,对于官报的研究越来越丰富。清末民初各地出现的各式各样的官报都进入了研究者的研究视野。但限于资料的不完整,难以搜集,对于《北洋官报》的深入研究并不多见。当代新闻史学界的前辈们,方汉奇先生、吴廷俊先生、倪延年先生、丁淦林先生等所著的新闻史专著中都有提到《北洋官报》。不过,都只是一笔带过,点出该报的地位和价值。吴廷俊先生所著的《中国新闻史新修》,将"清末的新式官报"放在第四章"维新运动与政治家办报开端"之中论述,提及《北洋官报》的体例和意义,他认为,包括《北洋官报》在内的"这种新式官报虽然在形式上进入近代报纸的范畴,但是在本质上还是中国古代报纸邸报的继续"①。

安徽大学王天根的《中国近代报刊史探索》第一卷《晚清报刊与维新舆论建构》一书,论述了晚清媒介"通中外"与政治建构或解构的关系,并围绕媒介与晚清政治转型之间的关系展开论述,揭示媒介功能在政党利益纷争中的嬗变历程及由此呈现的规律性。书中认为晚清政治舆论失范,官方谋求舆论一律,官报将自身功能定位在新政中上情下达的喉舌及周知四方的传播功能。

---

① 吴廷俊:《中国新闻史新修》,复旦大学出版社 2008 年版,第 92 页。

第四,相关研究论文。

除了专著也有一些文章研究《北洋官报》,但大多数文章都是简单介绍报纸出版发行的概况,以及指出报纸的地位,深入研究的论文实在鲜见。难得的是,2010 年河北师范大学硕士研究生翟砚辉在他的毕业论文《〈北洋官报〉与直隶新政》中,将该报与直隶新政联系起来,考察了报纸与直隶新政的关系以及在新政时期的角色,并对此新政的实施成效与影响进行评析。这篇学位论文将传播学与历史学相结合,对报纸进行考察。尤其可贵的是对《北洋官报》的很多细节考证仔细,比如报纸改刊时间、发行机制等。当然,由于作者只收集到 500 多份原报,所以,对于该报的研究还不够全面,话题集中于与直隶新政相关的内容,对于报纸自身其他方面的考察较少,且深度有待挖掘。

当前,虽对于《北洋官报》的研究论文不多,但学界对于官报的历史研究论文相对多一些。20 世纪 90 年代,中国社会科学院新闻研究所的李斯颐发表了《清末 10 年阅报讲报活动评析》(1990)、《清末 10 年官报活动概貌》(1991)、《清末 10 年官报活动评析》(1994)、《清末的官报》(1995)等几篇论文,对清末官报活动的分期、分布情况进行了简要描述,重点对 1902 年至 1912 年这 10 年间官报的主要刊登内容以及经营管理等方面,还有阅报讲报活动做了较为细致的统计分析,数据翔实,描述客观。虽然是概括性的初步描述,但为后人对官报开展进一步深入研究奠定了基础。

清末各省效仿《北洋官报》纷纷创办地方官报,地方官报成为推进各省新政的一部分。当代,随着地方史研究逐渐深入与丰富,已有学者整理研究清末各地官报。例如南昌大学程沄的《清代江西官办报刊述略》(1982),福建师范大学社会历史学院的许建萍写的《福建农工商官报与清末新政初探》(2008)、张瑛的《〈河南官报〉初探》(1987),金惠风的《清末的〈南洋官报〉》(1994)等。这些文章相对概略性地描述了各地官报的发展情况,对史料进行了梳理。论文数量不多,每篇论文篇幅也都不长,但却显示了学界对官报的关注。

同时,清末官报与清末新政紧密联系在一起,是清末内忧外患的背景下,清王朝试图变革图强的产物。因此,当代学者多有从政治的角度研究清末官报。例如中国人民大学新闻学院李卫华的博士学位论文《报刊传媒与清末立宪思潮》(2009),从近代报刊传媒与社会思潮发展互动的角度,解读清末社会剧烈变革的内在思想原因,认为报刊传媒在推动立宪思潮高涨的同时,也推动了清末社会的政治变革,从而在客观上促进了封建专制制度的瓦解。其中谈到官报,认为其补充立宪报刊传播的地域和阶层盲区,推动立宪思想向下层延伸,其进步作用不可忽视。除这篇文章之外,还有一些期刊文献,如河北师范大学历史文化学院徐建平的《清末直隶地方官报的兴起及其政治表达》(2007)、张小莉的《清末"新政"时期的地方官报》(2005)等,都表明:清末官报内容和形式较之前的传统官报有了较大改进和创新,推进清末新政的发展,传播了西方先进思想和文化,其客观上起到了开通民气、开化民智的作用。中国人民大学新闻传播学院郭传芹的论文《论清末督抚与近代报刊创设——以直隶总督袁世凯为主要分析对象》(2012)也很有分量。文章通过介绍袁世凯对新式官报尤其是《北洋官报》的鼎力支持,来评价袁世凯对近代新闻事业的发展所发挥的作用。

综上所述,一方面,当前学界对于《北洋官报》的研究还有待深入。笔者搜集到的几篇直接研究《北洋官报》的论文,对《北洋官报》的概貌与新闻实践进行了宏观描述,重点在考察报纸与袁世凯的政治活动以及与直隶新政的关系。对《北洋官报》的发展阶段、自身的新闻特色、宣传特色、内容、体例、发行及传播效果等,缺乏深入、细致、全面、科学的研究。

另一方面,与《北洋官报》相关的有关清末官报的研究也基本上都是概述性介绍多,全面展开的深入研究鲜见。尤其是关于《北洋官报》对直隶地区现代文明的构建、对直隶新政的推进所产生的影响等,目前的研究远远不够。笔者选取《北洋官报》作为研究课题,也是期望能为推动《北洋官报》研究工作的发展,稍尽绵薄之力。

三、基本框架与研究方法

1. 基本框架

本书分四章展开研究。

第一章主要介绍《北洋官报》创办的历史背景。《北洋官报》创办于 20 世纪初,晚清政府风雨飘摇的最后十年。《辛丑条约》的签订使中国彻底沦为半殖民地半封建社会,清政府沦为帝国主义侵略中国的工具。这是《北洋官报》创办的大的历史背景。面对内忧外患,为维护自身统治清政府被迫实施新政改革。新政的实施出现了诸多有利于新式报刊发展的因素。晚清的报刊发展掀起了高潮。这是《北洋官报》创办的推动因素。而直隶新政的有效推进,直隶总督袁世凯的大力支持,是新式官报《北洋官报》诞生的直接原因。《北洋官报》的创办有清政府的主动因素也有被动因素。晚清社会的言禁受到极大的冲击,政府对舆论管控越来越乏力。于是清政府被迫创办属于自己的喉舌体系,希冀重新占领舆论阵地。因此,该章通过四部分来分析《北洋官报》创办的历史背景:《北洋官报》创办前后的中国时局、清末新政的实施与新闻事业的发展、袁世凯利益集团支持《北洋官报》的创办、晚清的政治舆论失范与媒介控制。

第二章和第三章是研究的主体部分,分别从《北洋官报》的外在形态和内容来展示报纸的全貌。《北洋官报》的形态在开办之初即已确立,后在其不同发展时期,办报宗旨始终不变,但报纸的组织与运行、版面安排与栏目设置以及地位都在不断调整与完善。对此,本书做了细致的研究。《北洋官报》的广告数量多,内容丰富,始终保持在 4 到 8 页的篇幅,值得深入研究。《北洋官报》虽借助行政体系派发报纸,但为了推广报纸,实现其"通上下、开民智"的宗旨,采取多种有效形式助力发行。因此,第二章内容安排了三个主要部分:《北洋官报》的发展分期与形态确立、《北洋官报》的体例以及《北洋官报》的发行方式与广告。第三章运用内容分析法,通过大量的数据统计逐一分析《北洋官报》每一主要版块的内容,进而探讨官报的内容特色、报道重点及宣传策略。内容分析主要针对:《圣谕广训》与邸报摘抄、官方文牍、国内新闻、国外新闻、图画和论说几个板块。通过对这六个主要板块的内容分析,本章基本展现了《北洋官报》的全貌。

　　第四章是在对《北洋官报》的形态和内容进行全面分析的基础上,探讨其历史作用和影响。评价《北洋官报》的作用和影响应从两大方面去考察,一是将官报放在晚清向民国过渡的历史中,考察它在清末新政、预备立宪实施过程中的舆论推动作用。清末新政在一定程度上推进了中国社会的现代化,而"预备立宪"是中国宪政史上的一件大事,加速了中国政治现代化的历程。在中国历史走向现代化的过程中,《北洋官报》究竟起到了什么作用? 二是考察《北洋官报》在中国新闻传播史中的地位和作用。作为一种新兴的媒体形式——新式官报,又创立于中国新闻事业史上一个特殊的时期,从媒体自身发展规律来看,《北洋官报》在新闻发展史上占有什么样的地位? 发挥了什么作用? 以上便是第四章研究的内容。

2. 研究方法

本文采用多种研究方法开展研究工作,主要方法有:

(1)文献研究法

文献研究法是历史研究的基本方法。在研究过程中首先认真研读《北洋官报》及其相关文献,全面、正确地了解《北洋官报》创办与发展时期的历史背景。初步统计相关文本信息,对《北洋官报》形成一般、整体印象。在此基础上,对报纸文本及思想内容进行具体分析,分专题进行仔细研究。考察与本研究内容相关的其他历史文献,不断开拓研究视野,拓展研究的广度与深度。

(2)定量分析法与定性分析法

本书在对《北洋官报》进行专题分析的过程中,使用定量分析法,对报纸刊载的内容、设置的栏目以及广告类别进行精确化数据统计分析,以便于更加科学地把握《北洋官报》的性质,理清报纸发展阶段,探究报纸发展规律。

在定量分析的基础上,本书运用定性分析法,对《北洋官报》在政治、教育、文化等方面所做的宣传与报道进行综合性研究,归纳总结《北洋官报》在宣传新政、新知、新思想方面的特点,深入探讨报纸的传播功能与价值,并分析其局限性。

(3)交叉学科的研究方法

新闻学本身就是一门交叉性学科。新闻学同传播学、社会学、历史学、文学等学科联系紧密。《北洋官报》的发展不应仅仅放在新闻系统里去分析,而应放在历史发展的社会大系统中去考察。因此,本书将采用传播学、社会学、历史学等学科研究方法,多方位、多角度考察《北洋官报》与社会的互动,严谨地考证历史事实,科学地抽象和归纳报纸的价值,梳理它的发展阶段,洞察它与社会的关系。

四、研究创新点

在阅读大量文献并进行数据统计分析等的基础上,本研究梳理史料,凝炼观点,在浩瀚的历史文献中尊重史实,挖掘本质,多角度考察,探寻规律,遵循专业逻辑,在以下几个方面有所创新。

第一,在新闻发展史的视角下,坚持"论从史出"的原则,发掘出新的史料,并经量化统计分析加以证实,形成较为完整的史料证据链。通过对《北洋官报》创办10年的文本的深入客观解读以及相关历史文献的广泛阅读,本书在发掘梳理分析微观层面资料的基础上,得出更为完整合理的有关《北洋官报》的历史判断,如:《北洋官报》已具备现代报纸的四要素:新闻、评论、附刊(副刊)和广告;具有先进的、专业化的编辑理念和广告营销意识;新闻报道与宣传以官方意旨和政策为中心;大量刊载外国新闻,具有世界视野;自始至终坚持对读者进行思想启蒙;反映了清末移风易俗的情况等。这些新的史料形成较为完整的证据链,使本书突破以往对《北洋官报》的概述性研究、局部性研究,全面地、细致地、立体地将《北洋官报》的形式、内容、编采业务、机构运行、宣传报道思想等描摹出来。

第二,观点创新,客观评价《北洋官报》的历史地位和作用。改变以往对《北洋官报》较多负面的评价,不再仅仅用"封建政府喉舌""与古代邸报差别不大"等陈旧观点认识清末官报,而是将《北洋官报》放在清末新政、预备立宪、晚清向现代化过渡的历史进程中考察,并从媒体自身发展规律探讨《北洋官报》在中国新闻传播史中的地位。本书认为《北洋官报》结束了中国古代邸报的历史,开启了现代化官报的历史,在中国新闻传播史上,起到了承上启下的作用。它能够促进清末官员思想的现代化,并促进了社会政治文化形态向现代化过渡。它推进了出版技术的发展,提高了报人的地位,而且初步形成了现代化和专业化的编辑理念与编辑技术体系。

第三,发现了《北洋官报》与其所处时代的互动关系,分析了媒体在社会变迁中的意义和价值。在晚清最后十年的历史时空中,《北洋官报》作为直隶政府乃至清朝中央政府的喉舌,它的发展与清末新政的发展紧密相连。清末新政催生了《北洋官报》,《北洋官报》随清末新政的积极推进而繁荣,随清末新政的消极懈怠而收缩。《北洋官报》的发展与时代进程同步。清末救亡图存的时代主题决定了《北洋官报》"通上下,开风气,传播新政新学"的办报宗旨和"促进国家富强"的办报目的。在社会变迁中,《北洋官报》不仅是历史的见证者,还是历史的参与者,发挥的舆论引导与思想启蒙作用突出。

五、概念辨析与界定

研究展开之前,首先梳理一下与本研究有关的两对概念:近代与现代;北洋与直隶。

1. 近代与现代

《北洋官报》所处的历史时代是 19 世纪末 20 世纪初,这个时代在中国历史传统的分期架构中属于近代。我国史学界通行的历史分期法是,19 世纪中叶以前为古代,通常以第一次鸦片战争为分界线,鸦片战争标志着我国进入半殖民地半封建社会;1840 年至 1919 年为近代,即以五四运动为分界线,五四运动之后,我国由旧民主主义革命时期进入新民主主义革命时期;1919 年至 1949 年为现代,即以新中国成立为分界线;1949 年至今为当代。这是自马克思主义史学传入中国后,我国史学界普遍接受的分期法。

西方史学界对世界历史分期也存有分歧,尤其对"现代"时期的开端也有各种不同的看法。一般将世界史分为古代(ancient)、中世纪(medieval)和现代(modern)。公元 476 年之前为"古代",标志为西罗马帝国(公元 286—476 年)灭亡;中世纪是公元 476 年至 1644 年(或者 1453 年、1500 年),标志为英国资产阶级革命(或者东罗马帝国灭亡、地理大发现);1644 年(或者 1453 年、1500 年)至今为现代。

英文当中"modern"一词既有"现代的"之意,又有"近代的"之意,同时还有"新式的;当代风格的"之意。而在汉语当中找不到一个与"modern"一词相当的词。诚然,语言是历史文化的产物。汉语所代表的历史文化传统与英语和其他欧洲语言所代表的历史文化传统,迥然不同。两种语言相互翻译时,常常出现不对等、词不达意的情形。

中外史学界对于人类历史的划分界限及称谓存有多种方法,且一直在争鸣中。本研究为了避免因概念而引起误解,在行文中,对于晚清这段历史时期,如果表达时间概念时就采用"近代"这个说法。但涉及到"近代化""现代化"这样的概念时就要斟酌使用了。无论是"近代"还是"现代",词汇表达的是时间尺度的问题,但"近代化""现代化"则是使用某种理论范式定义人类社会发展的某个历史进程。

"近代化"一词来自于日本史学界,日文中"modernization"对应的汉字是"近代化"。日本史学界也一直把我们所说的现代化称为"近代化"。这是因为日本史有自己独特的历史分期法。"现在的日本史学界比较一致的看法,是把从明治维新一直到 1945 年日本战败投降,划为日本的近代;而把战后的时期划为日本的现代。西方的现代化理论探讨的各种问题,具体地运用于日本历史,都属于日本近代史的范围。"①但"近代化"概

---

①　罗荣渠:《现代化新论——世界与中国的现代化进程》,北京大学出版社 1993 年版,第 7 页。

念不适用于中国史。作为一种社会科学的理论,单纯地按时间先后来区分"近代化"和"现代化",会造成概念上的混乱和时代的错误。因此,本书采用涵盖范围比较广泛的"现代化"的概念取代"近代化"的概念。

然而,由于现代化是一个包罗宏富、多层次、多阶段的历史过程,学术界关于"现代化"的概念至今也没有一致的看法,更没有公认的定义可言。本书倾向于中国著名历史学家、当代中国现代化理论与比较现代化进程研究的主要开创者罗荣渠关于"现代化"的看法:

> 从历史的角度来透视,广义而言,现代化作为一个世界性的历史过程,是指人类社会从工业革命以来所经历的一场急剧变革,这一变革以工业化为推动力,导致传统的农业社会向现代工业社会的全球性的大转变过程,它使工业主义渗透到经济、政治、文化、思想各个领域,引起深刻的相应变化;狭义而言,现代化又不是一个自然的社会演变过程,它是落后国家采取高效率的途径(其中包括可利用的传统因素),通过有计划地经济技术改造和学习世界先进,带动广泛的社会变革,以迅速赶上先进工业国和适应现代世界环境的发展过程。①

2. 北洋与直隶

《北洋官报》是直隶总督袁世凯创办的直隶省喉舌。对于"北洋"的名称,历史学家们多有考证和研究。吴虬著《北洋派之起源及其崩溃》(1937)、荣孟源的《北洋军阀的来历》(《历史教学》1956年4月号)、王先明、杜慧的《"北洋"正义》(《历史教学》2014年第4期)等文献中都有对"北洋"一词做深入探讨。北京大学历史系的郭卫东在《释"北洋"》一文中开篇即谈"'北洋'在中国近代史上是一个声名显赫的习见名称,内涵

---

① 罗荣渠:《现代化新论——世界与中国的现代化进程》,北京大学出版社1993年版,第16—17页。

凡有数变。"①各种史料证明,历史上的"北洋",泛指中国北方近海的地域海域。到第二次鸦片战争后,"北洋"在地域概念中掺入了官制概念。第二次鸦片战争以后,清政府的外交中心由广州北移至江南。五口通商中江南涉外诸事定归两江总督专责。两江总督有了"南洋大臣"之称。离北京最近的开放口岸和通商大埠天津对外交涉繁多。1861 年 1 月 20 日清廷谕令将北方的牛庄、天津、登州划归新设天津的三口通商大臣管理。后来清政府裁撤三口通商大臣,照南洋通商大臣之例,授直隶总督李鸿章为钦差,办理三口所有洋务海防各事宜。"北洋"这个地域称谓至此有了政治意味。同时,为了外交上的方便应对,直隶总督的常驻地从保定迁移至天津。李鸿章不仅办理三口事务,而且办理整个中央外交。因为李鸿章的才干和威望,"北洋"的事务不断扩展,从外交扩及军界、经济等方面。至此,"'北洋'一词约定俗成,蔚然普及。一时间,北洋大学、北洋医院、北洋商店、北洋官报、北洋大药房等名称趋时涌现"。②

甲午战争以后,李鸿章卸任直隶总督的职务,北洋大臣专门执掌外交的原初含义逐渐不存。外交权逐渐收归中央。直到 1901 年,李鸿章去世,袁世凯继任直隶总督兼北洋大臣,"北洋"又被袁世凯系统正式采用。当然,再后来,"北洋"的含义演变成了派系称谓。到民国北洋军阀统治时期,直隶的地域含义也略去,而成为中国主要统治集团的称谓。③

关于"直隶"一词,河北大学历史学院刘志琴教授有《说"直隶"》一文,非常详细地介绍了"直隶"的由来。文章介绍说,"直隶"是指中央政府对有着重要地理位置或特殊作用的区域采取的一种直接管理的方式,

---

① 郭卫东:《释"北洋"》,《安徽史学》2012 年第 2 期。
② 郭卫东:《释"北洋"》,《安徽史学》2012 年第 2 期。
③ 以上关于"北洋"一词含义的演变主要参考北京大学历史系郭卫东教授的《释"北洋"》一文,载《安徽史学》2012 年第 2 期。

即"直接隶属""直接管辖"的意思。秦始皇统一中国后,把都城咸阳及位于都城周边的"内史郡"定为直接隶属中央政府的直辖区。后历朝历代的首都与陪都基本上都是中央直辖的行政区域。宋朝时,将作为军事要地的县域定位直辖县,直接隶属中央管辖。宋太祖赵匡胤平定蜀军后,将位于秦蜀要冲的三泉县(陕西省宁强县)设为直隶县。"以三泉县直隶京师",开中国史上中央直辖县域之先河,"直隶两字始见於此"。洪武十一年(1378)改称南京为京师,将直接隶属于京师的地方称作直隶,即以南京为核心的应天府及镇江、苏州、常州、扬州、松江、太平、宁国、池州、徽州、安庆、庐州、淮安、凤阳等府及徐、和、广德、滁等州,相当于今江苏、上海、安徽一带。后称为"南直隶",简称"南直"。明太宗朱棣1421年迁都北平,并把北平改名北京,称为京师。此后,形成了以顺天府(北京)为核心,包括永平、保定、河间、真定、顺德、广平、大名8府及延庆、保安2州等地的"北直隶",简称"北直",相当于现在的北京、天津、河北大部及山东、河南的部分区域。北直隶成为京畿重地。

清朝实行省、府、县三级管理体制。清初将明代的南直隶改称江南省,改应天府为江宁府。北直隶则改称直隶省,其所辖境域仍依明代。不过,清朝不断扩展直隶省区划行政管理范围,确立了直隶省制并因其作为屏卫京师的京畿重地而赋予其高于其他行省的特殊地位。当时直隶所辖府及直隶州有:顺天府(北京)、保定府、正定府、大名府、顺德府、广平府、天津府、河间府、承德府、朝阳府、宣化府、永平府及遵化州、易州、冀州、赵州、深州、定州等。其辖区北至内蒙古阿巴噶右翼旗界(阿巴嘎旗西部)、东接奉天宁远州(辽宁省兴城市)、南到河南的兰封县(河南兰考县)、西达山西广宁县。直隶总督权重位显,居"八督之首"。清廷在直隶省会选址上也是颇费心机,先后定大名、正定、保定为直隶省省会。光绪二十八年(1902),袁世凯"移督"天津(保定徒有"省会"之名),民国成立初,

1913 年袁世凯将直隶省会正式迁往天津。1914 年,民国政府把直隶所辖长城以北区域改设察哈尔、热河两个行政特别区。①

《北洋官报》作为直隶省的政府机关报,之所以被称为"北洋官报",与"北洋"的由来及袁世凯此时任北洋大臣,且权势如日中天有关。当然时人也有称其为"直隶官报"的。《北洋官报》在创刊号上刊载《北洋官报序一》中也曾自称为"直隶官报"。清末皇帝退位,中华民国成立后,1912年 5 月 23 日,《北洋官报》更名为《直隶公报》。

---

① 以上关于"直隶"的解释参见刘志琴:《说"直隶"》,《北京日报》2016 年 2 月 22 日。

第一章 《北洋官报》创办的历史背景

20世纪初年,中国社会风云诡谲。庚子之变,大清国势衰微。资本主义列强乘虚而入,贪婪地在中国攫取更多利益。晚清大厦将倾之际,各种政治势力明争暗斗,试图掌控政权、改变国运。中国在主权被恣意践踏、领土被强行分割的梦魇中被迫走向近代化。与此同时,中国的新闻事业也随之发生着巨大变革。传统官报"邸报"逐渐失去新闻价值,外国人带入中国的报刊显现出旺盛的生命力。维新人士掀起办报高潮,国人自办近代化报纸增多,然国内报刊舆论依旧由外国人主导。在这纷繁复杂的大背景下,由官方主导的《北洋官报》创办了。从创办到结束,存世达十二年,其新闻价值与历史价值一直没有得到应有的评价。

一、《北洋官报》创办前后中国时局动荡

"今有巨厦,更历千岁,瓦墁毁坏,榱栋崩折,非不枵然大也,风雨猝集,则倾圮必矣。而室中之人,犹然醺嬉鼾卧,漠然无所闻见;或则睹其危险,惟知痛哭,束手待毙,不思拯救;又其上者,补苴罅漏,弥缝蚁穴,苟安

时日,以觊有功。"①梁启超 1896 年 8 月 19 日在《论不变法之害》中,痛陈时局艰难,国运岌岌可危,情真意切,令人扼腕。

然而就在维新人士坚持不懈地上书皇帝以求变法,积极奔走于南北寻求舆论与实力支持变法的时候,中国大地内乱再起,义和团运动打着"扶清灭洋"的口号,在山东、河北迅速蔓延开来,其影响遍及全国各地。这场带有浓厚的神秘主义与暴烈气息的抗争行为的民间自发的爱国群众运动,与清政权纠缠不休,产生了错综复杂的关系。清政府对义和团运动态度暧昧,收买、围剿、利用,飘忽不定、左右摇摆的政策不仅削弱了自身的统治能力,而且最终引来了早已虎视眈眈的八国联军。

义和团前赴后继、视死如归的抗争,没能将贪婪的侵略者赶出国门,最终惨烈地覆没于血泊之中。1901 年 9 月 7 日,中国近代历史上赔款数目最庞大、主权丧失最严重的不平等条约《辛丑条约》在帝都北京签订。费正清等人认为庚子之变产生了如下后果:

(1)国际间普遍出现了一种愿望,即宁愿缓和紧张局势和维持中国现状。帝国主义活动的这种对峙局面,使清帝国免于立即被瓜分,但是它的国际地位却下降到前所未有的地步。

(2)《辛丑条约》严重地侵犯了中国的主权。

(3)四亿五千万两赔款加上利息,如要全部付清,……这样大量资本的外流即使不致使中国的经济完全不能增长,也使它受到了抑制。

(4)驻北京的外国公使们从此组成一个有力的外交使团,有时其作用超过了满洲清廷而成为太上皇政府。

(5)外国列强的残暴表现……损害了中国人的自信和自尊心。中国人对外国人原来抱有的轻蔑和敌视态度,现在往往一变而为恐惧和奉承

---

① 《梁启超文集》,北京燕山出版社 1997 年版,第 3 页。

的态度。

(6)许多中国人看到满族的力量在崩溃,便转而向往革命。①

庚子之变后,风雨飘摇的大清帝国在半殖民地半封建的泥沼中越陷越深。外交上,清政府沦为帝国主义侵略中国的工具。严苛的议和条约,让列强进一步控制中国的政治、经济和军事命脉。从此,中国人自己的事情自己不能做主,就连在中国领土、领海上发生的日俄战争,中国政府居然也只能眼睁睁做"中立国"。"在东亚,中国的确仍处在中心位置,但已从由中国文化所规范的东亚社会政治秩序的中心,变成了外国列强进行扩张和竞争的中心场所。清王朝非但没有维护住传统的东亚世界秩序,而且也没能在现代民族国家体系中为中国取得作为平等成员的资格。中国的国际地位发生了双重失落。"②严重的民族危机的刺激,迫使中国人开始重新思考中国在世界格局中的地位。

政治上,中国走到了一个非常重要的岔路口上,民族意识的觉醒催生出了立宪派和革命派。保守派、立宪派、革命派等政治力量不断较量角逐,为了各自的政治目标,用各自不同的方式引领中国选择自己的道路。旧秩序已崩塌,新制度未建立。清末政治混乱不堪。

经济上,西方列强加紧对中国经济的掠夺。军事上的侵略根本上是为经济掠夺开道。不平等条约给了他们为所欲为的"权力"。他们通过直接投资、向清政府贷款等多种资本输出的方式,控制中国的筑路权,进而夺取在铁路沿线开发土地、开采矿藏等特权。列强把中国作为自己的原料产地和商品倾销市场,压迫了中国资本主义的发展,"产生不久的民

---

① 参见费正清、刘广京编:《剑桥中国晚清史1800—1911(下卷)》,中国社会科学院历史研究所编译室译,中国社会科学出版社1993年版,第164—165页。

② 徐昕:《晚清中国外交——历史冲突中的失落与更新》,《国际政治研究》1992年第2期。

族资本主义经济在帝国主义、封建主义压迫下,发展迟缓,非常软弱,经济上无力进一步瓦解自然经济,政治上亦未能摧毁封建主义经济结构"①。中国自然经济解体不充分。

二、清末新政的实施与新闻事业的发展

清末新政是清政府力图维持其没落的统治而实施的改革。这是一种被迫的进步,尽管后世对清末新政褒贬不一,但清末新政促使中国由传统社会向现代社会转变,在中国现代史上具有重要的地位和作用。在这一时期,中国报刊发展迅猛,数量相比之前倍增,尤其是新式官报的发展呈鼎盛状态。这说明清末新政为报刊包括新式官报提供了发展空间和有利因素。新式官报作为官方喉舌,大力宣传报道新政举措,试图统一社会舆论,论证官方政治、经济、军事、教育等方面改革的合法性,又进一步推进了清末新政的实施。

(一)清末新政的实施

清末新政是近些年来史学界研究的热点之一。它是清末政治史上、中国现代史上的一件具有重要意义的大事。新的研究不断在修正过时的、陈旧的观点。清末新政的价值也被重新评估。清末新政的内容涉及领域广泛,改革力度远超洋务运动和戊戌变法,是晚清历史上比较完整意义上的一次现代化运动。首先,它确实是清政府面对空前加剧的民族危机、社会危机和政治危机而被迫采取的一种改革措施。以向西方学习先进技术从而富国强兵为目的的洋务运动,因中国在甲午中日战争中的惨

---

① 黄逸平:《十九世纪末二十世纪初中国自然经济解体的程度》,《学术月刊》1982 年第 9 期。

败而宣告破产。以推进中国民主化进程为主旨的戊戌变法惨遭腰斩。面对世界现代化运动的迅猛发展,清政府被迫接受立宪派对制度改革的建议,开始探索新的自救之路。同时,这也是改良派、立宪派与统治集团内部受西学影响较深的官僚们共同推动的结果。从 1901 年还在西狩之途的慈禧太后下决心改良政治到 1905 年派五大臣出国考察,清政府根据朝廷大臣、各省督抚、驻外公使等的条陈下达了十几道谕旨,采取了 30 多项措施来推行"新政",涉及范围包括政治、军事、经济、教育、法律等各个方面。

然而新政实施了四年,效果不佳。清政府在宣布派员出洋考察的上谕中不得不承认"时局艰难,百端待理,朝廷屡下明诏,力图变法,锐意振兴,数年以来,规模虽具而实效未彰"①。再加上日俄战争的刺激及国内外要求立宪呼声的压力下,1905 年清政府派遣载泽、端方、戴鸿慈等五大臣分两路前往欧美国家考察政治。1906 年 9 月 1 日清政府颁布诏旨宣布预备仿行立宪。

清末新政虽然由于主观和客观上的多重局限和原因,最终以失败告终,且加速了清王朝的解体,但它的积极意义不容忽视。清末新政在一定程度上推进了中国资本主义自由经济的发展,促进了中国法律制度、政权机构、军队建制以及教育制度的现代化。

(二)清末新政中有利于报刊发展的因素

清末新政为报刊发展提供了背景和土壤。其政治改革中出现了有利于报界发展的诸多因素。对于这一点,中国人民大学新闻学院博士后李卫华在其"清末督抚对报刊的认知与管理"课题中有较为深入的研究。

---

① 故宫博物院明清档案部:《清末筹备立宪档案史料(上)》,中华书局 1979 年版,第 1 页。

李卫华指出,清末新政时期,报界言论环境发生了有利于报刊发展的变化。实施新政之前,清廷不准报馆议论时政,新政时期则允许对朝政得失加以评点,言论设限的内容缩压至"不轻议宫廷"和"立论怪诞"方面,让渡出一定的政治议题讨论的地带,这是清廷言论放开的一个开始。而1906年7月23日,清廷在宣布预备立宪的谕旨中提到"大权统于朝廷,庶政公诸舆论",可公诸舆论的"庶政"包括宪政、吏治、财政、外事、民政、礼制、学务、司法、交通、边务、实业、示谕报告、法令等内容的奏折和批文等,这些可通过官报向社会公开,"这是中国历史上第一次朝廷将大量政务向社会公开,这不仅宣示了以往士不干政禁令的结束,它也在实践层面为报界行使舆论监督政府的权力提供了条件"。①

预备立宪以后,清廷先后颁布了五部重要的新闻法规,即《大清印刷物专律》(1906年7月)、《报章应守规则》(1906年10月)、《报馆暂行条规》(1907年9月)、《大清报律》(1908年3月)和《钦定报律》(1911年1月),不断修改,趋于完善。虽然专制的本质无改,但相对从前,在预备立宪的环境中,这些报律多少发挥着作用,制约行政力量对报界的干涉;增加了保护新闻自由和言论自由的条款;处罚渐趋减轻,报纸的发展空间得到一定程度的扩展。

1907年10月19日,清廷下令各省督抚设立谘议局,这是以资产阶级民主制度为范本的代议机构。翌年7月,清廷还颁布了《各省谘议局章程》和《谘议局议员选举章程》。章程规定谘议局对督抚行监督之权。这是清末限制行政权力的重要制度建设,是对以往干涉报界的行政权力的一种制约力量,为清末报界发展创造了有利的制度环境。②

---

① 李卫华:《清廷预备立宪与清末报业发展空间的扩展》,《国际新闻界》2011年第5期。
② 李卫华:《清廷预备立宪与清末报业发展空间的扩展》,《国际新闻界》2011年第5期。

(三)晚清新闻事业的发展

有利的因素加速了晚清新闻事业的发展。各类报刊发展迅猛。下面的表格反映出报刊数量增长的速度之快。

表 1-1　清末新政期间历年报刊总数统计表①

年份	总数（种）	年份	总数（种）
1901	34	1907	110
1902	46	1908	118
1903	53	1909	116
1904	71	1910	136
1905	85	1911	209
1906	113	—	—

同时,在这风云激变、社会大变革的历史时期,晚清的报刊业格局也随之发生大变动。中国传统官办性质的报刊"邸报"老态龙钟,步入暮年。其发行体制、办报模式固定而僵化;只在官僚机构内部传递,封闭无生机。民间的报房京报受到严格的官方管控,刊载内容时效性差且不能越雷池一步。但"旧式的京报毕竟还有它的特点:谕旨,题奏一律照登原文,官场的信息比较集中,查阅比较方便等等。这些,对热衷于仕途经济的封建官绅们来说,还是十分需要的。因此,即便受到了新报的冲击,它仍然能够存在一时"②。

19 世纪初年,英国传教士就已来到中国,创办中文报刊,拉开了中国近代报刊的帷幕。之后,外国人为征服中国到中国传教布道,办报办刊,

---

① 朱寿朋:《光绪朝东华录(第四卷)》,中华书局 1958 年版,第 4602 页。

② 方汉奇:《中国新闻事业通史(第一卷)》,中国人民大学出版社 1992 年版,第 238 页。

同时为本国刺探情报,出谋划策,制造舆论。当洋枪大炮终于轰开了中国的大门之后,外国人又凭借用武力得来的特权,使其可以在中国创办报刊的地区不断扩大,从沿海开放港口到内陆城市,中文报刊、外文报刊、教会报刊、商业报刊,到 19 世纪后期,其数量之多,"占当时我国报刊总数的80%以上,几乎垄断了我国当时的新闻事业"。[①] 自 1895 年至 1911 年之间,在华外报的发展又出现了新变化,重要的变化有二:"一是日本和德、法、俄等国的报刊迅速兴起,打破了原来基本上是英、美报刊一统天下的格局;二是新起的外报急剧向京、津和东北地区扩展,改变了原来外报几乎全部集中于长江流域和华南少数几个城市的状况。(以前天津有过 3家外报,北京 1 家)"。[②]

　　中国人开眼看世界,从林则徐、魏源译报,到王韬等早期改良主义知识分子办报,中国人自办近代化报刊经历了艰难曲折的道路。19 世纪末年,在维新运动中,国人掀起第一次办报高潮。"据不完全统计,从 1895年到 1898 年,全国出版的中文报刊有 120 种。其中 80%左右是中国人自办的。"[③]中国人自己创办的报刊终于打破了外报在华出版的垄断优势,使中国报刊成为社会舆论的中心。第一次国人办报高潮中,不仅报刊数量多,而且办报地区广,遍布全国各地,甚至内地中小城市;报刊种类多,政论性报刊、专业性报刊、行业性报刊、商业性报刊、文艺娱乐性报刊、图画报刊、白话报刊等,还有以青年、妇女、儿童等各类社会群体为对象的报刊,有很多都是我国新闻史上第一次出现的报刊类型。在为数众多的报刊当中,主流形态始终是维新派主办的以宣传变法维新为主旨的政论性报刊。维新派报刊冲破封建统治者对报刊出版的限禁,积极宣传资产阶

---

①　吴廷俊:《中国新闻史新修》,复旦大学出版社 2008 年版,第 28 页。
②　方汉奇:《中国新闻事业通史(第一卷)》,中国人民大学出版社 1992 年版,第 814 页。
③　吴廷俊:《中国新闻史新修》,复旦大学出版社 2008 年版,第 69 页。

级启蒙思想,对国人进行爱国主义的教育,有力地推动了维新运动的发展,在中国报刊史上占有重要的历史地位。

历史的车轮进入 20 世纪,中国的政治斗争格局发生了重大变化。革命派和改良派为了宣传自己的政治主张,纷纷创办报刊,对国人进行思想启蒙。由此,再次掀起国人自办报刊的高潮。两派报刊活跃在国内和海外,相互展开论争,不仅极大地促进了国人民主、民族意识的增强,而且推进了报刊业务的大发展。近代化的新闻理念、新闻思想以及新闻实践都有了长足进步。除了政党报刊,一批影响后世的民办报刊也在这一时期相继创刊,并得到一定程度的发展,如《大公报》《东方杂志》《时报》等。

(四)清末新式官报蜂起

当新报业如火如荼地发展,越来越多地影响民意、左右舆论之时,风雨飘摇的清政府才被迫接受新式官报的创办。

清末新政正式启动后,社会关注度前所未有地高涨。新旧矛盾冲突异常激烈,导致广大民众以及报纸杂志对新政的质疑之声鼎沸。不仅有反对的声音,还有满天飞的谣言。如"新政乃清政府奉列强旨意为洋化中国而举办""新政专与人民为难,是害人之举、虐民之政"等,还有封建迷信所致的奇谈怪论。① 质疑和谣言最终形成强大的反对新政的社会舆论,且以反清的武装斗争的形式表现出来,加剧了社会的变动,动摇了清朝的统治基础。一位晚清江南大员曾回忆说:"当时社会出现一种怪现象,轻佻的下层官员或平民百姓有意见时,不再循正常的书奏渠道,而是径交各种报刊发表。"②基于此,清政府认为有必要创办官报,统一舆论,

---

① 黄珍德:《论清末新政时期的谣言》,《华南师范大学学报(社会科学版)》2004 年第 1 期。
② 徐爽:《旧王朝与新制度》,法律出版社 2010 年版,第 57 页。

抵制民间报刊,论证改革措施的合法性,强力推行新政。

另一方面,清朝统治阶层对于官报的认识也在进步。清政府发布预备仿行立宪的上谕云:"时处今日,惟有及时详晰甄核仿行宪政,大权统于朝廷,庶政公诸舆论,以立国家万年有道之基。"①只有将新政的各项举措公之于众,才能使朝野上下都能明达国政,保持政令畅通。"庶政公诸舆论"的载体便是官报。军机大臣奕劻认为:"预备立宪之基础,必先造成国民之资格,欲造国民之资格,必自国民皆总能明悉国政始。东西各国开化较迟而进化独速,其宪法成立乃至上下一体,气脉相通,莫不藉官报以为行政之机关,是以风动令行,纤悉毕达。或谓英国民人政治智识最富,故其宪法程度最高,盖收效于官报者非浅鲜也。"②这说明,创办官报成为新政中的一个重要部分。

首先问世的是直隶省的《北洋官报》,从报纸形式到生产过程,其都创造了一种新的官报模式,起到了示范和带动作用。中央和各省官报如雨后春笋般一时纷起,《湖南官报》《江西日日官报》《南洋官报》《政治官报》《安徽官报》《山西官报》《四川官报》《豫省中外官报》《湖北官报》《山东官报》《甘肃官报》等相继创办,其发展呈鼎盛状态。1906 年,清廷实施"预备立宪"后,连续发布谕令要求各省及地方筹备官报,中央政府及各地一些部门又创办起了名目繁多的专业性报刊。如商务部创办了旬刊《商务官报》,学务部创办了《学务官报》,邮传部创办了《交通官报》,等等,涉及教育、政法、商务、实业等许多方面。各省对宪政的筹备事项、推行情况都以官报为载体向社会传达。创办官报成为中央及地方预备立宪之要务。"在清末的最后 10 年,清朝各级政府出版的官报,总数达百余

---

① 《电传上谕》,《申报》1906 年 9 月 3 日。
② 故宫博物院明清档案部:《清末筹备立宪档案史料》,中华书局 1979 年版,第 1060 页。

种,形成了一个从中央到地方的新式官报系统。"①

三、袁世凯与直隶新政

袁世凯出生于官宦世家、书香门第,自幼读书习武、钻研兵法。1884年,因在赴朝平乱中屡建新功,被封为"驻扎朝鲜总理交涉通商事宜大臣"。并因政绩突出,在维护宗藩关系上做出很大贡献,赢得李鸿章的赏识和光绪帝的信任。自此仕途得意,步步高升。1895年甲午战后,受命前往天津小站,接管定武军,开始编练新军。小站练兵是中国新式军队发展的转折点。1901年,袁世凯被擢升为直隶总督。他不断网罗人才,苦心经营新军,并掌握兵处实权,使京师、直隶和山东等地基本上处在他的控制之下。

历史的车轮滚滚向前,今人对于前人的评价不断在修正和完善。对于袁世凯的评价就是如此。曾经,袁世凯被称为"窃国大盗""卖国贼",更多的以负面形象出现在后人撰写的历史当中。但无法抹杀的是,袁世凯对直隶新政以及清末新政的推行,都起到了至关重要的作用。

(一)直隶新政成绩瞩目

从1901年到1907年,袁世凯任直隶总督期间,大力推行新政,态度积极,着意创新,事事率先倡办,取得了令人瞩目的政绩。

袁世凯率先在直隶推行行政制度改革,建立了新的官吏选拔和任用机制,设立专门学堂培养近代行政人才,大规模派员出国考察、游历或留学。裁撤重叠行政机构,裁汰闲冗各缺,增设新政局所,明确官员职责,大

---

① 吴廷俊:《中国新闻史新修》,复旦大学出版社2008年版,第92页。

大提高了地方行政效率。

中国封建社会司法和行政不分，流弊甚多。袁世凯改革了司法制度，裁革吏役，设司法警察取代旧有差役，制定《司法警察章程》，设立学堂或传习所，提高吏役和司法警察的道德法制素养。创设近代审判机构，制定《审判厅章程》，革新审判程序。制定行政司法区划，承认裁判权的独立。因司法改革成效显著，天津"负全国模范之名"①。

袁世凯还非常重视发展教育，力主废除科举制度，采取多种措施推广普及新式教育。创设各级各类新式学堂，探索制定出包括学期年限、课程设置、师资建设等方面的系统学制，形成了完备的直隶现代教育体系。

直隶的经济建设成绩斐然。袁世凯摒弃传统的"重本抑末"观念，采取既兴工振商、发展实业，又重视发展农业的综合发展模式。兴办实业学堂、农业学堂等教育为工、商、农业培养大批新型技术人才。引进先进技术设备，创办现代企业。不断改良和推广农业技术，建设专门化的农业组织机构。全面推进财政改革和金融建设，稳定市场。

军事方面，袁世凯实为一务实干练的能臣。黄兴曾致书袁世凯称其为"中国之华盛顿"。袁世凯在直隶编练的新军是小站练兵的继续和扩大，并在1905年扩成北洋新军。他改革军制，创建了现代军队编制。北洋新军装备优良，战斗力强。外国人评论说："按照西方标准，袁世凯的部队是大清帝国唯一装备齐全的军队。"②

由于袁世凯积极推行新政，措施得力，促进了直隶地区乃至整个中国的政治、经济、军事、文化教育的现代化进程。当时，"新政权舆之地，各

---

① 甘厚慈：《北洋公牍类纂（第四卷）》，转引自王先明：《袁世凯与晚清地方司法体制的转型》，《社会科学研究》2005年第3期。

② ［美］拉尔夫·尔·鲍威尔：《中国军事力量的兴起（1895—1912）》，陈泽宪、陈霞飞译，中国社会科学出版社1979年版，第93页。转引自张华腾：《袁世凯与清末新政》，《历史教学》2014年第4期。

行省咸派员考察,藉为取法之资",①群僚效仿,中外瞩目。

(二)创办《北洋官报》是直隶新政重要举措之一

清廷决意实施新政之始,管学大臣张百熙曾上奏当朝,直言开设新式官报具有重要的意义。但以慈禧为首的掌权派因对戊戌变法仍心存余悸,对于新式官报的创办是逐渐接受的。在朝廷犹疑之时,袁世凯还在任护理直隶总督之时,对官报体例规划以及对官报功用却有自己的超前认识。他上奏条陈革新主张,其中提出:"似宜通饬各省,一律开设官报局。报端恭录谕旨,中间纪载京外各省政要,后附各国新政近事以及农工商矿各种学术。遴派公正明通委员董司其事,由省局分发外邑村镇,俾各处士民均得购览……专以启发民智为主,庶几风气日辟,耳目日新,既可利益民生,并可消弭教案。"②于是,《北洋官报》成为袁世凯在直隶推行新政的重要举措之一。

在主张获得光绪帝的批准后,袁世凯举荐翰林院编修、候补道张孝谦任北洋官报局总办,负责筹备官报局工作。清光绪二十八年,即 1902 年 3 月,北洋官报局于保定西大街创办。官报局的开办费用由直隶总督"强制顺天、直隶、河南、山东、山西各省摊交协款若干",袁世凯本人也"特捐两万金,以备开局首三个月之津贴"③。与此同时,报纸的筹备工作也逐渐展开,聘任朱淇民为主笔、张寿岩为会计员,办理出报事务。袁世凯还派人东渡日本考察官报。印刷设备全部从日本购入,聘有日本专门技师及新闻人才。到 1902 年 7 月,官报局初具规模,据当时的《大公报》报道:

---

① 《北洋公牍类纂续篇》,北洋官报兼印刷局代绛雪斋印 1910 年版,第 1 页。
② 《遵旨敬抒管见上备甄择折》光绪二十七年三月初七,《袁世凯奏议(上册)》,天津古籍出版社 1987 年版,第 272 页。
③ 《纪官报》,《大公报》1902 年 7 月 28 日。

"张巽之①太守于开班各事,布置已有眉目,思虑周密,规模宏敞……惟印架铅字,尚未齐集"。② 同年八国联军撤出天津,袁世凯从联军组建的临时政府——都统衙门手中接管了天津。为加强对天津的管控,8月,直隶总督由保定迁往天津,天津成为直隶省会,北洋官报局也随之迁往天津,报纸出版不得不拖延。

北洋官报局选址天津河北狮子林原集贤书院所在地。乔迁新城,各种事宜又需重新整理,尤其是"房屋尚不敷用,及须添盖",③报纸的出版再行推后。但北洋官报局的业务已先期开展起来。直至当年12月25日,《北洋官报》终于隆重出版。

四、晚清的政治舆论失范与媒介控制

(一)晚清社会的言禁受到极大冲击

义和团运动加剧了社会的动荡和清政权的危机;西方列强不断发动侵略战争,在中国划定租界,确立领事裁判权,干预朝政,进一步削弱以慈禧太后为核心的权力中枢。维新思想的渗透,以及革命派、改良派在海内外的猛烈宣传攻势,继续蚕食晚清统治的根基。伴随着权力的衰弱,晚清社会的言禁也被极大地冲击。

因为租界领事裁判权的确立,清政府对租界内的行政、司法事务丧失了管理权。租界内开放的政治环境和自由的言论氛围,使得租界成为晚清各种报馆、书馆、集会和结社活动的庇护所。"戈公振先生在对1898年

---

① 笔者注:即张孝谦。
② 《纪官报》,《大公报》1902年7月28日。
③ 《纪官报》,《大公报》1902年9月11日。

之后晚清社会共有的各种报刊、杂志类出版物的统计当中,列举了世界范围内华人报刊、杂志的书目约为 338 种,包括在美国、法国、日本、新加坡等地的出版物在内,这其间内地大概有各类出版物共计 250 种,而在上海出版的各种报刊、杂志共计 78 种,在广州出版的共计 35 种,仅这两处最大的通商口岸和最早的租界所在地内的出版物约占全国数量的一半。"①

"1905 年清廷宣布预备立宪之后,党禁稍开,各种集会和结社活动也迅速展开,当时各种结社团体不下 600 多个(包含海外的华人社团)……但是如果从这些结社活动创立的地点来看,基本也都在租界内,根据不完全统计仅上海一处各类团体约有 30 多个,其次仍为广州。"②

(二)晚清政府对舆论的管控乏力

清政府费尽心机,竭力挽回舆论失控局面,试图继续让国人噤口不言。但"苏报案""沈荩案"以及"大江报案"的发生,预示着清政府对舆论的管控越来越乏力。最终,革命的舆论冲破清政府严密的封锁,鼓动着武装力量推翻了中国最后一个封建王朝。

《苏报》原为 1896 年旅日华侨胡璋创办于上海,名声不佳,经营不善。1899 年被退职官员陈范(字梦坡)接盘。陈范是江西铅山县知县,后因教案落职,迁居上海,受民主思想影响,渐趋革命。《苏报》也发生了转变,曾开辟《学界风潮》专栏支持南洋公学和南京陆师学堂的学生运动。1903 年,《苏报》聘请爱国学社章士钊为主笔,章炳麟、蔡元培等为主要撰稿人。5 月 27 日,报纸刊载邹容的《革命军·自序》;6 月 9 日刊载章士钊

---

① 李默菡:《晚清表达自由制度研究》,武汉大学博士论文,2011 年;戈公振:《中国报学史》,上海书店 1990 年版,第 116—120 页。

② 李默菡:《晚清表达自由制度研究》,武汉大学博士论文,2011 年;张玉法:《清季的立宪团体》,史语所 1971 年版,第 90—91 页。

的《介绍〈革命军〉》与《读〈革命军〉》；6 月 10 日再登章炳麟文章《序〈革命军〉》。《苏报》的革命言论引起清政府的密切注意。6 月 29 日该报又以显著位置刊登章炳麟的《康有为与觉罗君之关系》，文章摘自章炳麟写给康有为的一封万言公开信，有力地论述了革命的重要性和必要性。文中以轻蔑的口吻称光绪皇帝为"载湉小丑"。清政府再也无法忍受，于 6 月 29 日当天派南京候补道俞明震、上海道袁树勋与上海租界当局勾结，逮捕了《苏报》工作人员。6 月 30 日又逮捕了章炳麟等人。邹容于次日投案。7 月 7 日查封报馆，解散爱国学社。历经 10 个月之久的审判，邹容被判监禁 2 年，章炳麟 3 年监禁，《苏报》被判永远停刊。邹容在准予保释的前一天在狱中猝死，年仅 21 岁。章炳麟刑满出狱后东渡日本。轰动一时的"苏报案"让人们议论纷纷，堂堂大清政府因为租界的存在，降格成为原告与它的臣民对簿公堂，成为"这场官司中畏头畏尾的失败者，它一手炮制的'苏报案'不仅没能抑制革命宣传活动，反而促进了革命报刊在国内的发展"。①

与"苏报案"中报人被捕、报馆被封同年，又发生了"沈荩案"。沈荩，生于同治十一年（1872），原名克诚，字愚溪，祖籍江苏吴县（今苏州）。戊戌变法时期，沈荩与谭嗣同、唐才常有交往，态度甚至比他们更激进。变法失败后，沈荩追随唐才常到了上海组织正气会。正气会，后更名自立会，既有革命派人士章炳麟实力支持，又得康有为经费资助，活动宗旨与政治主张多有矛盾之处，但这并不影响沈荩反对朝廷顽固派的活动和思想。其组织自立军起事失败后，于 1903 年 7 月 28 日被人构陷入狱，当月 31 日惨遭清政府杖毙。清政府的暴行震惊社会，中外舆论界的反映甚至比日俄战争还要强烈，激起了国人对清朝专制统治的更大仇恨。沈荩案

---

① 方汉奇：《中国新闻事业通史（第一卷）》，中国人民大学出版社 1992 年版，第 737 页。

成了留学生和内地知识界由爱国走向革命的进程中的助推器。①

"苏报案"和"沈荩案"严重冲击了清政府的权威,促进了革命力量的增长。清政府变本加厉地想要维护它的舆论控制权力。宣布预备立宪以后,清政府先后制定和颁布实施了《大清印刷物专律》(1906)、《报章应守规则》(1906)、《报馆暂行条规》(1907)、《大清报律》(1908)等,对报刊的注册、批准、审查和处分作了严格的规定。除此之外,还有与新闻事业有关的法律法规,如《钦定宪法大纲》《违警律》《大清新刑律》《电报总局传递新闻电报减收半价章程十条》《重订收发电报办法及减价章程》《著作权章程》等。清政府试图通过这些法律法规将所谓"悖逆"报刊扼杀在襁褓之中,钳制日益发展的新闻事业及其宣传报道活动。张之洞在《札江汉关道查禁悖逆报章》中说:"闻华人有拟在汉续开报馆者,当此讹言繁兴之时,恐不免摭拾上海及外洋各报传讹惑众。将来开办报馆之人,必致自蹈法网,与其拿办于事后,不若预防于事先。如在华界开设者,禁止购阅递送,房屋查封入官;如在洋界开设,冒充洋牌,亦断不准递送,违者一并拿办。"②清政府除制订一些专律加以限制之外,还发布过许多临时禁令。这些法令使已出版的报刊动辄得咎,因此遭到举国上下的强烈抵制。

清政府一方面采取多种手段摧残迫害报纸、报人,一方面拉拢收买报人,为己所用。甚至不惜出卖筑路权等国家利益换取外国政府的应允,狼狈为奸,联合绞杀革命报刊与报人。但清政府无论使出何等解数也无法挽救其倾覆的命运。发生在武昌起义前夜的"大江报案"成为行将就木

---

① 关于沈荩案,史学界存有争议,有相当多人倾向于沈荩因为在某报揭露《中俄密约》而被捕。具体在哪一份报纸上发表文章也莫衷一是,有说是上海英文报纸,有说是天津《新闻西报》,有说是北京某报等。关于沈荩被捕的时间也是众说纷纭,有说1903年7月19日的,有说7月28日的。

② 张之洞:《札江汉关道查禁悖逆报章》光绪二十六年二月初七日,转引自赵德馨:《张之洞全集(第6册)》,武汉出版社2008年版,第310页。

的清政府的最后淫威。

《大江报》原为《大江白话报》，詹大悲任主笔。詹大悲（1887—1927），原名培瀚，后更名瀚，字质存，湖北蕲春县人。积极参加革命活动，是辛亥革命前后湖北地区革命派的宣传主将。1910 年 12 月 14 日，《大江白话报》创办，詹大悲任主笔。1911 年 1 月，该报因报道英国巡捕打死人力车夫一事受到社会瞩目，投资人撤资，报纸改组为《大江报》，詹大悲自任经理。很快，《大江报》成为革命团体文学社的机关报，读者对象主要是新军士兵和下级军官，而他们则是发动武装起义的重要力量。1911 年 7 月 17 日和 26 日该报先后发表了副主编何海鸣的短评《亡中国者和平也》与黄侃的短评《大乱者救中国之妙药也》，内容惊世骇俗，标题奇绝豪壮，引起清政府震怒。《大江报》因此于当年 8 月 1 日晚被封，詹大悲被捕，何海鸣自首。此案引起全国舆论哗然，社会各界用各种方式指责清政府摧残言论的暴行，慰问和声援《大江报》。湖北总督瑞澂原拟对詹、何 2 人从重置典，但终因慑于激愤的民意，判处 2 人徒刑 18 个月。"大江报案"之后不到 3 个月，武昌起义爆发。主编胡石庵作诗赞颂："大江流日夜，鼓吹功不朽。"①

五、本章小结

作为一种新式报纸，《北洋官报》的创办与发展必定与它所处的时代密切联系。这种联系既表现在当时的社会、政治、经济、文化等系统对于《北洋官报》的影响，又体现在《北洋官报》作为一种现代意义上的传播方式，与其他媒体勾连，推动社会关系的变化，参与了新的社会形态的构建。

---

① 方汉奇:《中国新闻事业通史（第一卷）》,中国人民大学出版社 1992 年版,第 926 页。

本章重点讨论了时代对于《北洋官报》的影响。

第一,晚清社会风云变幻的最后十年为《北洋官报》的创办提供了条件。清政府施行新政是新式官报得以创办的重要的政治前提。顽固保守的清政府终于接受了"变法",也接受了新式报刊,并在实践上大力倡导创办新式官报作为政府喉舌。《北洋官报》是清王朝力图维持其没落的统治而实施改革的产物,是清廷中央政府和直隶省政府推行新政的一项重要举措。

第二,袁世凯集团的鼎力支持是《北洋官报》得以创办的必要条件。袁世凯积极推进新政各项措施,在清政府中属最早认可和重视新式官报的重臣。他给予《北洋官报》乃至北洋官报局的政策、物资和行政力量的支持,使得《北洋官报》有条件、有能力购买先进的技术设备,聘用优秀的技师和工人,并能够依靠行政力量采用多种渠道发行报纸。

第三,晚清国势衰微,大厦将倾,主权丧失。中国在国将不国的梦魇中被迫走向近代化。变法图强、挽救时局的时代主题深刻影响了《北洋官报》的办报主旨和内容。虽为一份官报,可是生在乱世,它既是代表封建政府的喉舌,是封建统治的舆论工具,又能够反映出时代的背景,是奋发蹈厉、避免亡国灭种的时代洪流中的一部分。

第四,19世纪中叶以来在中国陆续出现了近代化的外国报纸,维新变法前后掀起的国人办报高潮中涌现了近代化的私营报刊,它们先进的办报理念与西化的办报模式成为报业发展的主流。这些深深影响着后来者《北洋官报》的形式与内容。

总之,《北洋官报》刻着晚清特有的历史时代印记。

第二章 《北洋官报》的定位、形态与运营

　　《北洋官报》从 1902 年 12 月 25 日创刊,至 1912 年 2 月 12 日清朝末代皇帝溥仪宣布逊位,作为晚清直隶官方喉舌使命的报纸随之谢幕,共出 3053 期。1912 年 2 月 13 日恰逢农历腊月二十六,按照《北洋官报》发行惯例,这一天到来年正月初五为年假暂停出版。2 月 23 日,《北洋官报》改名为《北洋公报》,顺延《北洋官报》期号继续出版至 5 月 22 日。1912 年 5 月 23 日《北洋公报》发布"北洋印刷局为《北洋公报》改为《直隶公报》通告周知由",其中提到:"北洋印刷局为通告事,本年五月二十一日奉都督张札开,查《北洋公报》为本省公布法令机关,体裁既经改良,名称亟宜厘定,'北洋'字样仍属沿袭旧制,其范围嫌于宽泛,应即取消,改为《直隶公报》以昭确当。"①这一天《北洋公报》改名为《直隶公报》,期号依旧顺延旧报,即从 3144 期起继续出版。

　　《北洋公报》与《直隶公报》的性质早已不同于《北洋官报》。本书要讨论的是那 3053 期在晚清具有特殊历史地位的官报样板《北洋官报》。

----

① 《直隶公报》第 3144 期(1912 年 5 月 23 日)。

一、《北洋官报》的发展分期与形态确立

《北洋官报》的发展大致分为前、中、后三个时期。从时间段上看，发展前期指1902年至1904年，发展中期指1904年至1909年，发展后期指1910年至1912年。《北洋官报》的形态在发展前期就已基本确定，后不断调整完善，1906年清廷宣布"预备立宪"之后，《北洋官报》有过一次较大的改版，虽然时间不长就又调整回原样，但栏目、内容都有相应调整，报纸的整体面貌焕然一新。发展后期，随着清王朝败亡几成定局，封建官僚阶层了无生机，《北洋官报》也失了蓬勃生机，形态变化较大。

（一）发展前期形态确立

清政府预备立宪之前，从1901年开始实行新政。《北洋官报》自1902年创办以后，虽是直隶省官方喉舌，但因为北洋督抚袁世凯的重要地位以及直隶新政在全国新政中的示范性地位，实际上亦地方亦中央，实际肩负着清政府中央一级官报的部分使命。

1901年11月，袁世凯继李鸿章署理直隶总督兼北洋大臣；1902年，实授权。到1903年末，袁世凯被清政府委任本兼各差共计十一项，"直隶总督兼北洋大臣、兼管长芦盐政、督办关内外铁路、参预政务大臣、督办商务大臣、会订商律大臣、会办练兵大臣"。[①] 袁世凯身兼多职，且均为清末新政中的各方要职，可见权重一时。清末新政中，直隶新政在袁世凯的领导下又开展得较早且卓有成效，在政治、经济、教育等诸多方面进行了开创性改革，成为全国新政改革的标杆，因此，袁世凯和北洋地区在晚清也

---

① 佐藤铁治郎著、孔祥吉等整理：《一个日本记者笔下的袁世凯》，天津古籍出版社2005年版，第88页。

占有了独一无二的地位。也因此,《北洋官报》的地位也非其他省级官报可比,一定程度上充当了中央一级官报的职能。

在发展前期,《北洋官报》的版式、栏目设置不断调整并趋于稳定,并在 1904 年改为日报。1907 年之前,《北洋官报》的新闻部分分为三大栏目,分别是"畿辅近事""各省新闻"和"各国新闻"。"畿辅"这个词是指以京都皇权统治为中心的周围、附近地区,在清代成为直隶省的别称。"畿辅"不仅是一个地理概念,更是一个政治概念。"畿辅近事"主要报道的是帝都北京和直隶首府、北洋重心天津以及直隶省其他地区的新政新闻。从栏目内容的定位中可以看出《北洋官报》的地位。

(二)发展中期调整变革

1904 年以后,报纸进入发展中期,各方面发展较为稳定,没有太大变化,直到 1906 年,清政府实行预备立宪,报纸再次掀起改良的一个小高潮。以 1906 年 9 月清政府颁布预备仿行立宪谕旨为分界线,报纸发生具体变化是在 1907 年农历新年例行年假过后的第一期。

1906 年 9 月 1 日,慈禧太后颁布预备仿行立宪的谕旨。国内资产阶级旧民主主义革命正在兴起,民主思潮不断高涨;以孙中山为首的资产阶级革命派领导下的反清革命运动蓬勃发展;代表资产阶级右翼和部分地主官僚的君主立宪派也积极倡导立宪以争取自身利益。从国际环境来看,中国的义和团运动粉碎了帝国主义企图瓜分中国的迷梦,阻碍了帝国主义加紧侵略中国的步伐,迫使帝国主义采取"保全"与扶植清王朝政权,实行"以华治华"策略,以达到最大限度地维护其在华利益。列强也希望清政府披上"民主宪政"的外衣。面临来自国际国内的双重压力,清政府为了迎合列强,拉拢立宪派,瓦解革命,保持"大清江山",苟延残喘,最终决定实行宪政改革。

预备立宪开始后,清政府事实上逐渐注重新政进程中的中央集权问题,在各项新政开展中不断加强中央的规划与控制。在御史赵炳麟的奏请下,1907 年 10 月 26 日,清廷创设《政治官报》,"专载国家政治文牍","将朝廷立法行政,公诸国人"①。这份报纸由中央考察政治馆创办,1911年,清廷实行新官制,成立内阁,《政治官报》改名为《内阁官报》。这是清政府正式的中央一级的内阁机关报。在《政治官报》创办前,光绪三十三年正月初六,即 1907 年 2 月 18 日,传统春节例行年假结束后开工第一天,《北洋官报》第 1275 期版面无甚变化,栏目做了调整,"畿辅近事"取消,代之以"京师近事"和"本省近事"。栏目的调整说明《北洋官报》自身的定位和角色发生了转换,开始从亦地方亦中央的政治地位,渐渐转向作为北洋地区的地方官报定位和直隶省的官方喉舌。

清政府宣布预备立宪以后,《北洋官报》在版式与栏目设置上也做了调整。西式公元纪年法与中国传统帝王年号纪年法并用,赫然印在头版左上角位置。新增"新政纪闻"专栏,加强了对各项新政措施推行的新闻的报道。内容上,每期有关预备立宪的报道大量增多。尤其值得一提的是增添了"本局论撰"和"时论采新"这样的论说类专栏,大大提高了论说在官报上的地位。从内容到形式,《北洋官报》显示出对"预备立宪"的积极支持态度,官报的大力宣传与报道起到了引导舆论的作用。"本局论撰"和"时论采新""间日轮出",对于精彩的言论"加圈点以醒眉目","排印次序列于奏议公牍之后","京外及各国新闻字样均改为近事非重要确实者不登,力除琐碎虚诞之弊";"奏议公牍分为最要次要二类,虽不标明而于最要者排三号字,次要者排四号字,以示区别而清眉目";"选录学堂讲义及编辑科学杂志附于报末相间轮出以广门类;凡顺直各属中学堂以

① 故宫博物院明清档案部:《清末筹备立宪档案史料(下)》,中华书局 1979 年版,第1060—1061 页。

上教员所编讲义,择其渊博精粹之作节要选登;又取科学专家新试验之汽机新发明之学说辑为杂志,俾阅报者积日累月别订成书,既助教育之普及兼广文明之输运,庶于学务报务均有裨补;此二种以外,如有调查报告之确实者,译件演说之切要者尚当随时编次分别轮出推广体例以为疏瀹智识之助"①。由此可见,预备立宪以后,《北洋官报》的面貌焕然一新,再生活力,其维护中央、支持新政的态度明显而积极。官报的形式和内容进一步改善,引导舆论的能力进一步提高。但论说类栏目昙花一现,存世不久,80 多期之后,悄然消失。除此,"新政纪闻"栏目一直长久保持,直到1910 年新年之后不再刊载。

(三)发展后期收缩僵化

1910 年以后,资产阶级革命势力势如破竹,清政府大势已去,难以挽回,其没落腐朽决定了它无论进行何种形式的改革都很难达成自救的结果。《北洋官报》也失去了锐气。栏目和内容逐渐缩减,不再专设"新政纪闻"。甚至连"各省新闻"也都不再刊载。报纸的头版没有了精心设计感,"北洋官报"的报头不再用花边装饰,而是非常简单的空心字。这说明《北洋官报》对政府的新政措施也失去了信心,呼吁改革、引导舆论的主动意识也大大降低。

1911 年 9 月 28 日,《北洋官报》在头版刊载了一篇《注意》,宣布了《本局详定改良官报作为公布法令机关简章》,"凡督署暨司道各局所新订规章通行文牍,如咨札示谕之类,均发登官报公布,毋庸另文行知,以省繁牍。各署凡应公布之件均用印文送局刊布以为实行之据;其寻常公牍及委署牌示等项可以随时函送陆续刊登。各府厅州县对于通行要政即以

---

① 《本局禀官报改良增添论说送呈样本请批示祗遵由并批》,《北洋官报》第 1201 期(1906 年 11 月 26 日)。

接到官报之日作为奉文之期应举行者即举行,应禀覆者即禀覆,俾收敏捷之效。官报体例迭经改良自应仍循旧贯,惟此次改良宗旨重在本省法令之公布,特增法令公布一门。凡本省之法规及通行文件有命令性质者均列公布,其非命令性质而足以资参考者仍列公牍以示区别。凡本省颁行规章关系要紧者除登公布外,仍补入汇编章程类内俾便稽考。凡本省大小官署局所学堂及地方自治各机关均有购阅官报之义务。以上各条如有未尽事宜随时酌量变通办理"。① 由此,《北洋官报》被赋予了发布政府部门公报命令的权力,官报的属性进一步加强。《北洋官报》认为由官报公布法令,有很多好处,一是"中国文书之繁为各国所未有",长期以来,上级公布的法令仅能够到达少数官厅,却不能让人民都知道,如此,不仅上下不通产生隔膜,而且导致民间谣诼横生。现在公报法令通过官报向公众公布,"朝发夕至,遐迩周知,无隔阂无壅塞尤无迟滞"。二是各属各部门接到上级发来的公文经常玩忽职守、不履行义务和职责,还以没接到公文为借口。如果通过官报发布,全民都可监督执行,就避免了官员推诿找借口,这样一来,各级政府的政策被有效执行,"则于宪政之进行不无裨益"。三是"下级官厅对于通行文件有不利于己者或容心藏匿或故意延宕,今一经官报公布则国人皆知,欺蒙之弊自绝"。四是减省了动辄数十百件的下发公文的楮墨费用。五是"全省有志士民皆得日手一编",他们可以通过官报研究本省新政各项政策的利弊,增加了政治智识,培养了法律精神,对于未来国民自治大有裨益。②

《本局详定改良官报作为公布法令机关简章》以"注意"或"特别要

---

① 《本局详定改良官报作为公布法令机关简章》,《北洋官报》第 2916 期(1911 年 9 月 28 日)。

② 《本局拟定改良官报作为公布法令机关详文》,《北洋官报》第 2916 期(1911 年 9 月 28 日)。

件"的形式连续刊载三个多月,从第 3024 期开始,《北洋官报》增添了"法令公布"栏目,以四号字醒目全文刊载公文法令。既然"举凡司法自治财政军政学务警务实业各项公布,不特与地方官署关系重要,与各学堂局所暨自治机关地方绅民均有密切之关系",那么官报的发行速度与效率就要提高。然而,《北洋官报》也意识到,"各属接到官报经手书房辄积压数日始行分发,绅民啧有烦言"。为此,北洋官报局饬本局发报员,并知照邮局转知各分局,提高分发寄送的效率,并提醒各府厅州县收阅报纸并分送各处时一定要"慎益加慎,幸勿前假手书差致有贻误迟延之弊"①。

整顿了报纸的邮寄工作,北洋官报局又对报纸发行价格进行调整。官报局打算自宣统四年九月初一日起报价改收银元:

> 本省并寄官学两报每月全分收大洋一元三角小洋贴水邮费在内;本省分寄官报学报每月每分收大洋七角小洋贴水邮费在内;本埠寄售官报学报每月每分大洋六角小洋贴水不加邮费;凡外埠订购官学两报应先惠报资,空函不寄,至少须先定半年,如正月订购者须先寄六个月报费,二月订购者须先寄五个月报费,均以均以六月底截止,余可类推,嗣后即以半年为一届,以清界限,其原先交两届报费者听。报费须由邮汇或带现洋,不收邮票。②

然而,还未来得及实施,1912 年 2 月 12 日,宣统三年十二月二十五日,隆裕太后颁布退位诏书,宣统皇帝退位。大清王朝覆灭,延续 2000 余年的中国封建专制结束。当天,《北洋官报》在头版刊载广告,宣布:

> 现届年关,本报仍循囊例,于二十六日起停版十天,准于明年正

---

① 《本局拟定改良官报作为公布法令机关详文》,《北洋官报》第 2916 期(1911 年 9 月 28 日)。

② 《本局厘定报价及定报新章广告》,《北洋官报》第 3050 期(1912 年 2 月 9 日)。

月初六日照常出版。特此布告伏维　公鉴①

从版面、内容来看，《北洋官报》在这一天平静得很，没有任何异常。依旧刊载有"宫门抄""谕旨""奏折"，内阁日常还是照旧报道；"公牍""文告"显示着各部门继续寻常运转；"畿辅近事"刊载了"度支部金银库续收爱国公债清单"；"译电"依旧关注俄国与土耳其的战事，英皇安全抵达伦敦以及日皇慰问兵队等新闻。这一具有重大意义的一天"平静"地度过之后，《北洋官报》就照惯例休了十天年假。年假过完以后，一个崭新的时代拉开序幕，1912年2月23日《北洋官报》重新出刊。然而从23日到28日的报纸，即第3054期至第3060期报纸令人遗憾地遗失了。我们无法猜测那"消失"的六天之中，报社发生了哪些变动，报纸的宣传报道内容是否出现变化。现存1912年(民国元年)3月1日的《北洋官报》更名为《北洋公报》，期号延续《北洋官报》，为第3061期。代表封建政府的《北洋官报》无声无息地留在了那个无法跨越到新时代的封建王朝。

二、《北洋官报》的体制

《北洋官报》开风气之先，从编撰到发行进行了许多有益的尝试，是当时地方官报的样板。在近十年的发展中，报纸取法日本，并根据晚清实情，不断探索、实验新的编辑形式和技术，不断完善宣传报道内容与发行制度，采用现代化的管理模式，已经完全不同于古老的传统报纸。

(一)组织与运行现代化

前文已述，因直隶总督署由保定迁往天津等原因，北洋官报局虽已先

---

① 《本局广告》，《北洋官报》第3053期(1912年2月12日)。

期在保定开办起来,但《北洋官报》的创办一再拖延,反倒使其在资金、设备、人才等方面做了较为充足的准备。《北洋官报》从筹备到出版,当时的《大公报》给予了较多的关注。经常刊载有关《北洋官报》的各种情况。1902 年 11 月 28 日,《大公报》刊登《北洋官报总局广告》,广告是招募各项艺徒,从其行文可以看出北洋官报局为出版《北洋官报》做了精心准备:

> 本局自东西洋选购各种机器,聘订日本高等艺师,粤沪石印、铅印各匠雕刻铜版、铅版,本局精制写真、电镀铜版,印书纸版、泥版、石版、铅版等件,以及制造铜模铅字,专印书报,兼印各种图画及五彩商标、邮税、银钱票纸,皆不惜工本,精益求精。亟须招募各项艺徒,专心肆习,以期开通风气,推行美术……①

北洋官报局到日本选购各种印刷设备,聘请日本高级艺师,从广州、上海雇请熟谙石印、铅印等各项技术的工匠,发展业务。因为技术设备先进,《北洋官报》成为我国近代最早采用铜版印刷技术的报纸。连《大公报》都经常去官报局刊刻铜版图片。

北洋官报局总局设在天津,地址选在天津市河北区狮子林集贤书院内(今狮子林大街与金家窑大街交口附近,原址早已不存,但仍留有历史地名"官报局胡同"),分局设在北京和保定。北洋官报局虽为官办机构,但具有盈利性质。它的经营业务"于印报外,兼印各种书籍、图画及五采商标、邮税印纸、银钱券约等件,意在开通风气,仅收回纸墨工本,平价发售。凡定印各种商标、票纸、图画、书籍者,请至本局账房面议"。②《北洋官报》由专门的出版机构负责出版,改变了过去由官书局办理官报,或者由商务总会代为办理官报的状态,更加有利于官报的发展。官书局主要

---

① 《北洋官报总局广告》,《大公报》1902 年 11 月 28 日。
② 《本局广告》,《北洋官报》第 3 期(1902 年 12 月 29 日)。

编书、译书、印书、卖书，被认为是中国最早的中央级官报的《官书局报》和选译外报的《官书局译报》就是在1896年由维新派所设的强学书局改的官书局来出版。戊戌政变后，慈禧太后下令官报一律停办，两份报纸被迫停刊。商务总会主要是负责商业活动的，代办报纸效果自然不佳。

根据《〈北洋官报〉章程》所示，北洋官报局设总办一员，总理局务。"举凡局内应办之事，以及官报之体例，办事之规则，寄报之章程，报价之数目，统由总办核定，禀明遵办。"①从章程来看，"总办"之职统驭全局，除报刊采编业务外，经营管理的一切事务都要负责。在章程中，第三章"条规"中有一条规定："报章之体裁，图画之有无，记载之事项，及文章之工拙，均有关于风气之通塞。报章之销数，准由总纂随时斟酌修改，惟须总办意见之相同。"②总办之下，官报局设立了六股，分别是编纂处、编译处、绘画处、印刷处、文案处和收支处。每股工作人员全由总办延聘，聘用人数视各股事务的繁简而定。以下是各股的职务规定：

编纂处，有总纂，有副纂，司撰述论注选录校勘等事；报务是其专责。

编译处，专译东西各国现售之新闻纸及诸杂志诸新书。

绘画处，专摹外国新图，以舆图为大宗，旁及名人胜迹。凡足资观感之一名一物，每图必有说以发明之。

印刷处，司印刷盖戳号码装订题封等事，兼存储图籍画器及一切需用之物料。

文案处，司禀启移咨公牍各件，并刊发公私告白，掌管卷宗，誊写报册，盖用关防等事。

收支处，司发售官报，收回报价，采办物料，发给薪俸伙食杂用，

① 《〈北洋官报〉章程》，戈公振：《中国报学史》，中国新闻出版社1985年版，第48页。
② 《〈北洋官报〉章程》，戈公振：《中国报学史》，中国新闻出版社1985年版，第48页。

及一切出入筹款。①

北洋官报局总办一职最初由袁世凯举荐翰林院编修、候补道张孝谦出任。张孝谦(1857—?),字恒斋,号巽之,行三,河南光州商城县人。1889 年中进士。曾作为袁世凯派系支持并参与康有为发起成立的"强学会",还与丁立钧、陈炽、沈曾植三人被正式推为"强学会"的"四总董"。张孝谦任职到 1906 年 4 月,改署通永道差。1903 年 3 月张孝谦赴日本考察大阪博览会,5 月回国。在此期间,官报局总办一职由颜世清兼任。颜世清(1873—1929),字韵伯,号寒木老人、飘叟,广东连平人,寄居北京。画家,擅长山水、花卉。从政期间,提倡发展文化尤力。颜世清任期虽短,却对北洋官报局进行了有效的整顿。官报局创办之初,虽有明确的规章制度,但工作人员没有严格执行。据《大公报》报道,《北洋官报》经常出现错误,连袁世凯发交官报局排印的奏进呈之书也出现了校对疏漏。以至于"时人言官报字句向多讹误"②。颜世清入职以后,会同局内管事再订条规六则,针对"工匠误订报章、洋匠误印银票、人役私自外出等现象"设立奖惩制度。如"每千张坏损至多不过四十张,如逾此数,即责成经手洋匠配补"。同时奖励认真工作、创新工作的人员,"有匠徒刘仁卿学刻铜版,独标新异,呈之观察,观察立赏大银牌一面,以示鼓励"③。身为总办,颜世清事必躬亲,每期报章亲自校勘,无论文字、图画都要做到精美、无误,严格考勤,督促工人。局内事务逐渐好转,"局中上下,从此咸为惴惴无敢向之疲玩积习,一扫而空",④《北洋官报》的质量明显提高,且发行量也比之前增多。

---

① 《〈北洋官报〉章程》,戈公振:《中国报学史》,中国新闻出版社 1985 年版,第 48 页。
② 《整饬局规》,《大公报》1903 年 5 月 1 日。
③ 《整饬局规》,《大公报》1903 年 5 月 1 日。
④ 《整饬局规》,《大公报》1903 年 5 月 1 日。

1904 年,张孝谦回原籍省亲,再次暂离职守,局务由冯汝骙代理。"张孝谦之后,总办一职更动较为频繁。初由天津道周学熙暂行兼理,不久候补道丁象震任总办。1907 年,候补道袁祚廙任总办,后又调任戒烟总局任事。另外,吴兴让也曾担任过北洋官报局总办一职。"①

尽管新政坎坎坷坷向前推进,但北洋官报局及《北洋官报》的业务始终波澜不惊,很少起伏变化。直到 1910 年,官方拟将官报局与官纸厂合并,名为北洋编印局。官方认为"原办官报兼印书事宜本具有印刷官厂职性质,只以名义未经确定",且在官方文件中,明显认为北洋官报局经营不善,管理不严,导致"官局不振"。② 而且官方打算开办官纸厂,因为财政捉襟见肘,也需要处处节俭。将官报局与官纸厂合并,人员、设备、厂房就都可以充分利用起来。"旧有人员可以兼任,期用人之费可省;原设机器足敷分配,期购器之费可省;厂屋略具规模,即有不敷,就近可酌赁民房,期购地厂之费可省"③。合并后的新北洋编印局拟改设四科:

甲　编辑科,专司编校官学两报暨图书册籍等事;

乙　印刷科,专司印刷纸品书报暨经管料物等事;

丙　文书科,专司撰拟公牍编造表册暨收发誊缮等事;

丁　会计科,专司收支款目核算报销暨采买庶务等事。

另外,又拟设售品所,隶属会计科,专门负责发行物品等事项。官方在这项新政办法的公文中一再强调节俭,"一切均从简易入手,力戒虚縻"。④ 尽管实施办法详尽细致,但最终因清政府"官纸国营,与民争利"

---

① 翟砚辉:《〈北洋官报〉与直隶新政》,河北师范大学博士论文,2011 年。

② 《北洋官报总局详拟官纸印刷归并官报大概办法》,《北洋官报》第 2336 期(1910 年 2 月 16 日)。

③ 《本局会同藩运两司详遵札核议官纸印刷归并官报大概办法文并批》,《北洋官报》第 2336 期(1910 年 2 月 16 日)。

④ 《本局会同藩运两司详遵札核议官纸印刷归并官报大概办法文并批》,《北洋官报》第 2336 期(1910 年 2 月 16 日)。

的企图太过明显,合并官纸厂和官报局之举遭到社会各界强烈反对,没有进行下去。北洋官报局的业务活动再次回归平静。

(二)办报宗旨高远

《北洋官报》自创刊号连发三篇序言,相当于发刊词。第一期开篇就刊载了《北洋官报序一》和《北洋官报序二》,第二期刊载了《北洋官报序三》。

《北洋官报序一》中,作者从秦以前说起,"大易之义,上下交而志通为泰,反之为否"。秦以前,地域有限,君,卿、大夫、士在各自的受封领域内分而治之。"一国之情事,上下得以周知,其相通也,犹易。"秦以后,实行封建专制,君主统一天下,疆土广阔,旧有秩序不存在,旧有法规被遗忘,世变多故,于是,上下不通,弊端暴露。作者考察到:"泰西报纸之兴所以广见闻开风气而通上下,为国家之要务。中外大通以来,中国识时之士,亦稍稍仿西法,立报馆矣。"在晚清洋务运动以来,中国官员开眼看世界,逐渐见识了西方国家的先进发达。近代化报纸不断在中国大地上涌现,尤其是维新派报刊对西方民主、科学等思想的大力鼓吹,中国官员接受了新式报刊,意识到报刊的宣传鼓动作用。但同时,站在统治阶级立场上,封建官僚们对民办新式报刊的舆论宣传导向大有不满。"然皆私家之报,非官报尝一设于京师,未久而旋罢。夫私家之报,识之义宏通,足以觉悟愚蒙者,诚亦不少。独其闲不无诡激失中之论,及及或陷惑愚民使之莫知所守。"[1]官报认为当时华文报刊在重要的国家大事上论说评议"埽旧文祛积习,未必无摧廓之功也"[2];但其论议方式与内容过激,"独惜其习于纵横家,言好为跅弛奔放之词,语气扬抑唯恐不溢其量,又往

---

[1] 《序一》,《北洋官报》第 1 期(1902 年 12 月 25 日)。
[2] 《序三》,《北洋官报》第 2 期(1902 年 12 月 27 日)。

往偏重使人以意气相高"①。在国家推行新政、新旧交替之际,政治斗争激烈,革命舆论高涨,这样过激的言论会导致"民德不和,其患甚于民智之不开"。② 既然官报认为,私家之报不能"正确引导"舆论,那么这个重要的责任必然要由官报来承担,《北洋官报》为此颇有担此重任的责任感。

"然则求其所以交通上下之志,使人人知新政新学,为今日立国必不可缓之务。而勿以狃习旧故之见,疑阻上法。固不能无赖于官报也。今设直隶官报,以讲求政治学理,破固习,瀹智识,期于上下通志,渐致富强为宗旨,不取空言危论。"③从这段话可以看出,《北洋官报》以通上下、开风气、传播新政新学为办报宗旨,以促进国家富强为目的。办报伊始,高尚的办报宗旨已定,自我赋予了宏大的办报目的和重大的社会责任。

随着时代的发展,随着政局的变化,并且随着办报经验的逐渐积累和丰富,《北洋官报》对于新式报纸的作用和任务的认识,也在不断发展。1906年春节例行假期休刊之后,《北洋官报》发表《北洋官报丁未正月六日发刊词》。此时,清末新政推行已近四年,预备立宪即将展开。《北洋官报》也创刊了三年有余,它对官报的功用,已不用再通过贬抑私家之报来抬高自己。文章认为,当今东西方各国"官报与商报并重","报纸为文明之利器非虚语也"。文章引用西哲之言"国家文化之消长,国民程度之高下,恒视其国报纸之多寡,以为比例差"为全篇开头,用报纸发达的东西方国家文明程度高作为论据,论证此观点。特别举日本官报为例,说日本的官报是政府的喉舌,政府的政治、法律政策都要通过官报来宣布,官

---

① 《序三》,《北洋官报》第 2 期(1902 年 12 月 27 日)。
② 《序三》,《北洋官报》第 2 期(1902 年 12 月 27 日)。
③ 《序一》,《北洋官报》第 1 期(1902 年 12 月 25 日)。

报的地位"不啻象魏之悬书,中枢之政要寓焉"。通过报纸宣传"国民之观听萃焉,故其程度极高"。文章认为官报的"价值极重",作用也不仅仅限于"扩见闻",而且"可资政治之研究,增法律之练习,以养国民自治之能力,以表国家立宪之精神"。

这种认识是符合时代发展的。《北洋官报》在发行第一百册、第一千册时都曾发表纪念词,也编译过《新闻学绪言》①这类论述新闻思想的文章。《北洋官报》多次提到报纸的威力、舆论的力量,并引用当时流行的说法"拿皇畏如四千火枪,英儒称为第四种族,则谓之有效果"。② "近代人物拿破仑俾斯麦,固一世之雄也。拿皇绝畏新闻纸,譬以联队之威,火器之烈,俾则往往以新闻纸左右政党,失败之顷恒赖匡助。"③《北洋官报》对于报纸引导舆论的认识有可能是"一些作者以外国故事融入诗文,对仗工整,用典自然,无疑成为一种领异标新的书写表述,增添了一种新的时尚话语"。④ 但一份官报,是直隶省甚至中央政府的喉舌,敢于公开表达"报纸有监督政府,引导舆论的责任"的观点也说明其对报纸寄予了厚望。

当然,《北洋官报》终究是当时体制的维护者,它是清政府新政的忠实宣传者和执行者,它不可能像"私家之报"那样批评政府、论议国事、指摘政体,发"诡激失中之论"是对朝廷的大逆不道。但《北洋官报》却一再强调官报"通上下,开民智"的作用。"报纸固组织宪政之机关,陶铸国民之利器也。""夫报界之发达与国力之膨胀,民族之文明互为消息。"⑤《北

---

① 《新闻学绪言》,《北洋官报》第 126 期(1903 年 9 月 13 日)及第 132 期(1903 年 9 月 25 日)。

② 《官报一百册缀言》,《北洋官报》第 100 期(1903 年 7 月 21 日)。

③ 《新闻学绪言》,《北洋官报》第 132 期(1903 年 9 月 25 日)。

④ 邬国义:《"一支笔胜于三千毛瑟枪"话语考》,《学术月刊》2015 年第 1 期。

⑤ 《北洋官报第一千册纪念辞》,《北洋官报》第 1000 期(1906 年 5 月 9 日)。

洋官报》对自己创办以来取得的宣传效果颇为满意,"方今中国官报虽尚在幼稚时代,然自本报创办以来,为时不过四年,为数不过千册,而各省闻风相应。若南洋,若山东,若豫皖,若川楚,若闽粤秦晋诸省,无不仿效成规,接种并起。是本报一千册出版之日,亦即中国官报成立之期。则继此以往,文明益进,风气益开。上以辅翼国家,下以改良社会,务使朝廷立宪之政体日以完全,国民自治之精神日以增长。起贫弱而进富强。轶汉唐而驾欧美。安见我中国文明之化不可灌溉全球哉!则斯图之出不但为本报今日之纪念,抑亦中国前途之一大纪念也"。① 无论《北洋官报》的宣传达到什么程度,是否取得业绩,它对中国独立自强、再兴文明大国的美好愿望,以及报纸尤其是官报能够促进中国走向富强的认真的期待还是值得肯定的。

(三)版面设置与栏目安排传统与现代相结合

1902 年 12 月 25 日,光绪二十八年十一月二十六,《北洋官报》发行第一期,白报纸双面印刷,纸张规格长约为 25.3 厘米,宽约为 18.6 厘米。"官报每份一册,每册至少八页,多至十余页。开办伊始,间日一出。"②但显然《北洋官报》筹办之初,就明确了报纸的性质和办报思想,希望能发展成熟。"嗣后,酌量情形,或按日一出,以符日报之例。"③果然,在出满200 期之后,《北洋官报》改为日报。《北洋官报》只在封面印有出版时间,由于现存报纸的完整度不够,尤其是前期大部分报纸封面都不复存在,现在只能推算出报纸改为日刊的时间大约为 1904 年 2 月 21 日前后,即光绪三十年正月初六前后,第 201 期或者第 202 期。官报局每年春节

---

① 《北洋官报第一千册纪念辞》,《北洋官报》第 1000 期(1906 年 5 月 9 日)。
② 《〈北洋官报〉章程》,戈公振:《中国报学史》,中国新闻出版社 1985 年版,第 48 页。
③ 《〈北洋官报〉章程》,戈公振:《中国报学史》,中国新闻出版社 1985 年版,第 48 页。

都会放假,放假时间从腊月二十三到正月初六不定。①

《北洋官报》每版均以粗细双黑线围框,使版面整洁而醒目,且符合官报严肃的身份。每期设有封面,封面版式设计也是不断调整。报头楷体,加粗加黑。封面围框不用双黑线,而是采用形式多样的花纹,有中国传统的回形纹间隔八瓣小花的纹络,有莲花纹、元宝纹、如意纹等,美观大方还有中国古典特色。围框两侧分别标注着时间、期号与地址。

初期封面整版刊载《圣谕广训》及其近乎白话文的通俗解释(参见图2-1)。《圣谕广训》是1724年即雍正二年出版的官修典籍,内容为训谕世人守法和应有的德行、道理。源于康熙皇帝的《圣谕十六条》,每条七字,结构工整。雍正皇帝继位后对其非常重视,又加以推衍解释,洋洋万言,形成《广训》。清政府在各地推行宣讲《圣谕广训》,把其作为一项重要的文化政策,也是维护统治稳定,对老百姓进行思想、法制教育的重要手段。由于文言文难于理解,为了贯彻统治意志,当时各地方官绅及文人都对《圣谕广训》作种类繁多的通俗化尝试,有浅显的文言、口语化的白话甚至方言的解释等。《北洋官报》刊载《圣谕广训》,也是官方意志的体现。同时,配以白话通俗解释,说明《北洋官报》的读者定位至少包括平民百姓,努力做到贴近读者、亲民化。

封二刊登本期官报的目录,以及关于报纸发行、定价的启事,报费收

---

① 根据报刊出版周期判定,《北洋官报》第200期发行于1904年2月6日,光绪二十九年腊月廿一。第201期官报内容已刊载有正月初一、初二、初三的宫门抄,可以推测报纸发行日期有可能为1904年2月19日,光绪三十年正月初四。报纸每年春节前后例行放假,但放假起始、截止日期都不统一。此为《北洋官报》发行以来的第一个春节。此后春节,官报局多为初六上班,恢复发行。据此,第201期报纸也有可能于正月初六即2月21日发行。根据内容和期号无法推定第201期和第202期的准确发行时间,但可推定第203期一定发行于光绪三十年正月初八,即1904年2月23日。

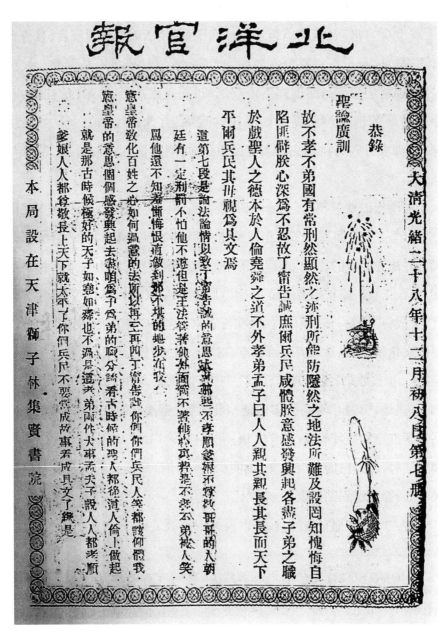

图 2-1　《北洋官报》第 7 期（1903 年 1 月 6 日）头版

取情况的通报,等等。随着编辑思想及排版技术的不断完善,《北洋官报》的封面越来越现代化、专业化。报头"北洋官报"四字围以花边,整版分栏,农历、西历同时使用,日期、地址列于报头下方。缩减《圣谕广训》,把目录等内容放到了封面。其实,这时已没有"封面"了,以前的"封面"已演变成现代化报纸的头版(参见图2-2)。

内容竖排版不分栏。《北洋官报序一》当中写到:"首载圣谕广训直解,次上谕,次本省政治,次本省学务,次本省兵事,次近今事务,次农学,次工学,次商学,次兵学,次教案,次交涉,次外省新闻,次各国新闻……"①这样丰富的内容,排版自然要比传统官报邸报改进良多。传统邸报无标点、无标题、无字号区分。初期的《北洋官报》开始注意版面编辑。内容分专栏,"宫门抄""要件""奏议录要""北洋公牍""学务要闻""北洋军政""选报第一""译报第一"等,后期栏目不断调整和增加,越来越丰富。栏目名称全部用比正文大的字号,加粗加黑处理。每一栏目当中刊载几条新闻,数量不等,每条新闻加类题。类题,不是现代意义上的真正的标题,是古代报纸不断演化进步出现的一种类似于标题的形式,对新闻进行归类、概括,语义笼统但非常简练。初期广告两页,后增加至4页。难得的是,每期还刊载一整版大图,介绍皇家园林、各地风景名胜,更有各州县的新式学堂、新式工厂等的新面貌的展现,甚至还有国外著名建筑或景点的照片。

1906年2月1日起,《北洋官报》焕然一新,完全改头换面(参见图2-3)。报纸扩为两全张②,西式装订,版面横分四栏,甚至根据需要,每

---

① 《北洋官报》第1期(1902年12月25日)。

② 目前读者能看到的《北洋官报》1906年2月1日的报纸是影印版的,国家图书馆收藏的原版报纸一直在修复中,不能看到其真面貌。故,这一时期的报纸尺寸大小等不能细致描绘。

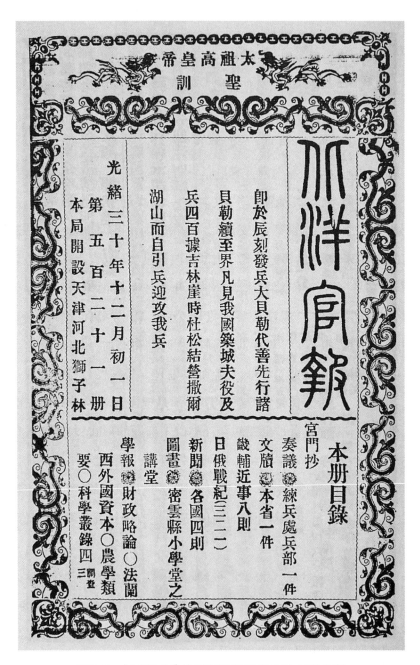

图 2-2　《北洋官报》第 521 期（1905 年 1 月 6 日）头版

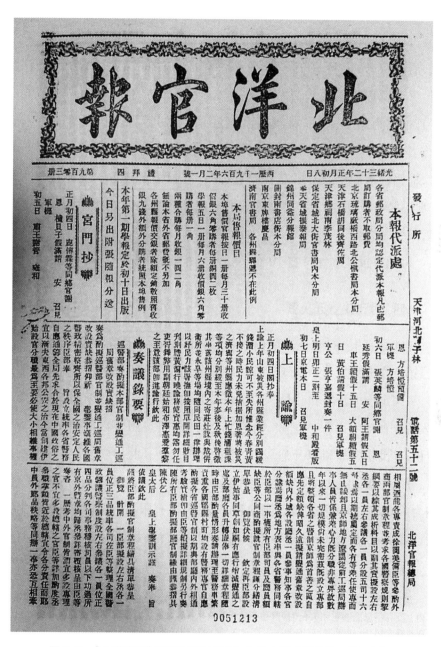

0051213

图 2-3 《北洋官报》第 903 期（1906 年 2 月 1 日改版后第一期）头版

横栏再竖分为多栏;页眉印有报纸名字、日期、页数、总期数等信息;各个栏目名称加统一花边修饰,一目了然,版式编排完全是一份现代化报纸,眉清目秀,堪称完美。但不及一个月的时间,2月23日,《北洋官报》又改回原来的版式,并发了一个《本局特别广告》,声明:"本局自今年官报改为两全张,取材较富,仍恐阅者不便拆订。自二月初一日起(作者注:即1906年2月23日,光绪三十二年二月初一日)照旧装订成册,篇幅较前加倍,总期改良求精以副。阅报诸君之意。其学报仍五日一册。特此声明。"①老大中国任何一点革新都是要经历不断的进进退退,最终完成。

每期官报基本保持在10页20版左右。除广告页,大约两万字内容。

(四)附刊注重开民智

《北洋官报》同时还出版附刊《北洋学报》。《北洋学报》从《北洋官报》第三期开始发行,②每期四页,随报发行,每十册订成一编,可单独发售,每编定价大洋三角。后来改成每五日出一期。《北洋学报》的宗旨是"发明中西学术以保持国粹,输运文明;搜求精美图画以提倡美术,潘导智识;补助学堂教科以开通风气,裨益士林"。③《北洋学报》宣称每期四页,分为三编,甲编为文学类内容,乙编为"质学",质学在当时指化学,丙编为"丛录",即学术汇编。因内容丰富,页数有限,各编轮流出刊。为方便读者学习、收藏,每编内容不相混,岁末年终之时拆分,即可分别装订成

---

① 《北洋官报》第925期(1906年2月23日)。
② 现存《北洋官报》第15期正刊后有《北洋学报》两页,之前报纸没有发现附刊。但该期附刊上没有信息能够表明其何时开设。直到第29期,又发现有《北洋学报》两页。第二页学报上刊载有发售《北洋学报》汇编的广告性文字,其中写到:"本局学报自去年十二月初一起每十册订成一编……现已出至第三编……"。"去年十二月初一"即1902年12月30日,据此推定,《北洋官报》从第3期即开设附刊《北洋学报》。
③ 《北洋官报》第15期(1903年1月21日)。

各类专业书籍。1906 年,清廷宣布预备立宪以后,因"民智未开",为了顺利开展议会选举,改革户籍制度,改革税制,使中国国民具有国家观念,唤醒国民的参政意识,提高参政议政能力,清政府大力提倡官方与民间开办宣讲所等学习机构,为民众宣讲政治与法律。应此形势,《北洋官报》将《北洋学报》改为《北洋法政学报》,并发"本局广告"告知受众:

本局广告

　　启者本局奉　督宪札开政治法律之学问尚在萌芽,必藉报章以开民智。官报局所编学报应即改为法政学报。前由法政学生所编法政杂志,可合并续办等因,本局遵于八月起停刊学报,改出法政学报。每月三册逢十出版,即以本月初十日为始每册篇幅计合从前学报两册之数,每月报价仍照旧章零售者每册二角特此广告。①

　　这样,从光绪三十二年八月初一日即 1906 年 9 月 18 日起,《北洋官报》副刊《北洋学报》改为《北洋法政学报》,以旬刊形式出版。

三、《北洋官报》的发行方式与广告

(一)发行方式以派销为主

　　清朝旧式官报邸报的发行工作依靠官僚体制,经由提塘发传到各省各级政府官员。《北洋官报》创办伊始规定,本省一个月内、外省十日之内报纸免费,全部赠阅,雇人递送费用、外省的寄送费用也都由官报局承担,分文不取。前五册也就是十日内,官报的发行还是颇受欢迎的。因此,第五册官报上就发了《本局广告》,声称,每天索取报纸免费阅读的人

---

　　① 《本局广告》,《北洋官报》第 1132 期(1906 年 9 月 18 日)。

和部门接踵而来,使得官报局难以为继,自第六号起,本省内还照旧免费赠阅,省外则一律开始收费。

一个月以后,北洋大臣袁世凯亲自发令,官报局采取"派销"的模式发售《北洋官报》。通过行政渠道,按照行政区划,从上至下,由省级到县级分派一定数量的报纸。分派的数量依据各区域面积大小、官员多少、贫富程度额定。报纸按期寄送给各府厅州县,还要由各级官员再行推广销售,给各村长各学堂阅看。《北洋官报》前期的额派数量不多,"大缺州县派发 10 份,中缺州县派发 8 份,瘠缺州县派 6 份"。① 后来,随着报纸越来越受欢迎,推广范围不断扩大,本省各州县派定的数量也翻倍,大、中、瘠缺州分别加派至 30、20、10 份。当时直隶省有 150 余州县,如此推算,官报在省内发行应超过 3000 份。

报纸分派到各地以后,各级官员不仅负责推销,还要负责收缴报费。报费"或阅报之人自付,或合力凑集,或由各州县筹拨,如书院庙产之类,酌量协助,均从其便"。② 北洋官报局只负责每月或每两个月按时收取报费。由于是行政派发,有一定的官方效力,加上北洋大臣袁世凯亲自督导,各级官员不敢懈怠,当成行政任务来完成。北洋官报局也有"促销"的办法。比如定期地、连续地把本省各州县订阅报纸的份数、缴纳报费的情况都登报公示,这对各州县官员来说,也是一种激励。比如《北洋官报》第 74 期第 2 页,除了目录,全部版面都用来刊登《各属州县添购官报清单》,大、中、小三种字号分别用来刊登添购份数超过 10 份的州县、正好10 份的州县和不足为 10 份的州县,其中枣强县添了 70 份,非常突出,特别围以花边来强调突出。对于外省订阅,官报局也有激励办法:凡是订阅

---

① 《晋报广派》,《湖南官报》1903 年 5 月 24 日,转引自翟砚辉:《〈北洋官报〉发行问题探析》,《保定学院院报》2011 年第 2 期。
② 《北洋官报局通饬各州县阅售章程》,《四川官报》1904 年第 8 期。

全年先付报费的,一律打八折优惠。另外,《北洋官报》发展到中后期,摊派的数量逐渐加大,拖欠报费的情况时有发生,且越来越严重,为了收缴报费,官报把各府县欠费情况经常刊载在报纸第二页上,如1904年9月13日的第406期上,就刊载有顺直地区各地所欠的报资、欠费时间起讫的信息。这种公示还是有一定效力的。在最初几个月的报纸上经常刊登《各属州县添购官报清单》,也从一个侧面说明官报销行(派发)量不断上升。

除了实行行政派发之外,《北洋官报》还在各埠设立代派处,采取代销制。北洋官报局对各埠代派处严格审查,要求其必须要有稳妥的"铺保",就是要有靠得住的商店为代派处出具证明作为保证。北洋官报局严格审查代派处资格之后,还要发给其执照。为了鼓励刺激代派处不断增加销售业绩,官报局对其报价在一定程度上给予优惠。"代派处本埠销报至五十分以上,外埠三十分以上,于报价内酌提二成作为经费。惟经本局派定发有执照者不得擅立分局名目,查出干究。"①

官报局在全国各地广设代销处,几乎覆盖当时晚清统辖的整个地域。包括西安、信阳、道口、潍县、樊城、安庆、徽州、芜湖、徐州、常熟、苏州、扬州、常德、荆州、武昌、宜昌、九江、岳州、泸州、嘉兴、万县、宁波、杭州、绍兴、重庆、福州、泉州、镇江、漳州、厦门、松江、桂林、梧州、蒙自、清江浦、乍浦、广州、汕头等地。总体来说,官报局所设代销处情况如下:

顺直地区:天津城内石桥胡同后齐佐周,又城内乡祠南李茂林,保定府贡院后本分局(后保定分局改在西街);官书局,各府州县僻远等地;

北京地区:方壶齐本分局、琉璃厂有正书局、修文堂、公慎书局(后统由公慎书局一家经营);

_____

① 《北洋官报发行凡例》,《北洋官报》第3期(1902年12月29日)。

东北地区:锦州府同益分报馆;

山东地区:山东省城官书局;

河南地区:河南省城南书店街本分局、开封南书店街本分局;

江苏地区:南京东牌楼庆昌、上海宝善街文贤阁;

湖北地区:汉口镇汉口日报馆(后改为汉口镇日报社);

江西地区:江西南昌府派报处。①

一份地方性报纸发行范围如此广泛,说明它是具有全国视野的。《北洋官报》在发行上下的功夫如此之大,销路自然也比较广。报纸上曾有公文记载:除了京师以外,其他"远近各省逐渐流通,全赖邮递迅速,销数方能旺,就山东、四川、湖南三省计之。现售将近二千份是报务日有起色之证"。② 按此推算,《北洋官报》省内省外每期发行量应在万份以上。

(二)阅报社的推行配合官报的发行

维新运动时期,维新派人士曾经在各类学会、新式学堂中开辟藏书楼,集纳各种报刊供人阅览,其中还收有海内外的革命报刊。这成为我国最早的民间阅报组织。维新运动失败后,这类阅报组织同各种革命组织一样受到打击而萎缩。清末新政时期,清政府为开启民智、推广新政,提倡和鼓励社会创办阅读社(所、处)。"整个清末新政时期,全国阅报社的兴办大致分为两个时期:1901—1904 年,主要兴办于南方诸省,北方较少;1905 年以后,北方诸省兴办阅报社形成高潮,阅报社在全国发展起来。"③晚清出现的阅报社中,民间举办的阅报社要远多于官

---

① 参见《北洋官报》第 405 期(1904 年 9 月 12 日);以及翟砚辉:《〈北洋官报〉发行问题探析》,《保定学院院报》2011 年第 2 期。

② 《北洋大臣劄行总税务司公文》,《北洋官报》第 77 期(1903 年 6 月 5 日)。

③ 裴文玲:《清末新政时期阅报社的发展状况概述》,《贵图学刊》2011 年第 2 期。

办。不过,官方阅报社虽然少,对民间阅报团体却起到了支持、示范和引导的作用。

直隶地区无论官方还是民间推行阅报社都非常积极,所建阅报社数量约占全国阅报社数量的五分之一以上。① 一方面,这是官方鼓励促进的结果,社会贤达人士、开明乡绅积极响应倡导。1905 年 5 月 30 日,《大公报》发表《天津也当设立阅报处》,倡导设立阅报处:"……靠著一两种报考查天下的事,究竟所知道的事有限。要打算多买,又买不起,惟有设立阅报处最好。这阅报处,拣那极好的报买些种,任人观看,不但于明白人有益处,就连那顽固人,也可以渐渐地化过来……"②

另一方面,直隶官方阅报处的设立也是为了配合和促进《北洋官报》的发行。随着《北洋官报》打开局面,发行数量不断扩大,尤其是摊派给各级官员的报纸数量逐年递增,各州县销报任务和压力不断加大,开始出现官员消极对待的现象。有官员不再重视推销报纸,有官员干脆自己垫钱或找捐款缴纳报费。针对这种现象,《北洋官报局通饬各州县阅售章程》中提出解决办法:"州县销报之法除地方所有衙署,既富绅巨商,可酌量劝谕购销外,应先于城内设立阅报所,定立章程以便人人皆可入内阅看,互相讲说问难,以广见闻,以倡风气。阅报所之设,始由城治以为之倡,渐推行于乡市集镇办理,得宜人人皆知报章有益,自然乐于购阅,较之劝派更为便捷。"③直隶各州县官员逐渐重视阅报处的创办,都曾屡屡明令所属,饬办阅报处。阅报处有单独设立的,有附设在新式学堂的,有设在官署办事处的,等等。这样,在官方的推动下,民间有识之士响应更加

① 学者李斯颐在其文章《清末 10 年阅报讲报活动评析》中,统计出清末阅报处 220 余家,据此推算。
② 《天津也当设立阅报处》,《大公报》1902 年 5 月 30 日。
③ 《广学会年报》(第十二次,1899),《出版史料》1992 第 2 期,转引自翟砚辉:《〈北洋官报〉发行问题探析》,《保定学院院报》2011 年第 2 期。

积极。清末直隶省阅报处先后创办 40 多所。阅报处是现代图书馆的雏形，它的出现，为开启民智、变革社会风气、提高国民素质发挥了一定的作用。同时，也促进了报纸的发行。当时不光直隶省，全国各地的阅报社所选订的报纸几乎都包括《北洋官报》。这无疑扩大了《北洋官报》的影响与读者群，直接或间接促进了报纸的发行。

（三）报纸的寄递受益于大清邮政系统

古代中国通过邮驿制度保证统治集团的信息畅达。清代的邮驿制度已发展得十分完善和庞大。古代官报依赖覆盖全国的邮驿网络发行。戈公振在其专著《中国报学史》中这样描述："凡经驿站传寄各省之官封，先由车驾司验妥盖戳，随即送往捷报处，经由马馆预备夫马，然后由京传至第一站，西路即良乡县，东路则系通州；此一州一县，负转发下站之责，如是沿途递转，以达原封应投之处所。而各省之文报，亦系如是送达北京，即交提塘发交首站，再由各站递转，以达在京之车驾司。因此报由驿寄递也，故又称《驿报》。"①

两次鸦片战争后，中国的国门被侵略者踢开。外国人在中国境内设立了为数不少的邮局，严重侵扰了中国邮权。洋务运动期间，清政府海关开始办理邮政事务并取得一定成效后，由总理衙门属意总税务司设立送信官局，试办邮政。光绪二十三年二月初七日，即公元 1896 年 3 月 20 日，大清邮政局正式成立。光绪三十二年九月二十日，皇帝谕令设立邮传部。《北洋官报》创办时，大清邮政业务在局所数量、局所建设、邮递工具等方面都已经取得明显的发展。《北洋官报》借助大清邮政系统发行报纸颇为受益。袁世凯利益集团插手邮政事业，与交通行业尤其是铁路、轮

① 戈公振：《中国报学史》，中国新闻出版社 1985 年版，第 35 页。

船业事务关系紧密。这使得袁世凯得以利用直隶督抚的身份,发布行政命令协调邮政、铁路的工作,配合和服务官报的寄递。

1902 年 12 月,袁世凯谕告铁路总局,天津、北京等处,站长及管守铁路的兵勇等,自 12 月 25 日以后,凡官报局发往车站的报纸,站务们务必从速收报并慎重收存,不得延误或丢失。

1903 年 7 月,经袁世凯批示,北洋官报局与天津邮政总局签订合同,约定邮政局免费邮递北洋官报局各报,且各个邮政分局代理处也受命免费销售官报。在行政力量的控制下,官报的发行确实受益颇多,能够很快流通全省乃至全国。但邮政局同官报并不属同一个部门,它们之间的配合,都是通过行政命令来实现,因此,在现实中,行政效力随着行政系统层级下降而逐渐衰减,基层邮政分局、代理处并不能有效地执行中央的规章制度。《北洋官报》邮寄到外省的报纸就经常出现迟误、丢失等情况。北洋大臣袁世凯不得不发布行政命令,"迅即转饬各省邮政局,嗣后各局接递北洋官报,随到随转,再有遗失等情,照章从严处罚"①。

(四)广告收入无法支撑官报发展

《北洋官报》刊登广告,广告页安排在报纸最后。初期报纸只有 1 版或 2 版广告,后来 8 版 4 页广告成为报纸常态。广告的类别不断扩展,各类洋行广告、医药广告、书局广告是主要的。最后一版广告都会刊登第二天的船期信息。

但是,《北洋官报》的盈利并不依赖广告。虽然并没有详细的资料说明官报广告利润几何,但从官报所刊载的各种通告、公文之类来看,官报

---

① 《北洋大臣劄行总税务司公文》,《北洋官报》1903 年 6 月 5 日。

局经营尤其到后期经费紧缩,财政困难,虽然广告版面看起来很繁荣,但显然广告收入无法支撑报纸的发展,更不可能养活整个北洋官报局。《北洋官报》的运行要靠卖报收入来维持。开办之初,"本省以一个月为限,外省以十日为限,概由本局捐送,不收报价"。① 之后,《北洋官报》规定,"每册零售价洋伍分,每月价洋柒角,外埠概不零售;外府州县遵督宪派定数目照寄,每份每月收足银伍钱,如各府县于扎派定数外另行函购,本局于函到次日照寄,惟报价概须先惠空函,恕不奉覆;各埠代派处均须有妥实铺保,报价按月清算,如缴不足数,由保人赔补……外省定阅全年先付报资者,亦按八折计算,惟每册一寄者,报价全年外加邮费壹元,五册一寄者全年加邮费三角;各府州县派定各报统核银价以归一律,此外各代派处及各州县自行函购者银洋两便,每洋壹元合库平银七钱二分,小洋进出一律帖水……"②

四、本章小结

就外观来说,除了 1906 年那不到一个月的短暂西式装订外,《北洋官报》的确还是延续了古代邸报书册式装订的样貌。这也使得诸多研究者对《北洋官报》的定性依然不脱于古代报纸之列。著名的新闻学家戈公振在其中国新闻史上的开山之作《中国报学史》中,就把《北洋官报》与古代邸报并列放到同一章节中展开评述,并认为:"我国现代报纸之产生,均出自外人之手。"③美国社会学家帕克说:"报纸是什么,或者它看起来像什么,有着许多的回答。因为我们任何一个人在任何时候,

① 《〈北洋官报〉章程》,戈公振:《中国报学史》,中国新闻出版社 1985 年版,第 48 页。
② 《北洋官报发行凡例》,《北洋官报》第 3 期(1902 年 12 月 29 日)。
③ 戈公振:《中国报学史》,中国新闻出版社 1985 年版,第 55 页。

都是以我们各自的观点为转移的。"①那《北洋官报》看起来"更像"古代报纸呢,还是"更像"现代报纸呢? 说它是新式官报,那么它"新"在哪里呢?

第一,新在其报纸构成要素上。细究其形式,《北洋官报》已初步具备了现代报纸的四要素:新闻、评论、副刊和广告。古代的邸报、京报只刊载新闻,没有评论、副刊,更没有广告。而《北洋官报》四要素俱全。特别值得一提的是,《北洋官报》作为直隶省的喉舌,出版发行接受政府拨款,但它努力经营广告,广告收入虽远不能冲抵报纸成本,却在头版发文卖力吆喝售卖广告版面,精心设计和印制广告插图,每期8版广告,实属不易。

第二,新在其版面设计上。《北洋官报》有报头,标识度强,而古代邸报、京报从产生到消亡1000多年从未有过报头,导致世人及后人对其称呼繁多、不尽相同。而且,《北洋官报》栏目丰富,标题与正文区分字体字号,有图片、花纹等版面装饰设计。

第三,新在其组织架构上。《北洋官报》隶属于北洋官报局,从采编到发行,部门设置分工明确,组织严密。古代邸报的编写抄传工作由进奏官等各级官员完成,并且只是各级官员的行政职责之一。各级官员隶属于不同的行政机构,因此发行报纸没有专属、独立的部门来完成,只是政务工作的一部分。《北洋官报》的采编发行机构独立,组织有保障。

第四,新在其发行体制上。《北洋官报》主要采取行政派销的方式发行报纸,依靠直隶总督的行政命令从上至下按照行政区划摊派报纸。这

---

① 帕克:《报纸形成的历史》,陈建国、白云山译,宋俊岭校,载帕克、伯吉斯、麦肯齐:《城市社会学》,宋俊岭等译,华夏出版社1987年版,第78—95页,引见81页;转引自黄旦:《"报纸"的迷思——功能主义路径中的中国报刊史书写之反思》,《新闻大学》2012年第2期。

一发行方式深刻地影响了后世的报纸发行,甚至绵延至今,形成了具有中国特色的报纸发行体制。当然,《北洋官报》并没有依赖于行政派销而高枕无忧,尤其是在清末各地财政千疮百孔、入不敷出的时期,官报为了提高发行量,进而实现其"传播新知开风气"的宏图大志,非常主动地拓宽市场、拓展发行渠道,通过支持阅报社建设等活动提高民众文化水平,进而提高报纸的阅读率和发行量。这符合《北洋官报》的办报宗旨。《北洋官报》的办报宗旨顺应了时代发展大潮,因此,报纸的创办得到了社会的认可,具备了生存发展的空间和可能性。

综上,从外在形态上来看,《北洋官报》高度接近于现代化报刊,属于现代化报刊的范畴。

第三章 《北洋官报》的内容分析

——"通上下,开民智"

对《北洋官报》的内容分析是本书的研究重点。通过考察官报的内容,我们可以看到《北洋官报》作为官方新政的喉舌,不遗余力地宣传新政,充当直隶乃至全国新政的吹鼓手。作为官方舆论宣传工具,传播政治信息是其基本职能。除此之外,它还刊载国内外新闻及新学内容。丰富的内容,树立了官报的权威性和示范性。

一、《圣谕广训》与邸报的摘抄

(一)篇首刊载《圣谕广训》表达对清朝皇权道统的尊崇

《北洋官报》前期都有封面,当然形式上更像一份杂志。因为年代久远,官报封面残损、遗失较多,所以,无法推断从什么时候起报纸就不再专设封面。目前保存下来有封面的《北洋官报》到第 460 期。《北洋官报》的封面可以说很"华丽",以超过一厘米宽的、复杂的花边装饰。花边装饰定期改变样式,给人以隆重的美感。最初,封面只刊载一个内容《圣谕广训》，后来，又把排在二版的目录放在了封面上。《圣谕广训》在上，目录在下。《圣谕广训》的刊载别有深意。

清政府入关后，用了近 40 年的时间统一全国，大力推行儒家伦理，以其作为统治的手段，对民众进行道德教化。顺治统治时期，大力提倡"尊孔崇儒"，于顺治九年，即 1652 年，将朱元璋的"圣谕六言"钦定为"六谕文"，作为教化士民的准则，并要求在各地宣讲。这六条谕文是："孝顺父母、恭敬长上、和睦乡里、教训子孙、各安生理、无作非为"。康熙帝继承先辈的传统，平定三藩更让他认识到孝、忠对于统治者的意义，于是开始大张旗鼓地实行以"尊孔崇儒"为核心的"汉化"政策。康熙九年，即 1670 年，康熙将"六谕文"扩充为"圣谕十六条"，内容为："敦孝悌以重人伦，笃宗族以昭雍睦，和乡党以息争讼，重农桑以足衣食，尚节俭以惜财用，隆学校以端士习，黜异端以崇正学，讲法律以儆愚顽，明礼让以厚风俗，务本业以定民志，训子弟以禁非为，息诬告以全良善，戒窝逃以免株连，完钱粮以省催科，联保甲以弥盗贼，解仇忿以重身命。"雍正即位以后，"登宸极迪光继述，衍《圣谕广训》之书，于敦孝悌、重人伦反复开明，唯恐人之弗知，知之弗行，而行之弗切。以此见我皇清圣圣相承，莫不以孝治天下，依人性之本，然以成淳美之俗"。① 雍正二年，即 1724 年，颁布《圣谕广训》，作为清朝道德教化的重要文献之一发行全国。

《圣谕广训》是以中国儒家伦理文化为基础，以"移孝做忠"为核心的道德教化文献。广训分为两个部分，"第 1 至 8 条为第一部分，主要以忠孝为中心展开，其中包括个人修养、农本思想以及教化等几个方面；第 9 至 16 条为第二部分，以礼为首，同孝相对，同时又讲到了逃人、钱粮、保甲以及重视生命的价值等几个方面"。这几个方面对于建立以儒家伦理学

① 赵忠仲：《重构与创新：明清圣谕口头传播形式及特点——以〈圣谕六条〉〈圣谕十六条〉〈圣谕广训〉为例》，《新闻战线》2016 年第 24 期。

说为中心的社会道德规范与社会伦理机制来说,迫切且具有实际操作意义。毛礼锐主编的《中国教育通史》第三卷中进一步指出:《圣谕广训》是"清朝的圣经,为郡县学训练士子的标准,教化全国人民的法典"。① 这部"法典"对于维护中国古代社会以家族、宗族为核心的农业社会组织结构具有不可替代的重要作用。

《圣谕广训》从上至下要求大量刊印,于各地广为颁发。为了能够使乡野间不识字的老百姓也都能得以了解和接受,民间还逐步出现了对《圣谕广训》进行二次解读或再衍释的版本,即白话解释版。自康熙以来,《圣谕十六条》与《圣谕广训》的传播还与乡约制度相结合,定期开展宣讲活动。清廷规定各级官员都必须每月举行两次集会,朔望或者初二、十六,对百姓宣讲、解释圣谕。除了乡约宣讲,《圣谕广训》还通过学校教育和科举考试等形式进行传播。从康熙三十九年在学宫宣讲上谕十六条始,圣谕进入学校,从雍正三年始,《圣谕广训》被列为科举考试的必考内容。各级科举考试中,考生都要默写《圣谕广训》的内容。有学者认为清朝政府对于《圣谕广训》的传播颇具"仪式性",有着虚实结合的政治意义。"'实'的一面,是借助于整个行政权力系统的延伸,将皇家所理解的儒家伦理秩序,播之于天下,以收政治教化的实效。"②在封建中国,君主对臣民负有"教化"的责任,臣民是君主教化的对象。世俗政权越发专制,教化之权越发膨胀,颁布《圣谕广训》便显示了君主对臣民的政治教化责任和权力。"'虚'"的一面,则是借助《圣谕广训》这一特殊的文本,通过'仪式性'的宣讲和日积月累的重复,在地方上建立起一种'皇权'在

---

① 雷伟平:《〈圣谕广训〉传播研究》,华东师范大学博士论文,2007 年。
② 姜海龙:《从文牍到新闻:早期〈北洋官报〉中的新政展示》,《中国社会历史评论》2014 年第 15 期。

场的威严秩序感。"①

《北洋官报》篇首的"恭录圣谕广训",应为《圣谕广训直解》,直解有
多个版本,一般都是地方官刊刻颁行,"地方官刊刻有一定的优势,他可
以根据当地的实际情况,或张贴,或辅之以律例,更能利用地方特色,并将
这些特色同传播《圣谕广训》结合起来。书坊刻书进一步扩大了《圣谕广
训》的传播"。②

官报刊载《圣谕广训》首先是一条文言模式的《圣谕十六条》中的内
容,之后是白话文通俗解释,再其后是雍正皇帝对该条内容的详细解释。
通常,一条圣谕,要多期连载对其详加阐释,分多期将雍正皇帝的文言文
圣训翻译成通俗白话。如第 132 期,封面刊载《圣谕广训》"息诬告以全
善良":

息诬告以全善良(第十二条)

诬是诬赖,告是告状,善良是好人。诬告不息必定要冤赖好人。
若能息了诬告,这好人自然是安生的了。

国家之立法所以惩不善而儆无良,岂反为奸民开讦告之路而令
善良受倾陷之害哉。夫人必有切肤之冤,非可以理,遣情恕者于是鸣
于官,以求申理,此告之所由来也。③

此后,《北洋官报》又连载多期,直到将本条圣谕的相关圣训全部刊载完
毕,阐释完毕。

《北洋官报》之所以篇首"恭载"《圣谕广训》,其在《序三》中有提到:
"恭载圣谕广训直解则远法春秋王周正月之文。"④"王正月"是春秋公羊

①　姜海龙:《从文牍到新闻:早期〈北洋官报〉中的新政展示》,《中国社会历史评论》2014
年第 15 期。
②　雷伟平:《〈圣谕广训〉传播研究》,华东师范大学博士论文,2007 年。
③　《北洋官报》第 132 期(1903 年 9 月 25 日)。
④　《序三》,《北洋官报》第 2 期(1902 年 12 月 27 日)。

学的一个重要的经典命题。《春秋公羊传》开篇就说："元年，春，王正月"。新王改制，首当其冲的大事就是建正朔。司马迁在《史记·历书》中说："王者易姓受命，必慎始初。改正朔，易服色，推本天元，顺承厥意。"班固在《白虎通·三正》中也这样说到："王者受命必改朔，何？明易姓，示不相袭也；明受之于天，不受之于人。所以变易民心，革其耳目，以助化也。"也就是说，新王当政之所以首先要改正朔，是因为要昭告天下，王权并非沿袭前朝或靠人为争夺来的，而是从上天那里获得授权，成为天下人之主，这是天意。臣民不得违拗天意，只可顺承。为了区别于旧王、旧政权，新王为政、治民就必须造就一个崭新的历史起点，正本清源，拥有一个崭新的开端。新王只有把自己的主导意识形态有机地融入天下百姓的日常生活中去，才能使自己的政治统御名正言顺，获得一个良好的初始状态，让民众完全无条件地顺承王者与天意，耳濡目染于王道教化。只有如此，臣民才更容易被引导和驯服。"而实际上，建正朔应该只与纪年月份相关，其引申意义也不过是新王受天之命而应当拥有崭新的开端。"[1]新王受命，必奉天、地，《春秋繁露·三代改制质文》曰："王者受命而王，制此月以应变，故作科以奉天、地，故谓之王正月也。""王周正月"君权神授，寓意深刻，弘扬王道的作用非常重大。

《北洋官报》篇首"恭载圣谕广训直解"，其用意明显，在于借《春秋》"王周正月"之典故，以表达对清朝皇权道统的尊崇，说明官报维护皇权秩序的立场。

（二）刊载上谕维护官场权力秩序

《北洋官报》"次以敬录上谕"。"圣谕广训"之后是"宫门抄""上谕"

---

[1] 余治平：《"王正月"与〈春秋〉新王"论——董仲舒〈春秋〉思想略论》，《河北学刊》2014年第1期。

及"辕门抄"。"宫门抄""上谕"和"辕门抄"的内容全部节选自中国古老的官方媒介——邸报。中国古代的邸报,有1200年左右的历史。受中国君主专制制度以及封建自然经济的制约,邸报发展不快,千年以来变化不大。发展到晚清时代,从形式到内容完全僵化。以逐日发行为主,内容基本上是宫门抄、上谕和章奏三大部分。直到封建王朝覆灭,邸报才最终消失。邸报之所以能够苟延残喘,毕竟还有它的特点:"谕旨、题奏一律照登原文,官场的信息比较集中,查阅比较方便等等。这些,对热衷于仕途经济的封建官绅们来说,还是十分需要的。因此,即便受到了新报的冲击,它仍然能够存于一时"。①

"宫门抄""上谕"和"辕门抄"被《北洋官报》放在"头条"位置,其用意同封面刊载"圣谕广训"一样。宫门抄是清代内阁发抄的关于宫廷动态、官员升除等简短的政治情报。② 主要是报道皇帝起居、大臣陛见陛辞以及礼宾祭祀赏赐等朝廷动态消息。辕门抄是清代总督或巡抚官署中发抄的分寄所属各府、州、县的官文书和政治情报。有的由报房抄印发售。这些官署的大门叫辕门,因由辕门抄出,故名。③ 报纸发行前期,每期宫门抄多到10条以上,中期改版后,每期宫门抄大大缩减,有时候仅刊载1、2条,但直至中华民国成立,《北洋官报》改旗易帜,宫门抄、上谕和辕门抄始终刊载在头条。形式上,宫门抄、上谕和辕门抄的字号要比其他新闻字号都大;宫门抄和上谕首字提上一格;正文内容保持谕旨原貌,上谕文末还留有"钦此"等表明皇帝态度、以示崇高和尊敬的惯常诏书用语;而且在目录中"宫门抄"和"上谕"都要首字提上一格,以示突出。

---

① 方汉奇:《中国新闻事业通史(第一卷)》,中国人民大学出版社1992年版,第238页。
② 程曼丽、乔云霞:《新闻传播学辞典》,新华出版社2012年版,第67页。
③ 程曼丽、乔云霞:《新闻传播学辞典》,新华出版社2012年版,第67页。

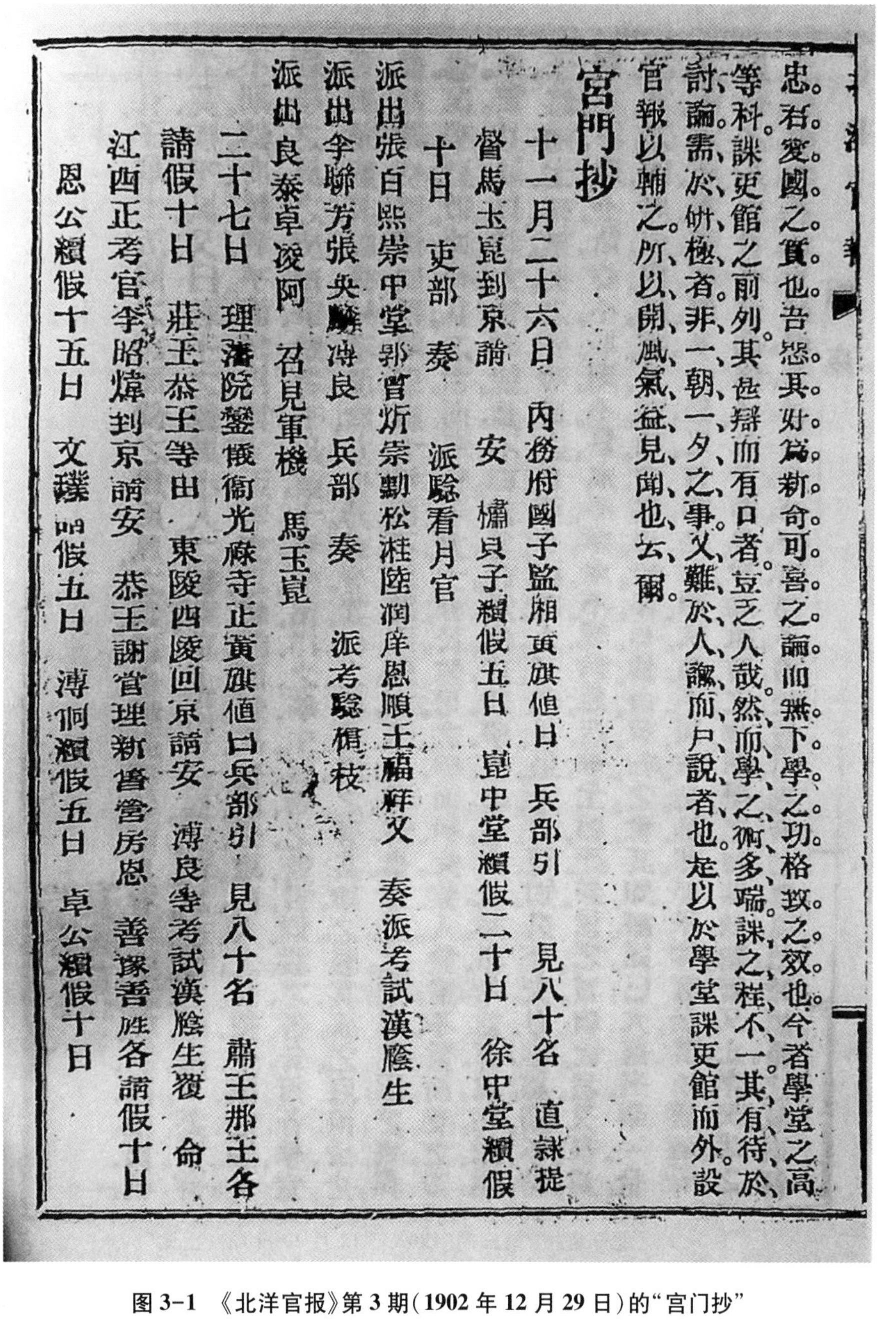

忠君愛國之質也。吾恐其對篇新命可善之論，而無下學之功，格致之效也。今者學堂諜更館之高
等科諜更館之前列其也擇而有口者豈之人哉，然而學之術多端，諜之程不一，其有待於
討論需於研極者，非一朝一夕之事，义難於人諜而戶說者也。是以於學堂諜更館而外設
官報以輔之。所以開風氣益見聞也云爾。

宮門抄

十一月二十六日　內務府國子監鑲頭旗值日　兵部引　見八十名　道隸提
督馬玉崑到京請安
　　　　安　懼員子續假五日　崑中堂續假二十日　徐中堂續假
十日　吏部奏　派驄看月官　派考聰惲枝
派出張百熙崇中堂郭曾炘崇勳松桂陸潤庠恩順王福祥文　奏派考試漢廕生
派出李聯方張英麟溥良　兵部奏　派考試漢廕生
派出良泰卓俊阿　召見軍機　馬玉崑
二十七日　理藩院鑒懷衡光祿寺正黃旗值曰兵部引　見八十名　肅王那王各
請假十日　莊王恭王等出　東陵西陵回京請安　溥良等考試漢廕生覆　命
江西正考官李昭煒到京請安　恭王謝管理新舊營房恩　善豫善旺各請假十日
恩公續假十五日　文蘇續假五日　溥侗續假五日　卓公續假十日

图3-1　《北洋官报》第3期(1902年12月29日)的"宫门抄"

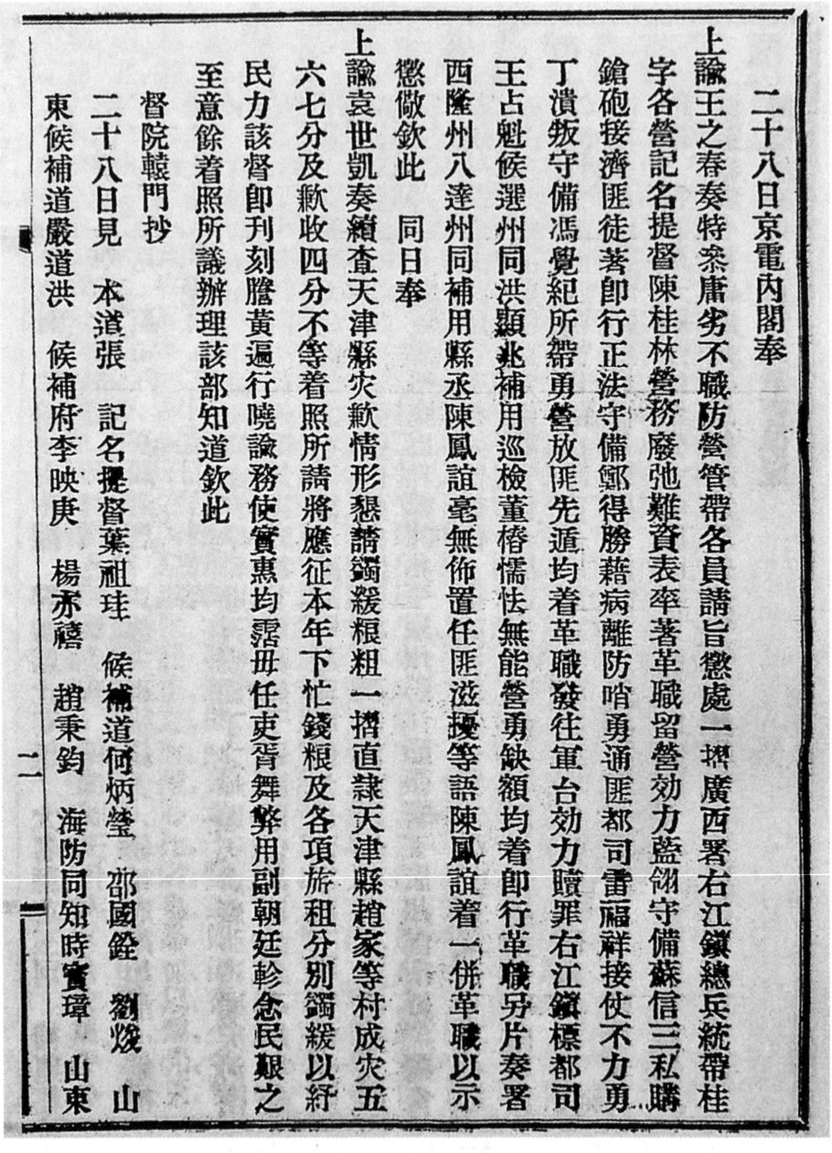

二十八日京電內閣奉

上諭王之春奏特叅庸劣不職防營管帶各員請旨懲處一摺廣西署右江鎮總兵統帶桂

字各營記名提督陳桂林營務廢弛難資表率著革職留營效力藍翎守備蘇信三私購

鎗砲接濟匪徒著即行正法守備鄧得勝藉病離防唁勇通匪都司雷福祥接仗不力勇

丁潰叛守備馮覺紀所帶勇營放匪先遁均着革職發往軍台效力贖罪右江鎮標都司

王占魁候選州同洪顯兆補用巡檢董椿懦怯無能營勇缺額均着即行革職另片奏署

西隆州八達州同補用縣丞陳鳳誼毫無飾置任匪滋擾等語陳鳳誼着一併革職以示

懲儆欽此　同日奉

上諭袁世凱奏續查天津縣災歉情形懇請蠲緩糧粗一摺直隸天津縣趙家等村成災五

六七分及歉收四分不等着照所請將應征本年下忙錢粮及各項旂租分別蠲緩以紓

民力該督即刊刻謄黃遍行曉諭務使實惠均霑冊任吏胥舞弊用副朝廷軫念民艱之

至意餘着照所議辦理該部知道欽此

督院轅門抄

二十八日見　本道張　記名提督葉祖珪　候補道何炳瑩　郜國銓　劉焌　山

東候補道嚴道洪　候補府李映庚　楊亦禧　趙秉鈞　海防同知時實璋　山東

二

图3-2　《北洋官报》第三期(1902年12月29日)的"上谕"

同一时期创办的《大公报》也选登邸报的内容,但与《北洋官报》不同的是,形式上,《大公报》对"上谕"没有那么毕恭毕敬,"上谕电传""宫门邸抄"仅仅作为栏目的名称同其他栏目一样正常排版,没有特殊的格式。内容上《大公报》也不是每期必有"上谕电传""宫门邸抄",而是根据新闻需求,有新闻价值的就转载选登,没有就不刊登。同样是"私家之报"的《申报》,每期也刊登"京报全录",内容不少,能占到一个版的容量,但并不放在重要的位置,通常前四五版都是国内外各类新闻,"京报全录"在第四版或更后的位置。在当时闭塞的新闻环境中,《大公报》《申报》摘录邸报、京报的有关朝廷的政治新闻,也是对其新闻报道的一个补充。

《北洋官报》刊载"宫门抄""上谕"和"辕门抄",其形式意义大于实际意义,充分反映了《北洋官报》听命于清政府,对于皇权秩序的维护和尊崇。报纸虽是新政的一部分,但却是旧有体制的维护者。而一切新政都是在神圣的皇权之下开展,以不侵犯皇权为重要前提。

《北洋官报》刊载邸报内容,还因为它"官报"的身份。"官报"这个词汇在晚清被大量使用,民国以后便很少被使用。清末官报,是各级政府和中枢各部门主办的机关报。既然为机关报,常带有明显的政治倾向,用以发布消息,代表政府机关的立场,宣传政府的主张、政策,影响社会舆论。《北洋官报》作为直隶总督署的机关报,其喉舌功能在其章程总则中第一条便明确指出:"官报专以宣德通情启发民智为要义"。① "宣德"即宣扬盛德,首要任务便是刊载传报皇帝诏旨,让普天下臣民知道皇帝为天下殚精竭虑。因此,头条刊载"宫门抄""上谕"不仅是尊崇道统的表现,还是宣扬盛德的必要内容,是官场权力秩序的等级所在。

除此之外,邸报是当时人们获知皇帝动向、朝廷内事、人事任免等信

---

① 《〈北洋官报〉章程》,戈公振:《中国报学史》,中国新闻出版社1985年版,第48页。

息的主要来源。"私家之报"转载邸报内容要通过官方发行的邸报以及民间报房刊刻印行的京报,但《北洋官报》则可以直接从提塘和督署衙门获取官场内部流通的邸报,信息相对更加权威。清代的提塘分京塘、省塘两种,京塘驻首都,省塘驻地方,他们的活动受中央和地方封建政府的双重功能领导。在提塘的各项日常工作中,抄传发行官报占有重要地位。清代邸报以逐日发行为主。《北洋官报》每日从官场内部渠道得到邸报,也显示了其自我标榜的"优越"于"私家之报"的方面。

二、官方文牍的刊载

紧跟头条之后,《北洋官报》次头条的位置刊载的是"奏议录要""公牍录要"和"文告录要"。奏议是臣子向皇帝上书言事,条议是非的文字。公牍即公文,机关相互往来联系事物的文件。[①] 文告则是机关或团体发布的文件。[②]《奏议录要》《公牍录要》和《文告录要》是《北洋官报》的重要内容,每期要占3到5个版面,且不仅刊载本省督宪袁世凯及其他重要官员的奏议及本省各部门公文和文告,还大量选登中枢各机关及各省各部门的重要奏议、公文及文告。一方面,说明《北洋官报》虽为直隶一省之官报,但其视野和格局早已突破了地域的限制,它关注上至中央、下至全国各地的政治新闻。另一方面,奏议、公牍、文告属于清政府的行政工作内容,大量政务信息的公开报道,也反映了清政府向现代政治文明的转型。

---

① 《现代汉语词典(第6版)》,商务印书馆2012年版,第452页。
② 《现代汉语词典(第6版)》,商务印书馆2012年版,第1363页。

(一)《北洋官报》比邸报、京报刊载更多的政务信息

从唐玄宗开元年间出现世界上最早的报纸"开元杂报"即邸报以来,中国历朝历代的封建统治者都要对邸报进行严厉的控制。无论是官方的邸报,还是后来出现的民办的小报和京报,它们的性质都是"封建地主阶级及其政治代表占统治地位的封建自然经济通过新闻手段的反映"①。因此,在整个漫长的封建社会,邸报、小报、京报等都必然受封建统治阶级的制约,在封建阶级的控制下活动,不能越雷池一步。为了加强对邸报传报活动的管理,使有关传报的禁令得到贯彻,宋代实行"定本"制度。所谓"定本","指的是根据进奏官们采录来的各种发报材料,经本院监官编好,送请枢密院或当权的宰相们审查通过后,产生的邸报样本"。② 进奏官们必须根据这一样本,进行发报。定本制度的制定和执行,加强了对邸报的控制,迫使进奏官们只能按照当局允许发布的内容进行传报活动。明代皇权高度集中,言论出版之禁历来很严。对邸报,明代的封建统治者主要抓的是抄传这一环节。由于臣僚章奏在邸报中占有很大的比重,控制了这个环节,也就基本上控制住了邸报的内容。与宋代不同的是,明代邸报的传报活动中,没有给事判报、枢密院审查这些环节,也没有"定本"制度,刊发大权集中于皇帝一人手上。一般章奏,只要皇帝认可,批红后交由邸报抄传。对邸报抄传稿件的限制,有些是从国家的利益考虑的。特别是那些涉及军机、刑狱、机密等内容的稿件限制抄传发布,对当政者来说是必要的。"但多数情况下,限制邸报稿件的抄传,往往出于皇帝或当权大臣太监们的个人考虑,和他们的个人好恶。目的在于维护皇帝和

---

① 方汉奇:《中国新闻事业通史(第一卷)》,中国人民大学出版社 1992 年版,第 241 页。
② 方汉奇:《中国新闻事业通史(第一卷)》,中国人民大学出版社 1992 年版,第 93 页。

他们的个人的权威,维护封建的治体,巩固封建王朝的统治秩序。"①《明史》中就有关于邸报抄传秘密情报泄露机密致使相关人士被追查并受到严惩的记载。严厉限制邸报抄传活动,导致很多章奏都不能发抄,使依靠邸报获知朝政和国家大事的官员们闭目塞听。清代邸报的内容,基本上是宫门抄、上谕和臣僚章奏三大部分。"臣僚章奏部分,限于篇幅,只选刊少量折件原文,大部分折件只刊出目录,供阅者参考。"②

历代统治者对民间报房出版的小报、京报管控都非常严厉。目的都是为了防止朝廷机密外泄和维护封建治体。因此,民间小报上臣僚章奏等内容大都抄录于官方邸报,很少有新的信息。

对比清代邸报,《北洋官报》刊载"奏议录要""公牍录要"和"文告录要"等政府工作信息,内容丰富,数量众多,显示出清廷对政务信息管控政策的调整。来看《北洋官报》中后期栏目较为固定以后,所刊载的政务信息统计:

表 3-1　第 2332 期(1910 年 2 月 1 日)《北洋官报》内容统计

内容	官门抄上谕	奏议录要	折片摘要	公牍录要	文告录要	畿辅近事各省近事各国新闻	广告
条数(条)	—	1	10	2	6	—	—
版数(个)	3	5				6	6

第 2332 期《北洋官报》一共 20 个版,其中广告占 6 个版面。在剩下的 14 个版面中,《奏议录要》《折片摘要》《公牍录要》和《文告录要》加起

---

①　方汉奇:《中国新闻事业通史(第一卷)》,中国人民大学出版社 1992 年版,第 177 页。
②　方汉奇:《中国新闻事业通史(第一卷)》,中国人民大学出版社 1992 年版,第 241 页。

来一共占 5 个版面。《奏议录要》选登了 1 条奏章《农工商部奏请就产茶省分设立茶务讲习所折》,比较长,大约 600 字,占 1/3 版;《折片摘要》选登了 10 条奏章,全部一句话摘要;《公牍录要》选登了 2 条公文,《督宪陈准度支部咨令将银元各厂机器造册报部以备开铸新币之用札饬造币分厂查照办理文》和《江南制造局张道士珩禀炼铜成效已著情形文并批》,后一条公文很长,占 2 个版又 1/3 版;《文告录要》选登了 6 组,分别是督宪批示录要、藩台牌示、臬台批示、津海关道批示、天津高等审判分厅批示和天津地方审判厅批示,每组批示公文中又包含 1—3 条不等。

通过以上分析可以看出,政务信息在《北洋官报》上所占的比例较大。也因为如此,有学者认为:"这表明,新式官报实际上还只是朝廷'喉舌',是各级政府传达政策法令的机构,与邸报'宣达皇命,传达政令'的功能差别不大。"①但《北洋官报》既为"官报",其重要的功能之一就是充当政府机关的喉舌。前文论述,《北洋官报》创办的年代恰值晚清统治气数殆尽,试图用新政来挽救大厦于将倾。在这个时候,官报不遗余力地宣传政府的各项法令、政策,报道官僚机构的各种活动,反映当前社会的整个局势,哪怕是营造新政红火的假象,以引导舆论朝着有利于清政府统治的方向发展。当好"喉舌",做好推行新政的吹鼓手,这是《北洋官报》的职责所在。

(二)刊载大量政务信息是清政府政务有限公开的表现

近些年来,对清末新政的研究越来越丰富,对清末新政的评价也越发趋向全面和客观。学界一般认为虽然清政府实施新政的初衷是极力维护封建统治秩序,在灯尽油枯、走投无路的国际国内格局中谋求一线生机,但新政十年,清末政治、经济、教育、司法、军事等各方面确实发生了翻天

---

① 吴廷俊:《中国新闻史新修》,复旦大学出版社 2008 年版,第 92 页。

覆地的变化。清末新政"实际上是一次比较成功的变法"①，开启了中国的现代化历程，促使中国社会开始大规模地从传统农业专制社会向现代工业民主社会转变。经济上，中国历史上出现第一次工业化高潮；政治上，中国的民主化得到一定程度的发展；传统社会全面解体，现代社会崭露头角。新政中，清政府试行民主政治制度改革，政治改革呈现出现代化色彩，大力推行中央官制改革，先后设外务部、商部、巡警部、学部、民政部、度支部、陆军部、法部、吏部、邮传部、理藩部等十一部，并且设立了与内阁各部平行的四院一府：资政院、审计院、都察院、大理院和军咨府，政治机构趋于分化和专门化，大大提高了国家的社会管理职能，"使政府不再只是为封建帝王服务的一家一姓的朝廷，而成为开始关心国计民生具有现代意义的机关"②。各省谘议局和资政院的设立，使新兴工商资产阶级、知识分子和士绅阶层有机会参政议政、表达其利益和要求，在一定程度上增强了清政府的政治输入功能。1908 年，清政府颁布了《宪法大纲》，这是中国历史上第一部宪法性文件，它以根本大法的形式，确立了具有资本主义特色的君主立宪制度和三权分立原则，它虽然带有浓厚的封建性，但却是国家政治开始向民主化迈进的重要一步。其他一系列行政法典和一系列单项行政法规的颁布，试图保障人民的一些基本权利，依法规范行政行为，君主也依法行事，政治生活向法制化发展。总之，清末政治改革开启了我国政治现代化的帷幕，是我国政治现代化的重要开端。

《北洋官报》花大量篇幅刊载政务信息，也是清政府政务公开的一种表现。新政期间，无论是保皇守旧的政府官员、旧知识分子，还是公开反清的新知识分子，希望参与政权的从旧绅士阶层分化出来的新绅士，以及

---

① 张鸣：《重说中国近代史》，中国致公出版社 2012 年版，第 205 页。

② 姚顺东：《清末新政和中国近代政治现代化》，《邵阳学院学报（社会科学版）》2003 年第 3 期。

要求分享政治权益的商人阶层，社会各阶层都有获知朝政信息的迫切需求。通晓国家大事，获知新政进展是他们参政议政的前提。而当时中国古老的邸报、京报又无法满足这种需求。早在中法战争时期，《申报》就有记载："都中人因邸抄中并无安南近事，故争欲购观华字新闻纸，以知消息。"①"法事肇兴，京报局中大为亏累，……断烂朝报竟至问鼎无人。"②"断烂朝报"指的就是京报，"华字新闻纸"泛指当时新出现的近代化华文新报。读者都被新式近代化报纸所吸引，看邸报、京报的人越来越少。但是新式近代化报纸也就是"私家之报"刊载朝廷政事也还是要转载邸报、京报，且此类内容所占比例较少。"私家之报"更偏重刊登社会新闻，也无法满足读者对于政治信息的饥渴。因此，新式官报《北洋官报》的创办，大量刊载政务信息在一定程度上便弥补了这方面信息的缺失。同时，虽然只是一定限度的政务信息公开，却也能反映出清政府在政治改革中勇敢地迈出了一小步。

（三）清政府借助新式官报刊载政务信息营造新政有序开展的表象

新政实施，各项措施和工作要正常运转，需要让百姓了解必要的公共信息，尤其是让那些新兴的阶级、反对皇权的资产阶级革命派，甚至是步步紧逼的帝国主义列强了解到大清帝国在改变，正在各个方面进行一系列系统性改革。这至少是一种政治姿态。大量政务信息的刊登营造出清政府各部门在新政中各司其职、有序工作的一派景象。清政府试图树立一个正在朝着现代化改革的、自我恢复活力的积极的执政集团的形象。光绪二十九年（1903），办理商约大臣吕海寰、伍廷芳在奏陈近期要务的折子中，有推广《北洋官报》之请。之后，外务部议复："推广《官报》，实为

---

① 1883 年 6 月 28 日《申报》译载《字林西报》所刊"北京西人来信"。
② 《营口鱼笺》，《申报》1884 年 9 月 17 日。

转移整顿之要议。……南洋现尚无官报,应令仿照北洋章程妥酌开办,一体发交各属,销售各学堂阅看。南北洋官报如能畅行,各省亦可逐渐推广。"随着《北洋官报》的成功开办,越来越多的新式官报创刊,"于是有两日刊,如《南洋官报》;有五日刊,如《江西日日官报》;有官督商办者,如《豫省中外官报》;有始官办而终归商办者,有始商办而终归官办者,如《汉口日报》等。体力大率相同,而办法至不一律。盖各省政务繁简,财政丰嗇异也"。① 通过各省官报对中央及各地方政务新闻的报道,清政府希冀重塑权威形象和政府公信力。

三、国内新闻的报道

(一)重视新闻报道,重点报道新政

"头条""次头条"之后,《北洋官报》大量刊载国内新闻,设"畿辅近事"和"各省近事";1907 年后,改设"京师近事"和"各省近事"。在国内新闻之后报道国外新闻,这样安排内容,符合新闻接近性原则。《北洋官报》对于新闻的大量报道,是同传统旧官报邸报的最大区别。从现有资料来看,北洋官报局不设采访部,没有专职新闻记者,其国内新闻由所设各部门在各自工作范围内收集消息,或聘请官员兼任"访事"。所报道新闻虽不全都是报纸出刊前一日刚刚发生的新闻,却也是"新近发生的事实的报道"。《北洋官报》从第 200 期以后就改成日刊,但是新闻少部分是当天报道昨天的新闻,大部分是前天或更早的新闻。大部分国内新闻没有明确表达新闻发生时间,有的话,常用"近日""日前"来

---

① 戈公振:《中国报学史》,中国新闻出版社 1985 年版,第 41 页。

表达。

《北洋官报》刊载新闻数量较多，实现了新闻纸的基本传播功能。现代化的报纸有四大要素：新闻、评论、广告、副刊。中国古代传统官报邸报没有评论、广告和副刊。在新式官报出现之前，外国人在中国办的现代化报刊四大要素逐渐齐全。新式官报开办以后，借鉴私营报纸办刊模式，首先重视新闻的报道。相对于传统邸报，其新闻报道做了大量改进。

新闻有标题，且标题制作已接近现代新闻标题的基本要求：精炼、鲜明、准确。标题是新闻的重要组成部分，它是揭示、评价和组织新闻内容的高度概括的文字。尽管《北洋官报》的新闻标题还达不到更高的要求，如生动、新颖、个性化等，但作为新式现代化官报，其在发展之初期，新闻不仅有标题，且标题能起到"画龙点睛"的作用，这是一个巨大的进步。举例来看，"湘省筹议改良警察""游学预备科开运动会""外交部储才馆开办""马路电灯请改归官办""天津官绅商会续募江北赈捐""札饬保护铁路城站""实习工厂开纵览会"。这些标题大多数是"主谓宾"结构或"动宾"短语形式，直截了当表明新闻内容，高度概括，惜字如金，清晰明确。在排版的时候，标题右侧都用圆点（着重号）点出，以起到醒目的作用。标题与新闻正文不分段，以圆圈"○"分隔开。一般新闻在几十字到几百字不等，百字以内的短新闻多一些。新闻标题首字上提，从视觉上来说眉清目楚，方便阅读。

以下分别选取1903年10月的《北洋官报》和1907年5月的《北洋官报》，对其国内新闻刊载内容做统计，进行分析。选取这两个年份两个月份的《北洋官报》是因为：1903年10月《北洋官报》创办近一年，各栏目较为固定和成熟，不再频繁调整；1907年5月清廷宣布"预备立宪"之后，《北洋官报》发生一些变化，栏目等做了调整，有代表性。另外10月和5

月两个月份避开了年初岁尾官场消极怠工的时期,避开了报纸春节例行年假的时期,报纸内容及编采发行工作是较为正常和稳定的。

表3-2　1903年10月《北洋官报》内容统计　　单位:条

期号	政治	经济	军事警务	文化教育	社会	农业	法律	科技	新政	新政占比
136	4	6	0	3	3	0	0	1	6	35.3%
137	1	5	0	1	1	1	0	0	4	44.4%
138	2	2	1	0	0	1	0	1	0	0%
139	2	0	1	1	0	1	0	0	2	50%
140	1	3	2	1	2	1	0	0	4	40%
141	3	2	2	2	2	1	0	0	4	33.3%
142	1	3	0	3	2	0	0	0	6	66.7%
143	4	4	3	2	4	0	0	0	7	41.2%
144	3	4	0	0	3	0	0	0	2	20%
145	0	0	2	4	1	0	0	0	4	57.1%
146	0	2	0	4	2	1	0	0	6	66.7%
147	1	1	2	1	1	1	0	0	2	28.6%
148	1	4	1	3	3	0	0	0	6	50%
149	3	3	1	2	1	0	0	0	6	60%
150	3	0	0	0	0	1	0	0	4	100%
151	4	9	2	7	6	0	2	0	13	43.3%
152	3	6	1	4	3	1	0	0	7	38.9%
153	4	5	3	7	3	1	0	1	10	41.7%
154	3	4	4	5	3	1	3	0	9	39.1%
155	3	0	2	3	4	0	1	0	5	38.5%
156	5	6	2	1	4	0	0	0	9	50%
157	1	5	2	7	2	0	0	0	10	58.8%
158	2	7	3	2	1	1	2	1	6	31.6%
159	2	6	4	2	3	0	0	0	8	47.1%
160	4	7	2	4	3	0	0	0	6	30%
161	1	8	2	4	4	1	0	0	6	30%

续表

期号	政治	经济	军事警务	文化教育	社会	农业	法律	科技	新政	新政占比
162	3	4	2	4	4	0	1	0	7	35%
163	3	1	4	4	1	0	0	0	7	53.8%
164	1	2	1	6	6	1	0	1	5	27.8%
165	7	1	3	3	4	0	0	0	6	33.3%
总计	75	110	52	90	76	14	9	5	177	41.1%

需要说明的是,由于年代久远,现存的《北洋官报》有许多没有封面,而报纸的出版日期都在封面标注,因此以其标注的期数为准,选择了第136期到第165期共30期做内容统计。这30期《北洋官报》在"奏议录要""公牍录要"和"文告录要"之后,有一个栏目叫"时政汇纪"。同现代的"时政新闻"不一样,《北洋官报》的"时政汇纪"实际上是吏户礼工刑兵等各部门工作纪要。因为随着新政的开展,政治改革中各机构相继调整,或合并,或新设,所以每期按工作部门如"吏政""户政"或者"商政""学务""垦务"等来分类刊载条数不等的工作动态。因此,统计时该数据没有算在内。另外,从第151期起,《北洋官报》在"时政纪闻"之后、"各省新闻"之前又增加了"畿辅近事"专栏,主要刊载北京、天津、保定地区的新闻。因此,每日所载新闻量又增加。表中最后一项"新政"指的是所有新闻中与新政有关的内容条数。

表3-3 1907年5月《北洋官报》内容统计　　单位:条

期号	政治	外交	学务	军政	实业	邮电	民事	财政	路况	商务	杂记	新政	新政占比
1347	3	4	4	4	3	2	3	0	0	0	0	12	60%
1348	5	0	2	0	0	3	3	2	0	3	7	38.9%
1349	4	4	3	3	4	0	0	0	2	4	0	12	50%

续表

期号	政治	外交	学务	军政	实业	邮电	民事	财政	路况	商务	杂记	新政	新政占比
1350	4	4	0	3	4	0	2	0	2	4	2	13	52%
1351	3	0	3	0	0	4	0	4	0	0	0	8	57.1%
1352	2	2	2	3	2	0	0	0	2	0	0	6	46.1%
1353	4	0	2	0	0	0	0	0	2	3	3	5	35.7%
1354	3	4	2	0	3	3	2	3	0	0	0	11	55%
1355	3	4	3	0	0	0	2	0	2	3	0	7	41.2%
1356	3	0	3	4	4	0	0	3	4	0	0	19	90.5%
1357	4	4	0	0	2	0	3	0	0	3	3	7	46.7%
1358	3	0	4	4	0	0	0	3	2	0	0	11	68.8%
1359	3	3	3	0	3	3	1	0	0	0	0	5	31.3%
1360	3	5	3	2	2	2	0	3	0	0	0	9	45%
1361	4	0	3	4	0	0	2	2	6	0	0	11	52.4%
1362	4	4	3	0	4	4	0	0	0	0	0	9	47.4%
1363	3	3	3	0	2	2	2	0	0	0	0	11	73.3%
1364	3	0	3	3	2	2	4	2	0	2	0	21	100%
1365	4	2	3	0	0	2	0	0	2	0	0	13	100%
1366	3	0	3	2	2	2	2	3	0	0	0	17	100%
1367	0	3	4	0	0	0	3	0	3	0	0	13	100%
1368	4	0	4	2	2	2	0	2	0	0	0	16	100%
1369	5	3	2	3	0	0	0	0	3	0	0	16	100%
1370	3	3	0	0	4	0	4	2	2	0	0	18	100%
1371	3	0	4	4	0	4	0	3	0	3	0	21	100%
1372	3	3	3	2	3	0	0	0	3	0	0	17	100%
1373	2	2	1	0	0	0	6	0	0	3	0	14	100%
1374	4	0	4	0	3	0	0	2	3	0	3	17	89.5%
1375	4	0	3	5	3	0	2	0	0	3	0	20	100%
1376	4	0	2	0	0	3	0	2	4	0	3	18	100%
1377	3	0	4	3	4	0	3	0	0	3	0	20	100%
总计	103	57	83	51	56	27	42	37	44	29	17	412	74.5%

1907 年 5 月的《北洋官报》保存得相对较为完整，一共 31 期，从第 1347 期到第 1377 期。这个月份的《北洋官报》栏目设置同上一个抽样期内不一样，在"奏议录要""公牍录要""文告录要"等政务信息之后是"电报录要"，刊载国外新闻。国外新闻之后是"新闻录要"，刊载国内新闻。《北洋官报》将国内新闻又细分为政治、外交、学务、军政、实业、邮电、民事、财政、路况、社会、商务、杂记等很多小类别。每期每个小类别当中刊载条数不等的新闻。从 5 月 18 日第 1364 期开始，"新闻录要"变成了"新政纪闻"，也就是说《北洋官报》把报道新政放在很重要的位置，明确了报道新政是当前报纸的主要任务。因此在做统计的时候，从第 1364 期开始，国内新闻几乎全部统计为"新政"类别。但有几期新闻中有"杂记"一项，杂记中有的新闻是关于新政的，也有的不属于，并且还有国外新闻居然也都归属在杂记中，统计时，自然不再算在"新政"之列。表中最后一项"新政"依旧指的是所有新闻中与新政有关的内容条数。

从已统计的两组数据中可以看出以下几点：

《北洋官报》虽是直隶地方报纸，但关注的新闻却覆盖全国，且新闻的种类涉及方方面面，比较丰富。作为一份官报，政治、经济、外交、军事等方面是其关注的主要内容。除此之外，官报也刊载社会新闻，社会新闻后来统一放在"杂记"类别里。有少数国外社会新闻也放到了杂记中，比如"太平洋属岛风灾""智利国火山崩裂""德人预算巴拿马工费""法医士恤款议妥""英国轮船遇风情形"等。国内社会新闻比如"译学馆组织音乐会""鄂省开工增辟城门""咨送动物院陈列物""上海大风雨为灾"等。官报刊载社会新闻始于明代。在此之前，邸报刊载的主要内容大致为皇帝召旨、臣僚章奏和官吏任免。明人在邸报上刊载社会新闻，社会新闻多为里巷琐闻，奇闻异事，比如盗窃案件破获、男女性征变异、人畜胎生畸形等。官报刊载这类社会新闻，是一种媒体的进步；同时说明受众对于信息需求越来越大,对于信息的多样性有需求。邸报看到了受众的信息需求,在严肃的政治信息之后主动刊载轻松的社会新闻,甚至有些可能是邻里传闻,虽然在今天看来价值不大,但这是官报注重新闻趣味性的开始,是新闻价值多元化的觉醒。到了清末,新式官报不仅将社会新闻作为日常新闻报道的一部分,而且社会新闻的"品位"大大提高,新闻价值大大增加。

从统计数据中可以看到,每期《北洋官报》国内新闻中关于新政的报道比例最低占到20%,报道比例在1/3以上是常态。而且,后期的《北洋官报》加强报道新政的力度,设置专栏,专门报道新政。有关新政的新闻数量大幅度提高。这说明新政是《北洋官报》的报道重点。这符合《北洋官报》的定位和办报宗旨。

1904年1月,慈禧在西安发布上谕,提出"切实整顿一切事务",要求各级官员"各就现在情弊,参酌中西政治。举凡朝章国政、吏治民生、学校科举、军制财政,当革则革,当省当并……各举所知,各抒所见"。① 袁世凯在清末新政期间,非常积极,其"新政"活动在整个清末新政中都可以称得上是一个范例。他作为直隶总督兼北洋大臣,对《北洋官报》的立场和宣传活动的影响无疑是巨大的。

(二)对"学务新政"的报道数量最多,涉及问题深入

"学务新政"是清末新政的重要内容。《北洋官报》对"学务新政"进行了大量报道,且明显比其他新政项目报道得要多。每期官报的"奏议录要""公牍录要""时政汇记""各省新闻"等栏目中均有关于本省和全国各地的"学务新政"报道。直隶的教育改革措施在当时全国各省份当

---

① 朱寿朋:《光绪朝东华录(第四卷)》,中华书局1958年版,第4601—4602页。

中都较有特色和成效，作为直隶的官报，自然更加关注直隶的新政。

1. 对于教育行政体制改革的报道

清朝地方教育行政机构称为提督学政，简称学政。《北洋官报》几乎每期"各省新闻"中都会有一个类题"学政"，归纳刊登学务信息。发展新式教育的前提是设立专门的教育行政机构。清末新政中，由于各地风气开化程度不同，地方官员对学务工作的重视程度也不同，各地学务举措不尽相同。当时的督学机构分为三级：省级督学机构、县级督学机构——劝学所、教育团体——教育会。

省级督学机构以直隶省为例，袁世凯继任直隶总督后即筹谋设立了一个专门负责办理学务的新机构——学校司，学务新政走在全国前列。学校司设督办执掌全省学校事务，包括三处与两所，即专门教育处、普通教育处和翻译处及支发所和稽查所。光绪二十九年十一月即1903 年 12 月，清政府开始实施学务新政，颁布《奏定学堂章程》，在各省城设立学务处，统管全省学务，如办理各地小学堂、中学堂、大学堂的教员名数、学生入学及毕业人数、就学费用等事项。第二年五月，直隶学校司遵照章程规定改为学务处，督办改称总理。学务处沿袭原学校司三处职掌改为下设七课，分别是总务课、普通课、专门课、实业课、图书课、会计课和游学课。学务处的人员编制和职能权限有所扩充，督学机构不断完善。在这个学务新政伊始阶段，《北洋官报》多刊载中央及各省尤其是直隶省学务革新的纲领性公牍，如学校司编译处的编译改良规则、各学堂开课名目及学院限额的规定，各种新设学堂的章程、条规，入学、毕业的学生名单，等等。

光绪三十一年八月，即 1906 年，清政府颁布上谕，宣布废止科举制度。美国普林斯顿大学社会学家罗兹曼主编的《中国的现代化》一书对此大加赞叹道："科举制度的废除，代表着中国已与过去一刀两断，其意义大致相当于1861年沙俄废奴和1868年明治维新后不久的废藩。"①这虽是清政府的学务发展的重要事件,也是学务新政的第三个阶段的开始,但清末社会波澜不惊,并没有因为科举制度的废除而产生较大反响。同样,对于《北洋官报》的报道来说,也没有大的影响。

清政府饬令各省学政担当新式学堂的创建及管理的重任。为适应新政的发展,包括直隶省在内的各省学务处遵章裁撤,改设提学使司,原学务处改为学务公所,下设七课改为六课,原游学课裁撤归并到其他部门专门负责。《北洋官报》的相关报道中类题"学务处牌示、批示"改为"学台牌示、批示"。因督宪职权中关于学务的内容有所变动,所以在"督宪批示录要"的报道中,也增加了与学务新政有关的内容。

通过《北洋官报》关于省级督学机构的相关报道,可以看出,在学务新政中,省级教育行政机构基本形成较为完备的系统,其内部各部门分工明确,权力归督宪统辖。由于袁世凯对直隶学务新政始终采取支持态度,经常发文督查学务,比如《督宪袁札学务处通饬各属不准示禁私塾文》《督宪袁札学务处详查官私小学堂功效文》等,②对直隶开风气、兴学堂的进步活动起到了积极促进作用。中央教育行政机构对省级教育行政机构进行业务指导,省级教育行政机构直接指导各地学堂的学务工作,制度在不断完备,执行力度较大,也比较严格。提学使司成立以后,还建立了有效的监督、指导学务活动的视学制度。《学部奏遵议各省学务详细官制暨办事权限章程折》中明确规定:"提学使以下设省视学六人,承担学使之命令,巡视各府厅州县学务。各省省视学由提学使详请督抚札派曾习师范或出洋游学并曾充当学堂管理员、教员、积有劳绩者充任。"③视学人

---

①　[美]吉尔伯特·罗兹曼主编:《中国的现代化》,上海人民出版社1989年版,第49页。

②　《北洋官报》第941期(1906年3月11日)。

③　《北洋官报》第1028期(1906年6月6日)。

员要调查各学堂的学生人数、教员素质、经费收支、学堂管理、教学设备、卫生状况等，以及各省所属劝学所和教育会的开办情况，将全面、真实的信息资料呈报给学务处和提学使司，一定程度上保证了学务处和提学使司对各地学务指导的正确性和有序性。

劝学所是清末兴学热潮中，州县出现的一个半官方半民间的办学机构——劝学所。之所以说劝学所是一个半官方半民间的机构，是因为："由于当时地方自治并未成立，劝学所更多的是秉承提学使指令，并在地方官的监督下开展工作，所以只是一个半官治半自治的机构。随着劝学所的出现，州县社会中出现了一个劝学绅董群体，他们的权力直接来源于官府的札委，职责范围涉及官办学务和自治学务两个方面。虽然他们并没有被纳入正式官员的行列，但却具有正式权力，成为半官半绅、亦官亦绅的双面人物。劝学所的这一特点充分反映了清末地方机构改革中新旧交替的内在矛盾和基本特征"①。劝学所是直隶省首创，发起者是近代著名的教育理论家和实践家严修。严修（1860—1929），字范孙，直隶天津人，在近代中国教育改革中，首创之举颇多，为中国尤其是直隶近代教育事业的兴起与发展做出了杰出的贡献。他是最早呼吁废止科举的有识之士之一，最早奏请开设经济特科，在我国北方最早创办私人女子小学、养蒙园（即幼儿园），创设保姆（幼儿师资）讲习所，筹设大学分科，等等。严修终其一生，将大部分时间和精力奉献在新式教育的实践上，其教育思想和实践在清末民初全国新式教育的兴办运动中独树一帜。1906年，严修任学部左侍郎，首次明定我国教育宗旨。《北洋官报》上给予连载。严修认为，东西各国"无论贫富贵贱、男女长幼，皆能知书通大义，究其所以，亦曰明定宗旨，极力推行而已。今中国振兴学务，

---

① 刘伟:《官治与自治之间——清末州县劝学所述评》,《近代史研究》2012年第4期。

固宜注重普通之学,令全国之人,无人不学,尤以明定宗旨,宣示天下为扼要之图"。①

 1905 年,严修任学务处督办,提倡小学教育。因直隶省地处内地,民风固陋,兴学规模和速度不尽如人意,于是向袁世凯建议,广设劝学所。袁世凯欣然接纳。光绪三十一年八月,即公元 1905 年 9 月,袁世凯颁布饬学命令,督饬学务处"于各府、直隶州特设劝学所,以次至所属城坊村镇劝谕设学"②。劝学所初创时期,《北洋官报》刊载了有关劝学所的告白、通告等内容。学务处拟定了《直隶学务处各属劝学所章程》。该章程共十条,明确了劝学所为各府、直隶州、厅、州、县的"全境学务总汇机构"③,设劝学员若干名,规定了劝学员的任职资格及责任。该章程公布实施后,直隶各地兴学风气大为改善,广设劝学所。"据直隶学务处光绪三十二年十二月的调查,直隶除张家口厅等十七处厅州县外,已设有劝学所一百三十九处。也就是说,绝大部分厅州县都设立了劝学所。"④《北洋官报》对各地劝学所的活动及其取得的成绩做了相应的报道。劝学所所担之责,所参与的兴学事务比较广泛,一言以概之,就是以教育普及为职志。为了劝导兴学,劝学所总董、劝学员参与改良私塾,组织小学堂年级会考,考察各地私塾与小学堂开办、师资、学生招收等情况。从《北洋官报》刊载的天津劝学所奉提学使开办识字学塾时的一段告白可以看出,劝学员苦口婆心,为兴学开风气祛愚蛮兢兢业业。这段公告是劝说不识字的人或者识字少的人来上学,于是特地在公告后用了白话文写了一段

---

① 《学部奏学部初立请将教育宗旨宣示天下折》,《北洋官报》第 958 期(1906 年 3 月 28 日)。

② 《督宪袁饬学务处条议各府直隶州特设劝学所章程札》,《北洋官报》第 764 期(1905 年 9 月 15 日)。

③ 《学务处奏定劝学所章程》,《北洋官报》第 984 期(1906 年 4 月 23 日)。

④ 张艳丽:《清末直隶新政中的督学机构与兴学措施》,河北师范大学博士论文,2002 年。

广告:

> (不识字人快来识字)中国人民,年老的、年少的,不识字的很多,现在所立的简易识字学塾,系专教不识字的人。不论年老年少的,皆可去,所立区处,一在仓厫街民立第一小学堂,一在双庙街太阳宫官立小学堂,一在堤头村官立小学堂,一在陈家沟官立小学堂,一在梁家嘴放生院官立小学堂,共计五处。教授的时候,是夜班,每晚由七点半起,至九点半止,共两个钟点。于人甚为便当,凡无力入学,或年长失学,以及小贸营生的人,晚间必有闲工夫来此认识几字,分文不花,又不耽误工夫,岂不好吗?奉劝不识字的人,快到各处去报名罢,指日就要开学了。①

光绪三十一年,即公元 1905 年,严修调任学部,任学部左侍郎,在其主持下,直隶办劝学所兴学的经验推广到全国。《北洋官报》开始报道全国各地劝学所开展劝学活动的新闻。这些报道对学务新政的推广起到了积极的作用。

光绪三十二年,即公元 1906 年,为弥补官方兴学、办学力量的不足,学部奏请在各省设立教育会,以辅助官办教育。学部拟定了《教育会章程》,规定各州县议绅、视学,各学堂监督、堂长及学界中享有声誉的或者想对本地教育做出贡献的,都有发起各级教育会的责任。从《北洋官报》的报道来看,教育会承办的事务很多,筹设师范教育研究会、师范传习所、图书馆、教育品陈列馆及教育制造所等;调查境内官立私立各种学堂的教学管理、学生行为、教学设备等情况;向提学司及地方官提出教育方面的建议等。

如此一来,清末新政中清政府建立了从中央到地方较完备的三级教

---

① 《天津劝学所公告》,《北洋官报》第 2153 期(1909 年 8 月 6 日)。

育行政体制,这些教育行政职能皆是传统教育行政部门所不具备的。可以说这是我国第一套结构完整、职权明确的教育行政体制,打破了传统的教育管理模式,开启了中国教育管理现代化之先河。这些从《北洋官报》的报道中可以窥见一斑。

2. 对于兴学措施的报道

除了对教育行政体制改革、教育行政机构设置进行大量报道以外,《北洋官报》还大量报道各地兴学措施。有关兴学措施的新闻报道主要集中在几个方面:

首先,最多的是报道各类、各式学堂的开办及各类招生考试新闻。受到西学的冲击,清末包括直隶省在内的各地政府陆续改建和兴办了各种新式学堂。从《北洋官报》的报道来看,直隶地区以及全国各地涌现出大批新式学堂,包括蒙养院(幼儿园)、幼稚园、初等学堂、中等学堂、高等学堂等基础教育学堂;也有师范学堂、警务学堂、实业学堂(商学堂、蚕学堂、农学堂等)、外语学堂、女学堂等专业学堂;还有私立学堂、盲哑学堂、客籍学堂、半日学堂、藏语学堂等为满足特殊人群特殊需求的学堂。如第142期"各省新闻"中刊载:

中学开办

济南府中学堂已于本月初六日开学。中学教习二人,一为在籍户部主事萧君树升,一为湖北拔贡刘君培,均西学教习。由高等学堂之王学曾卢毓英二君兼办。学生六十人,坐办一人,为候选训导李君钟霖。每年经费以筹款、局拨款为大宗。此外,各宪皆有助款。该学堂系济南府书院改造,所有堂舍现皆修葺整齐。①

第155期"各省新闻"刊载:

---

① 《北洋官报》第142期(1903年10月16日)。

师范开学

湘省明德学堂添设速成师范一班,专为养成蒙小学堂教员起见,定期九月初旬开学。除年假以外,六个月卒业,合格者给予学堂文凭并册报学务处存案,已备各府厅州县教习之用。现在拟定资格,招选学生,每名预缴学费钱三十串文。①

第 172 期"畿辅近事"刊载:

京师学务聊志

大学堂派赴欧美日本之留学生中有二十七人定于十一月初十日前往日本。其赴欧美之八人须明年启行。闻有师范生一人,名广源者,虽经考取不愿出洋云。大学堂附设之医学实业馆定于明正迁至前孙公园医学堂内。俟明正即在彼处开学。②

《北洋官报》持续报道这些学堂的章程、开办费用、师资概况、考试时间、考试题目、教学内容、教学活动(比如运动会等)以及毕业生去向等。如第 58 期官报在"时政纪要"中还报道了保定大学堂平日教学严格,不准学生轻视操规,对学生进行体操测试,还公布了名次以激励学生日有进步。第 998 期官报在"本省近事"中则报道了直隶省丰润县属各乡多所小学堂先后两次举办合操,后一次合操"其步伐之正气,规模之整肃,较上次合操精神百倍,观者无不啧啧赞赏。故补录之"。为此,在文末笔者还做了简短而积极的评价:"以见尚武精神之日有进步,而本省教育之普及亦可略见一斑矣。"③《北洋官报》丰富的报道反应出新式学堂雨后春笋般发展之势,这是符合时代情形的。"据清政府统计,至 1909 年,全国有小学堂 51678 所,中学堂 460 所,高等学堂 127 所,师范学堂 514 所,各种

---

① 《北洋官报》第 155 期(1903 年 11 月 11 日)。
② 《北洋官报》第 172 期(1903 年 12 月 15 日)。
③ 《北洋官报》第 998 期(1906 年 5 月 7 日)。

实业学堂254所。"①从新闻报道看,新式学堂体现了现代教育的特征,客观上促进了中国教育的现代化。

其次,筹资办学、兴建校舍等问题也是《北洋官报》在学务方面关注较多的内容。清政府大厦将倾,实行新政,财政却捉襟见肘,濒临崩溃。中央将办学权力下放到各省督抚,没有任何专项拨款。因此,各省教育经费都要自筹。但尽管如此,各省新式教育还是在艰难而蓬勃地向前推进。在《北洋官报》的报道中,可以看到捐税是各地广泛采取的一种教育筹款方式。以直隶省为例,为了开办学堂,各州县根据各地情况,向百姓加征田房契税、亩捐、户捐等各种各样名目繁多的税捐。一年又一年,新学堂不断开办,赋税不断增加。加上本来清末老百姓苛捐杂税就多得不堪重负,因此各地抗捐事件时有发生,《北洋官报》就报道过百姓聚众打砸毁坏学堂事件。

除了向百姓征收税款以外,各地政府也千方百计筹集教育经费。例如提收庙产、戏捐。旧时寺庙众多,庙产自然可观。清政府曾下旨命令各地将民间不入祀典的寺庙充为公用,改为学堂。清政府还竭力提倡将演戏赛会的费用抽提办学。演戏赛会是清朝民间为酬报神麻而举办的一种封建迷信活动。举办方挨家挨户敛钱,收取一笔巨资。虽为陋习,但传统习俗不容易改,且演戏赛会对本地经济也有一定的促进作用。因此,官方将筹办戏会的巨资提留用以兴学。这样的新闻也经常见诸报端,如:

学校司详磁州牧禀妥筹各学堂经费并创设蒙学由并批

为详报事案据磁州知州李牧兆珍禀,妥酬各学堂经费,暨创设蒙养学堂,现均一律开学。查州境大小四百廿三村各村向好演戏。拟请严行禁止,即以各村免戏之资作为各村蒙养学堂常年经费。

----

① 张汝:《清末新政的新式学堂与教育近代化》,《乐山师范学院学报》2002年第1期。

凡幼童自七岁至十四岁皆令入学。教习暂聘品行端正之廪贡生员充当。现在各村均已遵照办理。计设立蒙养学堂共三百九十二村等情禀报到司。查该州所禀实为崇正禁邪,挽回风气起见,且举地方无益之费作学堂有用之款,因时制宜,殊堪嘉尚理合,据情转详,宪台通饬各府厅州县凡唱戏赛会一切无益之事严行禁止,并颁发告示,贴各集镇村庄,庶使乡民一体周知以期力挽颓风而崇正学,实为公便批。

据详已悉仰即通饬各属一体,出示晓瑜并将此项演戏钱文作为各村蒙养学堂经费以挽颓风而广早就此缴。①

个人捐资助学的也常有所闻。捐资者既有亲身参与兴学活动的地方学董,也有士绅、商人甚至普通百姓。他们或直接创办新式学堂,或捐钱、捐地、捐房舍以供办学之用。个人捐资助学盛举尤以直隶省最积极。"据统计,民国以前直隶捐资兴学经费高达18852两。"②从《北洋官报》上经常能看到相关的报道,有提倡捐款的,有奖励捐款的,等等。如第68期"本省公牍"刊载一条《新河县知县传令澄源禀学堂劝捐出力员绅请分别给奖由并批》,在"时政纪要"中有学务新闻报道:

直隶袁宫保遵旨,饬令各府州县设立中学小学暨萌样学堂。因经费无着,根据各地方官吏禀请筹捐,各绅民多自愿捐办。宫保遇有几近滋扰者或立予批驳或饬司核议。自筹办以来访查各属均尚相安,仍饬学校司随时派员认真考察,务期各就地方清醒妥慎办理,严禁官绅藉端勒索以免扰累。已将筹办情形附片具奏。③

第1001期"本省近事"亦有报道:

---

① 《北洋官报》第52期(1903年4月16日)。
② 王建华、崔恒秀:《晚清社会办学述评》,《苏州大学学报》1998年第4期。
③ 《北洋官报》第68期(1903年5月18日)。

乡民捐产兴学

津邑沙岭子村,地瘠民贫,现今创办学堂正难酬款。适有村人杨寿仁君热心兴学,慨捐自置园田七十亩,为起造学堂之费。日前已由村正戴某等据情赴县,禀请立案,并拟请学务处酌予嘉奖。[①]

从《北洋官报》的报道来看,筹资兴学的方式还有很多,比如民间入股的形式,提拨其他局司款项挪作学堂经费,借用旧有书院馆舍开办新式学堂,等等。总之,在财政入不敷出的艰难窘迫境地中,清政府多种渠道集资筹款,取得了较大的成效,在一定阶段内一定程度上解决了兴学经费缺乏的困难,使新学改革得以向前推进。

新式学堂的大规模扩展,需要大量师资以支持教学的正常开展。一部分传统士子分流到新式学堂教学,却因为对新学知之甚少而不能完全胜任。于是对师资的培养便显得必要而急迫。清政府对师资队伍的建设很是重视,设置了各种师范学堂,规定师范生毕业后都有义务效力于国家教育事业。派员出国游学或考察,聘请洋教习,通常是日本教习,也是建设师资的重要途径。对此,《北洋官报》有大量的报道。随手翻阅报纸都能看到相关报道,如第995期"各省新闻"中报道:

电询师范学堂办法

苏垣学务处近奉抚院行知学部来电,饬议推广示范办法。送经会同商议,佥以两江师范规模宏远,尤足为取法之资。因即电致江宁,询以向章每级几科额。贵处奉学部效电后,现拟添额若干,并初级简科优级选课,如何分配名额,以备仿办。[②]

第997期"各省新闻"中报道:

---

① 《北洋官报》第1001期(1906年5月10日)。
② 《北洋官报》第995期(1906年5月4日)。

电聘农学教习回滇

滇省学务处现欲开办农学,苦乏教员,因于月前电达云南日本留学生监督,代为聘请日本农科教授并调二班卒业学生熊朝鼎同时回滇以资臂助云。①

从《北洋官报》上对学务新政的各类密集报道,能够感受到晚清教育体制改革力度很大,新式教育蓬勃兴起,发展迅速,取得了一定的成效。直隶总督袁世凯在光绪三十二年五月上奏朝廷,具陈其自光绪二十八年到任以来,大兴教育,"五年中苦心焦思以图进步",大刀阔斧改革整顿,"入手之初人不知学堂为何事,编制无法,教授无方,错谬杂糅""官绅之视学堂与书院等敷衍苟且,几成具文,甚者造作谣言横生",直隶省克服各种困难和阻力,袁世凯更是抱着"进者教育之道无智无愚必使人人有普通之道德、智识、技能,而后国民之程度增高,国力亦与之俱进"的高尚理想兴建教育事业,"官绅协力,风气渐移",共兴建"北洋大学堂一所,高等学堂一所,北洋医学堂一所,高等工业学堂一所,高等农业学堂一所,初等农工业学堂暨工艺局附设艺徒学堂二十一所,优级师范学堂一所,初级师范学堂及传习所八十九所,中学堂二十七所,高等小学堂一百八十二所,初等小学堂四千一百六十二所,女师范学堂一所,女学堂四十所,吏胥学堂十八所,此外,尚有客籍学堂、图算学堂、电报学堂各一所。凡已见册报者入学人数共八万六千六百五十三人。而半日半夜等学堂不计焉。合武备巡警等学堂以及册报未齐,总数不下十万人"。② 这份成绩单还真是让人鼓舞振奋。

总的说来,《北洋官报》对于学务新政的报道按照新闻类型划分,有事件性报道、工作性报道和述评性报道。这些报道,内容丰富,数量众多,

---

① 《北洋官报》第997期(1906年5月6日)。
② 《直督袁奏缕陈直隶学务情形折》,《北洋官报》第1058期(1906年7月6日)。

涉及面宽广,报道地域广泛,触及问题深入。《北洋官报》紧紧围绕其办报宗旨,"交通上下之志,使人人知新政新学",大力倡导新学改革,通过学务报道希图引领社会风气的转变,革除固陋积习,引导社会舆论兴学重教,中体西用,崇实尚武,为建设新式教育鼓与呼。

(三)对"经济新政"的报道引导社会兴工振商

清末新政中,对经济的改革打开了封闭压抑的中国资本主义发展的闸门,推动了自由经济的发展,新政中建立起来的经济自由制度甚至对民国以后经济的持续发展都奠定了基础,促进了中国经济体制向现代化迈出了一大步。《北洋官报》作为直隶省官方喉舌乃至一个时期内中央政府的宣传机构,对经济新政进行了积极主动的报道。

1. 关注经济热点,报道迅速及时

《北洋官报》创办之时,正值国门大开,帝国主义列强争先恐后抢占中国市场,向中国输入大量资本,并搜刮民膏,攫取巨额利润,极大地冲击了中国金融市场。加上晚清时期,中央政府为解决越来越庞大的军费开支和越来越严重的财政困难,币制改革次次不成功。国际上白银价格波动,铜价上涨。这些在国内金融方面的直接影响就是,市面现银严重缺乏,奸商私铸劣质钱币,铜价飞涨,制钱短缺,沙钱满市。直隶总督袁世凯高度重视金融市场,他较早地认识到金融事业是国民经济的命脉,是国家发展的根本大计。于是,上任直隶总督之初,他便整顿私钱,开铸铜元,改革币制。天津是北方巨埠,袁世凯接收天津时,天津市场犹如废墟,金融商情异常严峻,他改革发展直隶经济的第一步就是拯救天津市场。《北洋官报》从创办的第一天起,就在每期广告页最后一版刊载《天津平市官钱局银钱行市》。例如,第4期刊载:

十一月二十九日,天津平市官钱局银钱行市。公砝平足银每两合九六津钱贰千贰百文。公砝平化宝银每两合九六津钱贰千壹百捌拾文。银洋每元合九六津钱壹千伍百二拾文。①

第 5 期刊载：

> 十二月初四日，天津平市官钱局银钱行市。公砝平足银每两合九六津钱贰千贰百文。公砝平化宝银每两合九六津钱贰千壹百捌拾文。银洋每元合九六津钱壹千伍百二拾文。②

看来，十一月二十九日到十二月初四日内，银价没有变动。此处需注意的是，光绪二十八年十二月初四日，正是 1903 年 1 月 2 日，即报纸刊发当日。说明报纸对银价时效性的关注与重视。

1903 年 6 月 13 日，第 81 期刊载的是前一天 6 月 12 日的银价信息：

> 赤金化宝银四十二两。公砝平足银二千七百一十化宝银二千五百八十文，合帖九七六钱。一千八百八银元换钱一千七百文，合帖九七六。一千八百八十洋合银七钱一分三厘。③

通常，《北洋官报》刊载的银价信息都是报纸刊发前一天的，这在当时报界，已是迅速而高效。官报还在"奏议录要""本省公牍"中经常刊载政府对于整顿天津市场举措的公文。袁世凯多次上奏清廷挽救天津市面，如"奏议录要"中报道：《直隶总督袁奏天津市面枯竭恳拨部款周转折》④《北洋大臣札饬银元局加工添造铜元发给商务公所购领公文》等。清廷也意识到天津市场的重要性，"天津市面败坏牵动京城，亟宜设法维持挽回商局"。⑤ 由于袁世凯整顿天津乃至直隶钱市，设北洋银元局铸币见成效，全国各省纷纷学习直隶铸币，购买机器，自铸铜元。对此，《北洋

---

① 《北洋官报》第 4 期（1903 年 1 月 2 日）。
② 《北洋官报》第 5 期（1903 年 1 月 4 日）。
③ 《北洋官报》第 81 期（1903 年 6 月 13 日）。
④ 《北洋官报》第 64 期（1903 年 5 月 10 日）。
⑤ 《北洋大臣复陈天津市面情形酌拟办法折》，《北洋官报》第 87 期（1903 年 6 月 25 日）。

官报》都有持续关注。

通用铜元

杭垣尚未通用铜元。自三月初一日始,各市面公议均须通用铜元。钱侩知自此小钱可以不废而自废,故近日洋价甚涨,每英洋可兑钱一千一百余文,以冀小钱藉此销售,然各市面已公禁甚严。①

苏局铸钱

苏省铜元局前已择地盘,门内梅家桥地方,札委陆印根太守赴沪向瑞生洋行订定机器。一俟到苏,即拟开工鼓铸。陆方伯拟名裕苏官银钱局,即委陆太守为总办蓝锦采大令为驻局坐办。②

伪银贻害

近日小银元行驶日多,真伪难出。广东福建等省,伪者尚易辨识,惟近有一种奸徒私铸江南省伪小银元,有辛丑二字用白钢铸成,外用银皮银水一分四厘包镀平色。一律字画光色竟能乱真。用药水久浸,银皮全褪,余钢底一钱三分,本色现出,声音立辨,凡行用小银元有辛丑二字者收兑宜慎之又慎也。③

除了协助整顿钱市之外,官报还跟进报道袁世凯开办银行、进行币制改革的理念和实践。袁世凯是晚清较早接受现代银行理念的代表人物,他认为:"国之本计,财政为先,财之管枢,银行为要。臣统观东西洋各国,莫不设立国家银行,有行钞铸币之权,上则利益公家,下以扶植商业,内足运输国计,外足驰逐诸邦,洵善制也。"④他上奏中央政府请设中央银行,管控全国金融;鼓励建设地方银行,提倡吸纳外国资本开办中外合资

---

① 《北洋官报》第 49 期(1903 年 4 月 10 日)。
② 《北洋官报》第 53 期(1903 年 4 月 18 日)。
③ 《北洋官报》第 54 期(1903 年 4 月 20 日)。
④ 《袁世凯奏议(中册)》,天津古籍出版社 1987 年版,第 679 页。

银行。同时推行纸币，有序开展币制改革。对此，《北洋官报》都紧密配合督抚的工作，密切关注并及时报道。

第 46 期《北洋官报》以"专件"的形式节译日本大阪《朝日新闻》的《论挽回银价降贱之法》。"专件"是《北洋官报》的一个栏目，发行前期刊载于"宫门抄"之后、发行后期刊载于所有新闻之后，广告版之前，类似于我们现在的"特稿""专稿"。大多数时候刊载节录于其他报纸的稿件。内容、体裁多种多样，无固定模式，有论说、人物传记、国家小传、财政金融政策分析等。甲午战争后，中国对日本既畏惧又崇拜，希望向日本学习强国之策，以期壮大本国。《北洋官报》用"专件"的形式刊载日本国货币政策，以"权威"先例解读本国政策，为直隶整顿钱市摇旗呐喊，廓清舆论。

2. 以"兴工振商"为报道中心，记录经济体制改革进程

发展工商经济是清政府面对断壁残垣挽救危局的重要途径。洋务运动和维新变法时期，清政府做了发展现代工商经济的有益尝试。军事工业、民用企业大量创办；民族资本加快本国企业的创办和发展步伐。实行新政以后，清政府并没有放弃以往的"振兴商务"这一政策，"兴工振商""奖励实业"是其经济新政的核心。《北洋官报》紧紧围绕这一中心，展开对经济新政的报道。

第一，为了配合政府挽回利权，引导爱国舆论，提高国民爱国意识，《北洋官报》大量报道各地"工业售品所"成立及业务开办、商品博览会召开及盛况的新闻。中国现代史上赔款数目最庞大、主权丧失最严重的《辛丑条约》签订后，清政府完全沦为帝国主义列强掠夺中国财富和权利的工具。侵略者们在中国大规模投资建厂，开银行，修铁路，完全操控着中国的经济命脉和交通要害。为了挽回国破家亡的局面和涣散失望的人心，清政府提倡抵制洋货、生产国货、购用国货。饬令各地建立工业售品所，劝业铁工厂、实习工厂等。这些机构制定章程，开办厂矿企业，明确规

定,"惟不代售洋货,致失劝业本旨";"为挽回利权而设","只招华股,不招洋股"①等。从《北洋官报》的大量报道来看,各地纷纷成立商会等机构:《饬办商业劝工会》(第1176期)、《奉天勘定商埠界址》(第1180期)、《湘省商会筹议改良》(第1180期)、《商会定期选举总协理》(第1191期)等都是这类消息。

当时在各地方当局的支持和推动下,各商会、公司、工艺总局等部门、机构纷纷开设商品陈列馆,举办博览会,甚至官方和民间还不惜贴补巨资支持工商界人士出洋参加国际博览会或赛会。在国内设商品陈列馆也好,开博览会也好,举办方赴全省甚至全国各地征集各种各类工业制品。五光十色的商品吸引大量工商界人士积极参观学习,同时也吸引大量民众前来参观。绝大部分商品陈列馆和博览会、展览会上都是各地运来的"土货",即中国人自行制造的物品。"陈列货品并非夸奇斗博,不过为振兴本国工艺,故外国货物暂不列入其中。国货物不拘何省何县,均可贩运入场,以便互相考较。"②

参展的土货种类繁多,包括各种布匹、绸缎、木器、瓷器、文化用品等。虽然大部分为手工制品,还有少部分轻工业产品,从一个侧面反映出中国工商企业的不发达,但却能起到启发和激励民众的作用。展会向民众展示了中国人的商品生产能力与生产工艺,不乏精湛的技艺和精美的产品,大大增强了中国人的民族自信心和民族感情。

第二,《北洋官报》大量报道轻工业发展状态,从一个侧面反映出清末工业发展的不平衡以及重工业缺乏的现实。

《北洋官报》曾在"时论采新"中节录《商务官报》的论说《论中国宜求为工业国》。文中讲到中国自古以来是一个重农主义的国家。昔日中

---

① 《工艺总局劝办织染缝纫公司请派员督理详文并批》,《北洋公牍类纂(卷十八)》工艺三,天津古籍出版社2013年版,第17页。

② 《劝工展览会章程》,《北洋官报》第1182期(1906年11月6日)。

国处于闭关自守时代,"所患者饥馑耳,内乱耳,苟求民食不缺,内乱不兴,则上下已相与安之,而可目为太平之世"。但现在今非昔比,举国上下实行新政,举办各种新的事业,于是出现了很多尴尬之事,"练兵则枪炮等物购诸他国矣;以言造路则铁轨等件又须购诸他国矣;以言兴教育则学校内必用之标本品,又有人储之以待吾用矣。甚而至于日用必需之物、陈列好玩之类亦一一惟洋货之是求"。作者担心长此以往,"隐忧之所伏实有万倍于饥馑与内乱者",因此一定要早做计议。文章接着分析了西洋国家尤其提到美国由农业大国崛起,自近年来不断发展其工业,在20世纪将由农业时代前进为工业时代。相比之下,我国重视农业无可厚非,但将来必定要成为工业国才可以像美国一样富强。文章认为中国有成为工业国的资格:第一,"盖工业所需者原料,中国则地大物博,物产丰富;西北羊毛不减于澳洲;江浙之生丝绫驾乎法意",如果我们掌握了制作工艺,就可避免让洋货充斥中国市场。第二,工业需要的劳动力,中国人口日增,用工价格低廉,且中国人具有吃苦耐劳的品质,是世界各国公认的;第三,工业所需动力,"中国则东南水利环球称之,全国矿属甲于五洲";第四,工业所需的能工巧匠,以中国人之聪明材力,一旦专利发明等条例颁布,则"新出之器必有足与欧美人斗奇竞巧"。面对今日西洋各国在工业方面各有所长,"我若不急起直追,与之角逐,其将何所待也"①。不过,作者举例说明中国工业之所长的时候,也仅仅举出丝织业、制瓷业等,作者也认为中国格致之学差一些,所以中国电器工业、化学工业、机械工业皆不能兴。

上述文章有一定道理,《北洋官报》上关于工业的报道也多是关于轻工业的开办与发展,如《嘉应筹办织造公司》(第1181期)、《农工商部批示:江苏候补道朱锟拟办北京及其面粉公司请准立案由》(第1186期)、

---

① 《北洋官报》第1235期(1906年12月30日)。

《创办织造实业公司》(第 1197 期)、《顺丰砖茶厂之发达》(第 1200 期)等,除了矿山开采之外,几乎都是有关满足日常生活消费的轻工业发展的内容,如纺织业、面粉业、制瓷业、火柴业、油料加工业等。

第三,关注铁路勘察与修筑进展,记录中国铁路发展的历史。

甲午海战之后,清政府就意识到铁路对于国防的重要性,一改过去的迂腐之见,变"拆铁路反列强"为"建铁路图自强",开始多方筹资自办铁路。清政府实行新政以后,高度重视修筑铁路,将其作为振兴商务的重要举措。统治阶级认识到铁路的经济带动功能非常巨大。

《北洋官报》曾刊登一篇新闻《商务与铁路之关系》,用数据证明了铁路对对外贸易的促进作用。

商务与铁路之关系

奉天新民屯自铁路开通以来,新民府市日益繁盛,现核计该屯户数八千,人口约有二万余。村落日广,街衢渐大,盖该处为奉新铁路与关外铁路之接续处,且为蒙古货物之集散场,故近来该处输运各地货物日益加多,查奉新铁路未通以前,每日马车运货计有二千八百余辆,其价值约计三百七十三万零八百余元。既开以后未及一月即增至五百九十万余元,十月又增八百一万余元。其商务之发达于此可见一斑云。①

铁路沿线矿产资源也得以开发利用,促进了地方经济的发展。《北洋官报》曾报道《川路附设煤矿公司》:

川路附设煤矿公司

川省与鄂省合办川汉铁路,现因铁路附近地方必有煤矿以济之方能推行尽利。前已咨明商部拟在铁路路线附近数里中开办煤矿。

---

① 《北洋官报》第 1210 期(1906 年 12 月 5 日)。

闻已由部核准立案。现川省已先在夔州设立民益,设立煤矿公司矣。

铁路对内拉动经济的效益也明显,《北洋官报》的报道《筹议开辟商埠工程》就有提到:"湖北汉口自铁道开通后商货辐辏日形繁盛,土地之价二十倍于前。"

1903年商部成立以后,在清政府铁路政策的鼓励和支持下,各省铁路公司如雨后春笋般涌现出来,铁路如火如荼地开办起来。《北洋官报》对各地开办铁路的报道非常多,《浙江铁路续勘路线》《广厦铁路派员测绘》等。仅1906年11月至12月两月间,《北洋官报》上就有37条关于铁路的新闻。在诸多关于铁路建设的新闻中,政府多方筹款办铁路的新闻较多。甲午海战之后,清廷国库紧张,而一般绅商并没有认识到修建铁路带来的政治与经济利益,不愿捐资集股,清政府不得不向资本主义列强借款官办铁路。然而资本主义列强借机讹诈,与清政府签订苛刻的借款筑路合同,借合同从中国攫取巨额经济利润,并积极抢占中国筑路权,以铁路为中心形成各自的势力范围,严重侵害了中国主权。直至庚子之变后,清政府痛定思痛,民间反侵略呼声高涨,清政府实行"干路国有,支线商办"的政策,鼓励民间筹资入股组建铁路公司承办铁路。《川汉铁路筹款情形》(第1197期)、《广浦铁路招股办法》(第1209期)、《再纪芜广铁路近事》(第1216期)、《湘省绅商会议路事》(第1218期)都是报道筹资修建铁路的新闻。

清政府一方面向民间集股筹资,另一方面也加大各种税收力度,不断增加的税负让人民苦不堪言,加上修建铁路必定要向人民征地拆迁,令苦难中的中国人民流离失所,陷入更深的困境当中。因此,铁路沿线人民被逼无奈多有抗议,毁铁路、偷工料等。为了安抚人民,政府也想了一些办法应对。广东粤汉铁路公司照会铁路沿线各县,希望各县遍发张贴告示,晓谕民众,"嗣后公司应用地亩凡系民间产业即饬业户检齐契据呈送公司,用官弓丈量按照时价分别上中下三等酌中平购。其有坟茔、房屋、果木、池塘等项应由周坐办会商。贵县酌给迁费、植费仍请遵照。现奉督宪告示不准民间抬价居奇,严谨棍徒阻挠滋扰以维公益"①。《北洋官报》还曾报道,山东、河南、安徽、江苏四省饥民齐涌向江北清江一代,为数甚多,当地官绅"拟筹筑江北铁路冀寓以工代赈之意"②。

第四,报道各社团开会演说,号召企业自强,同外洋展开商战。

现代以降,尤其是 1842 年《南京条约》的签订,五口通商,中国被迫实施"自由贸易",沦落为西方列强的商品倾销地。外国商品汹涌而来,中国本土商品无力与国外先进商品相抗衡,致使中国在国际贸易中的地位被迫由出超变为入超。剧烈的变化、巨大的冲击给中国的有识之士带来了前所未有的危机感,激发了中国人急切地抵制意识。民族危机导致利权外溢,利权外溢又牵涉到清末新政的诸多层面。从中央到地方,从官员到社会精英,商人、知识分子、报人都倍感忧虑,呼唤国人振兴中国产业,维护民族利益。

对于利权外溢的危机,《北洋官报》密切关注。其中,报道各类商业团体成立、定期开会的新闻时,甚至全文发表与会官员或嘉宾的演说,借其富有感染力的演说辞号召企业自强,举国振商,与外洋开展商战。例如,1909 年 12 月 16 日,发表《直隶出品协赞会总协理演说》,演说辞中提到:

> 今日之世界,农工商交战之世界也,一或失败,立足无地。我国物产富饶,而民智橐籥不让欧美。乃借矛攻盾倚围待尽不其殆哉!……天下万事不进则退,不行则止,无中立者,愈比较愈竞争,愈

① 《照请各州县保护路事》,《北洋官报》第1196 期(1906 年 11 月 21 日)。
② 《筹筑铁路以工代赈》,《北洋官报》第1233 期(1906 年 12 月 28 日)。

竞争愈进步。①

演说辞分析世界商战大势,鼓舞协赞会积极参与世界商品竞争。

《北洋官报》连续刊载了护督宪、提学使兼总协理的演说辞。1909 年
12 月 18 日,《北洋官报》继续刊载直隶出品协赞会开办展览会的新闻,其
中,刊载《展览会演说补纪》一文,报道展览会开幕当天商务总会三位议
员的演说,都提到了"今时代为商务竞争之时代也,优胜劣败"的世界大
势,危机意识浓重,"世界进化进于实业",正因为此,官方鼓励和支持南
洋、北洋各省各开出品协会,并鼓励各省之间开展商品竞争。直隶省出品
协赞会举办的展览会以"人人竞争,物物比赛,优胜劣败"为方针,一直
"为二十余省之冠,岂可任他人再着先鞭"。直隶省出品协赞会都树立了
竞争意识,"日益进步则前岁劣者今岁优矣,前岁败者今兹胜矣",在商界
形成"兢兢业业"的氛围,"惟愿以此再加进步,密亦增密,精益求精",日
后"更加精进,从此振起精神,全占优胜"。② 演说辞积极向上、鼓舞人心、
读来让人倍感振奋、拼劲十足。

3. 引导社会"重商主义"思潮,改变"重农抑商"的传统思想观念

晚清时期,当闭关自守、惰性十足、还在传统农业社会中沉浸的中国
与充满活力、野心勃勃的资本主义国家激烈碰撞之后,"重商"思想终于
逐渐引入中国社会。最初是那些洞察时世、思想敏锐的知识精英面对苦
难和危机深刻反思中国固有的生产方式和经济模式,再后来这些思想被
清政府高层慢慢接受,促进了制度的艰难转型和蜕变。然而从传统的
"重农抑商"向"兴工振商"思想转变,观念的改变、制度的建设、社会的变
迁是需要一个艰难的过程的。

① 《直隶出品协赞会总协理演说》,《北洋官报》第 2285 期(1909 年 12 月 16 日)。
② 《展览会演说补记》,《北洋官报》第 2287 期(1909 年 12 月 18 日)。

为了引导社会认识到"商"的发展同国家命运密切相连，促进新政中"兴工振商"政策的顺利推进，《北洋官报》曾发表论说："吾今敢告天下曰：从纯正经济学上言之，农工商三者。可以譬之于鼎鼎必有三足而鼎始平；国亦必有农工商三者而国始富。"①

在另一篇评论《论投机商业》中，作者对"投机"这个含有贬义的词汇做了新解，"投机云者，辞意甚晦。且因所用之时地而义以互殊，故以广义释之：凡一切有希望之事业皆可称为投机。小则工商业，大则政治、教育、武备，莫不包容于此范围之中。以狭义释之，凡买卖取引不以直接之消费或使用为目的，亦不以直接利益为目的而其意在于投将来之机会博意外之大利者谓之投机，以最狭义而言，凡藉取引所为商业机关而取引乎是者谓之投机。"接下来作者从商业的缘起讲到"投机"的由来，再讲到商人"投机"的精神，表明自己的观点："由是以观，投机商业为经济发达所必致之结果。殆成于天然而非人力所能抵制。今人目睹其弊辙思所以殄灭之者愚也，背乎商业发展之大势者也。"②就此呼吁社会摒除商业投机的弊端，大力发展商业，学习日本、英国等国的商业经验，以联通世界大势。

《北洋官报》大量的关于商业发展的报道，对社会起到了示范引导的作用。如《筹议论开辟商埠工程》中报道湖北汉口铁路沿线商业日益繁盛，但镇中因道路交通不灵捷，除租界外，街巷极其污秽狭隘，商业不发达。于是鄂督张宫保"更拟自龙王庙起，开马路一条，直达租界，又自沈家矶起，开河一条，直包汉口全镇以达汉水（俗称襄河）。两旁均建市房，其河以能行轮船为度"③，修路开河以促进镇中商业发展。"浙江宁波府绅士拟将买就试院基地，改造街道名曰鼎新街，藉以振兴商务，近奉宁府

---

① 《论中国宜求为工业国》，《北洋官报》第 1235 期。
② 《北洋官报》第 1228 期（1906 年 12 月 23 日）。
③ 《北洋官报》第 1205 期（1906 年 11 月 30 日）。

谕著,赶速雇工绘图,即日动工云"。①《北洋官报》还经常报道,政府派员赴国外考察商务,如《派员调查澳洲商务》中报道,政府接澳洲华商请设领事电,嘱粤督岑宫保先派人前往调查商务然后再议设立领事,粤督派湖北候补同知先往澳洲查看情形。各省还相互派员调查学习举办商务经验。如,"粤督周玉帅以广东商务素称繁盛,现当商界竞争之际,亟应力图进步,上海为华洋商贾荟聚之处,因特派员驻沪悉心调查随时报告以资考证云"。②

4. 报道形式丰富,突破官报新闻样式

《北洋官报》的经济报道以事件性短新闻为主,兼有一事一议的述评式新闻、连续性报道等,突破官报新闻样式;还有言论表达官报立场。

与报道学务新政不同的是,《北洋官报》在报道商业新闻时,多种新闻样式兼用。最常见的还是事件性短新闻。通常五十到一百字不等,简洁明了。

嘉应筹办织造公司

粤东嘉应商会董事集股创办织造公司,当经开具章程禀请商务局立案。奉批该商董等创办织造公司,着集股份改良制机织布,果能办有成效,洵足以兴工艺而挽利权。察阅章程尚属妥洽,所请拨借培风书院以为工场及专利年限应否照准,候札饬嘉应州,分别查明妥议禀覆察夺章程绘图存案。③

该条新闻缺乏发生时间,除此之外,地点、事件的发展过程都做了简明报道。再如:

---

① 《北洋官报》第1203期(1906年11月28日)。
② 《北洋官报》第1215期(1906年12月10日)。
③ 《北洋官报》第1181期(1906年11月6日)。

批准拨款兴办火柴

　　四川重庆拟设火柴公司一事已纪本报。兹闻省垣劝工总局督办沈又岚观察，又具禀督辕请拨官款开设火柴厂。现奉锡清帅批示，云火柴一物以代取燧流用甚广。重庆办有成效，足以抵制外来之品。今拟于省城设厂，工作既众，妇稚亦能为之，兴艺拯贫，洵为要举，现在兴办习艺所，拨交成都府之款内拨银一万两，火柴厂成本获有余利，仍充习艺经费，其余应由何处筹拨即由该局酌量办理。开县邻令系重庆火柴厂创办之员，兹愿赴厂自尽义务。得此熟手，开办更为周妥。仰即饬委速行建厂购料，并拟定章程详后核夺。①

　　这条新闻依旧没有交代时间，但新闻第一句类似现代新闻的导语，事件发生地点，主要内容，几个字高度概括出来。接下来围绕火柴厂的创建，前因后果，拨款筹款、审批、人员、利润等都有说明，报道很全面、很清晰。

　　也有一事一议的述评式新闻。《北洋官报》上的述评式新闻，一般是在新闻结尾做一两句话点睛评论，或对新情况、新问题、新经验进行点评，表达官报立场和主张，发挥引导舆论的作用；或指明经济发展趋势，引起民众注意，帮助民众提高认识等。

闽磁改良

　　厦门道延观察向重商务。昨见外江磁茶运往外洋赛会，因思德化亦出磁器，只以商人不知改良致难行远获利，特派员往磁窑查探情形。意欲立一公司，大加整顿，惟查成案德化所造之磁不能用金边施五彩，只准作白色缘。江西磁窑曾与德化与讼江西磁器进贡，谓之官窑。闽磁未能进贡，不能称官窑，加金边绘五彩。户部定案，永以为

---

① 《北洋官报》第 1187 期（1906 年 11 月 12 日）。

例。观察以现在中外互市,为环球大开商战之日,中国各货亟须改良,以求抵制,何能更循旧例×拟俟查明后妥立章程,详请闽督出奏,将部定旧例注销。俾闽磁诸式得以改良,亦用金边绘五彩,并仿造外洋各式,务便西人之用以冀挽回利源。①

这篇报道,在叙述事实之中,以厦门道延观察的话作为议论:"观察以现在中外互市,为环球大开商战之日,中国各货亟须改良,以求抵制,何能更循旧例?"评价闽磁应该适应国际商战大趋势,努力改进。最后表明观点:"俾闽磁诸式得以改良,亦用金边绘五彩,并仿造外洋各式,务便西人之用以冀挽回利源。"改进闽磁,参与国际商战,挽回利源。

京师陈列所开办纪盛

农工商部奏办之劝工陈列所已于万寿日开办。是日农工商部各堂宪预备请各部院人员于未刻到所观览,赠以优待入场券,特派本部司员接待所中,陈列各品列类分门,无美不备,入其中者真有目不暇之势云。②

从新闻内容来看,这条新闻是《北洋官报》派员亲赴新闻现场采写的新闻。最后一句"入其中者真有目不暇之势云",是作者所发感慨和主观评价,表达对陈列所陈列的商品的赞美之情。

《北洋官报》发行十年间,相对于所发新闻来说,总体上所刊载的评论比较少。但是特定时期,针对特定问题,《北洋官报》也用评论来表达立场和观点。关于经济问题,《北洋官报》的评论有多种形式,第一种是以"专件"的形式,专门刊登评论,或者开设时政专栏专载评论。比如第1203 期,在"宫门抄""奏议录要""文牍录要"之后,设立"时论采新"栏目,刊载节录于《商务官报》的汪有龄的评论《中国宜为内国博览会准备

---

① 《北洋官报》第92 期(1903 年7 月5 日)。笔者注:文中×号代表影印版无法识别的字。
② 《北洋官报》第1206 期(1906 年12 月1 日)。

议》,一期没有刊载完,以后还连载,对开博览会的意义、国外博览会对经济的促进作用、博览会的组织形式等展开论述。以"专件"的形式刊登的论说,比如《通商时代之新语》(节录于《万国公报》)等。

第二种是以节录报道各种演说的形式,对某类问题进行评论。新政中,为了构建兴工振商的格局,营造重视商业、奖励实业的舆论氛围,政府、商会、学校等机构经常定期举办演说,人人可随便进入听讲,《北洋官报》与当时的天津商务总会开办的《商务官报》等,都会刊载演说的广告,载明演说的时间、地点,吸引人们去听。演说通常是在听众面前就某一问题或某一现象表达观点阐明事理。演说稿本身就是一篇评论。《北洋官报》报道某团体举办演说时,会择要节录演说辞,以这样的形式来表达对于兴工振商的支持立场和态度。

崇实商学开纪念会

上海崇实商学会于本月初五日举行设立周年纪念会。来宾二百于人,首唱歌,次而告,次演说,颇极一时之盛。兹将吕镜宇尚书颂词录下……①

这条新闻中,尚书吕镜宇出席商会周年纪念会,并发表颂词,颂词中除了表达对上海崇实商会周年的庆贺之意以外,还阐明了朝廷振兴商业之心,支持商会工作之意,以及政府联合商界振兴大清经济与外洋争胜之志。

还有一种形式是以新闻的方式出现,实则为评论的意图。比如《商务与铁路之关系》这篇新闻,从题目来看,就有评论的性质。正文中列举大量数据,最后一句话"其商务之发达于此可见一斑云"。对主题进行评论。虽然简单但是切题。整篇短文事实上用列数据的方法说明商务与铁

---

① 《北洋官报》第 1181 期(1906 年 11 月 6 日)。

路的关系密切。

有的新闻就是夹叙夹议,比如《提议广设商学会》,报道"京师农工商部会议各省设立商会",一则百字短消息,最后一句"俾得日有进步实于商业大有裨益云"便是对新闻内容的议论。

《北洋官报》还会用连续报道的形式报道经济新闻,虽不常用,但用起来娴熟而隆重。直隶出品协会为赴南洋劝业会在天津河北公园举办展览会,《北洋官报》就对此事做了连续报道,引人注目。展览会原定于宣统元年十一月初一,即 1909 年 12 月 13 日开办,后来"因学会处考职,抵制不能腾让,当经议定展缓改于十一月初七日午刻十二钟在河北公园劝工陈列所及学会处两处开办展览进行会。嗣因学会处考职日期于本月二十七日即可考竣,因又改回于十一月初一日开办"。① 展览会开办之前,《北洋官报》就开始频发广告进行宣传,之后,展览会开幕及展览盛况,官报每天做报道,连续关注。以下是对此次展览会的广告与各类报道做的一个统计。

表3-4 《北洋官报》对直隶出品协会开办展览会的各类宣传报道的统计

单位:条

期数	广告	公牍与广告	特别要件	新闻	总计
2263	0	0	0	1	1
2264	0	0	0	0	0
2265	0	0	0	0	0
2266	0	0	0	0	0
2267	1	0	0	0	1
2268	1	0	0	0	1
2269	1	0	0	0	1

---

① 《南洋劝业直隶出品展览进行会开幕广告》,《北洋官报》第 2274 期(1909 年 11 月 5 日)。

续表

期数	广告	公牍与广告	特别要件	新闻	总计
2270	1	0	0	0	1
2271	1	0	0	0	1
2272	1	0	0	0	1
2273	0	0	0	0	0
2274	1	0	0	0	1
2275	0	2	0	0	2
2276	0	0	0	0	0
2277	1	0	0	0	1
2278	1	0	0	0	1
2279	1	0	0	0	1
2280	1	0	0	0	1
2281	1	0	0	0	1
2282	1	1	0	0	2
2283	1	0	0	0	1
2284	1	0	1	1	3
2285	0	0	1	0	1
2286	0	1	0	2	3
2287	0	0	0	2	2
2288	0	0	0	1	1
2289	0	0	0	2	2
2290	0	1	0	4	5
2291	0	1	0	1	2
2292	0	0	0	4	4
2293	0	0	0	3	3
2294	0	1	0	0	1
2295	0	1	0	4	5
2296	0	1	0	2	3
2297	0	3	0	0	3
2298	0	2	0	1	3
2299	0	0	0	3	3
2300	0	1	0	0	1
2301	0	0	0	0	0

续表

期数	广告	公牍与广告	特别要件	新闻	总计
2302	0	0	0	1	1
2303	0	0	0	1	1
2304	0	0	0	1	1
2305	0	0	0	0	0
2306	0	0	0	1	1
2307	0	0	0	1	1
2308	0	0	0	0	0
2309	0	0	0	1	1
2310	0	0	0	1	1
2311	0	0	0	0	0
2312	0	0	0	2	2
总计	15	16	2	40	73

　　展览会于1909年12月13日开幕,那一天,《北洋官报》出至第2282期。报纸于展览会开办前16天,即第2267期开始刊载广告,展览会开办前6天开始连续不间断地密集刊载广告,一直持续刊载至展览会开办三天后才停止广而告之。这时候,新闻报道继而跟上,每天在"新政纪闻"或者"京畿近事"中展开报道。事实上,在展览会正式开办前20天,即第2263期《北洋官报》上就刊载了第一条关于直隶出品协会筹办展览会的新闻。展览会开幕以后,《北洋官报》给予高度关注,每天"新政纪闻"专栏中"实业"分类下,几乎全部是关于展览会的新闻,1条到4条不等。报纸栏目调整后,设立"京畿近事",该栏目中也是几乎每天都有展览会的新闻。一直持续到第2312期,刊登了展览会即将闭幕的新闻,关于此次展览会的连续报道才截止。

　　分析此次连续报道的内容,从嘉宾开幕致辞到闭幕现场颁奖,从入场观览人数的统计到现场展品的盛况,从展览会出现的问题到官方的主动应对,甚至还有游人的观后感,《北洋官报》给予了全方面报道。第2312期官报上刊载了两条相关新闻,一条新闻对展览会的门票数做了一个阶段总结;另一条新闻对为期一个月的展览会闭幕情况做了报道,并对展览会取得的成绩和效果及其意义和价值做了点评。大规模连续报道既助力展览会顺利开办,又广泛宣传了重视商业、发展经济的新政。

总之,《北洋官报》对经济新政的宣传和报道,发挥了媒介的"吹鼓手"作用,引导社会重商主义思潮,对民众进行兴工振商的政策教育。随着西方列强资本主义侵略的变本加厉,中国的有识之士逐渐认识到发展现代工商经济是救国救民的方策。从早期的启蒙思想家郑观应、王韬等人,到维新运动中的代表人物梁启超等人,都提出在不忽略以农为本的前提下,发展实业,发展现代机器工业,提高商业竞争力,以促进国家经济的发展和提升的思想。重农亦重工的思潮逐渐在晚清兴起,并愈发走向成熟,获得社会的认可,对清政府经济改革产生重要影响。《北洋官报》的经济报道在报道思想、报道总量和报道形式上都体现了对清政府兴工重商的改革措施的高度重视和大力助推。官报的报道记录了直隶省乃至全国经济改革的进程。

(四)对"警务新政"的报道协助直隶警政的建设

警政改革是清末新政中的重要部分。"办理新政,莫要于巡警一事;巡警设,则不特保安之效可彰,亦于自治之基已立"①。警察作为现代国家机器的一部分,承担着维持社会秩序、维护社会安全、革除地方积弊的职能。庚子之役导致京师的治安极度混乱,匪徒猖獗,原有的治安机构几近瘫痪、形同虚设。加之,为逃避战乱,民众大量迁徙,辗转各地谋生,致

---

① 曾荣汾:《中国近代警察史料初编》,台北警官学校印行,1989年,转引自王香莲:《论清末警政建设的进程与政治改革》,《兰台世界》2012年第36期。

使中国历代王朝维持社会治安秩序的统治手段保甲制度日趋废弛。面对动荡不安、危机四伏的现实，清廷统治者终于将警政建设纳入新政改革之中。

1901 年 6 月，八国联军将依照和约撤离京城，为收回警权，裁撤公所，整顿社会秩序，清政府开始筹划和酝酿举办警政，7 月，设立了京师善后协巡总局。然而由于协巡总局所辖事务庞杂，巡缉不力，短时间内没能改变京城地区糟糕的治安状况，8 月，清政府设立北京警务学堂，聘日本人为监督，希冀快速培训警务人员。9 月，清廷谕令各省将军督抚，将原有绿营精选若干营，编为常备、续备、巡警等军士。清末办警序幕就此拉开。1902 年 5 月，京师工巡局创设，标志着清政府正式举办警政。

直隶省创设巡警的直接原因是从八国联军手中接收天津。1902 年，袁世凯到天津任直隶总督。根据和约所订，八国联军即将撤离，袁世凯考虑到"匪徒乘间思逞，情形较内地尤为紧要"[1]，于是奏请举办巡警。依照《辛丑条约》规定，八国联军交还天津以后，中国政府不得在距离天津租界 20 公里范围以内驻扎军队。袁世凯在奏陈中提出，仿照西方各国设立现代意义上的警察，职能与军队分开，既避免违约，又解决现实问题。"练兵所以防外，巡警所以治内。迹似相近，功用迥殊。故巡警之设。不曰营而曰局也。"[2]光绪二十八年九月十六日清廷发布上谕，赞许袁世凯办理警政奏折，并谕令各省督抚学习直隶省的办法，尽快举办。自此，袁世凯开始在直隶省大张旗鼓办理警政。

对于直隶省乃至全国的警政建设，《北洋官报》多有关注，并表现出以下几大特点。

---

① 《袁世凯奏议（下册）》，天津古籍出版社 1987 年版，第 1055 页。
② 《袁世凯奏议（中册）》，天津古籍出版社 1987 年版，第 605 页。

1. 报道充分反映出袁世凯的警政思想

学人刘锦涛把袁世凯的警政思想概括为"政治重警、法制建警、基层设警、教育兴警",认为其"适时而务实,效仿西方,首开中国地方创建警政之先河","促进了中国警政近代化的进程,对当代警政建设仍有借鉴意义"①。"政治重警、法制建警、基层设警、教育兴警"概括得是很准确的。

"政治重警"是指袁世凯认识到,警察是国家政治权力不可或缺的组成部分,是维护国内稳定的公共秩序、推进变法图强、实施阶级专政的强制性力量。《北洋官报》曾经以"专件"的形式连载节录于《政法学报》的《警察精义》长文。文章开篇即论述"警察"于国家的重要性。"内务行政……由其行事观之,不外四端,曰警察,曰权利生灭之关行政行为者,曰行政行为之须公认证明者,曰精进改善之事。四者之中,警察为要。国之于行政,多由警察而进于法制……国家与外交内政并重不悖。警察乃得独立分科成国家事业之一部,为行政权之基础。于是行政之地位以定……国之安危者实惟警察居内政一大部分主旨以维持治安,手段以防止危害形式,以限制自由实质,以增进国运事业,虽多而条理毕备。"②之后,《警察精义》文章中,对比东西各国亘古以来治国方策,追溯各国警察制度的渊源,尤其详细阐明日本明治维新以后效仿西制颁行行政警察制度的过程与成效。在回顾中国自古以来保甲制度与警察旧制的行之有效的历史之后,摆出现实问题:"二年来,游民日多,盗贼加增,匪会不解,灾病常见者何也。法久弊生,不知因时制宜,吏治不清又乏警务人才,上下相朦,敷衍废事,故也可胜惜哉。夫治法与治人不可偏废,宜不可偏重。有治法无治人,虽圣人之法不见效;有治人无治法,虽圣人出不为功。

---

① 刘锦涛:《袁世凯警政思想初探》,《历史档案》2008 年第 11 期。
② 《警察精义》,《北洋官报》第 166 期(1903 年 11 月 30 日)。

（中国有治人无治法一语即是此意，而读者往往误会之殊不可解。）以不治之人而行不治之法，国未有能治者也。孟子曰：贼民兴，丧无日，此治天下者之忧也。"①由此论述，创设警政具有极大的必要性。

《北洋官报》时有刊载社会治安状况的新闻，如第 138 期"文牍录要"中载《深州黄直牧本庆武强江令宗瀚曾禀武邑县赵桥一带土匪盘踞缉获讯供情形由奉》，报道"武邑县匪徒距扰已非一日"。第 140 期"各省新闻"载《招抚西匪述闻》，报道中提到粤西匪徒被大量招抚。第 141 期"文牍录要"载《张镇禀获匪王富材等讯供请示由奉》，报道张家口赤城县、宣化镇等一带匪徒强抢奸淫作恶多端被抓获。从这些报道可窥知晚清社会治安实在令人堪忧。第 144 期载《委办清乡》，报道中提到"惠州土匪猖獗"。除了匪徒滋扰，因为民不聊生，苛捐杂税多如牛毛，官逼民反，各地大小起义或抗议活动频繁，《北洋官报》也有报道，如第 138 期"各省新闻"中有一条《抗捐斥革》报道，广东省江甘两县绸缎、绣货、油坊、药材四业抗捐，已被严惩。这些新闻报道客观上为警政建设做了注脚，说明实施警政建设的必要性。

《北洋官报》的新政报道中关于警政的报道所占比例较高。其中，早期报道中各地兴办警察的报道经常出现：镇江拟改造南洋转运军械局，裁撤保甲总局，筹备警察局（《筹办警察》，第 143 期）；两淮运使拟裁撤保甲创办巡警（《创办巡警》，第 144 期）；皖省拟办警察，计划将定安营勇三百名，保甲局勇三百名统编为警察（《警察开办》，第 159 期）；豫省谕令将安定营勇、保甲总局一律改为警察（《改设警察》，第 175 期）等。

警政兴办起来后，还需要法律来规范化、制度化，方能保障警察机关和警务人员的活动在法律规定的范围内尽职尽责、利国利民。袁世凯对

---

① 《警察精义》，《北洋官报》第 167 期（1903 年 12 月 1 日）。

警察立法极为看重,这便是他的"法制建警"思想。《北洋官报》连载长文《警察精义》中也有关于法制建警的论述。文中说"中国沿用旧制,法成于数百年前,事增于数百年后。……周官仅具法之大纲至细目缺而无存。历代亦无相传之法。幸而泰东西各国规制完备。数典忘祖,礼失求野,取彼之长,补我之短,事半功倍,何耻之有……不妨按吾国风尚所宜,广布律令,严绳婉导,俾有遵循,庶可以救世道定治安增文化,实为今日立法行政统治之第一要图也。欲求警察当先定法令。"对于警察法应如何制定,《警察精义》中提出建议:"夫法令广义也,事有关乎一国者,政府定之;关乎一地方者,地方定之。警察之事,如前所述,区域分国家与地方事业,分保安司法行政。中国办警察当因其事业,由政府先定警察法令作为通则颁行全国以固统治之基。然后各省按其地方情形再定分则。总期各省一律可以微调,通用不宜太有参差,复导今辙。"对各门各类警察法的具体制定注意事项,文章也提出了建议,并在文末表达对举办警政的美好愿望:"治理五年之内,地方不静,民度不高,我不信也。愿当局者勿其忽之。"①

袁世凯在直隶举办警政,主张仿效各国法律规章,并刊载于《北洋官报》上。如《北洋官报》的"文牍录要"就曾连载《直督饬天津道会同巡警局议复改良监狱事宜札》,对监狱管理制度开展详细论证。《北洋官报》还时常报道包括直隶省在内的全国各地警察建规改制的新闻。如《江苏苏州府警察局重订巡捕规则十六条》(第 137 期);《警局新章》(第 171 期)报道南段巡警各局各队操练日期的规定;《警察大纲》(第 191 期)报道镇江议办警察并订立完备章程等。

"教育兴警"是袁世凯在直隶举办警政时的重要贡献之一。中国传

---

① 《警察精义》,《北洋官报》第 168 期(1903 年 12 月 2 日)。

统社会有承担警察功能的衙役、兵士和保甲长等,但却没有警察专业人才。所以,当现代警察制度建立起来之初,立马出现警员工作没有效率,素养低下,警学知识知之甚少,无法满足现代警政的需求的瓶颈。基于现实的迫切需要,清政府在 1901 年 8 月 14 日开办我国第一所警察学校——京师警务学堂,聘请日本人川岛浪味监督,训练巡警,以备警察建制之用。袁世凯深刻认识到"学堂实为全省警务基础"①,上奏朝廷,请设警务学堂。得到皇帝首肯后,袁世凯先后在直隶创办了保定警务学堂、天津警务学堂、北洋巡警学堂和通省巡警学堂;除此之外,还在各州县举办巡警传习所和各种形式的补习教育,弥补了正规学堂教育的不足。袁世凯还派遣大批官费和自费留学生出国学习警务,尤其派往日本留学的较多。同时,还派遣了一批官员到日本游学,考察和学习警务。袁世凯在直隶大力举办并推广现代意义的警察教育,开创了多种形式的警察教育之先河,培养了大批警政人才,取得了较为瞩目的成就,使直隶成为新政时期全国警政的楷模。

对于直隶和全国警察教育的发展态势,《北洋官报》都时刻关注。如,《北洋官报》第 136 期"时政汇纪"中"学务"分类下记载山西官员游历日本期间,聘定日本警署署长等为太原府警务学堂教习;第 146 期"各省新闻"中《纪警察学堂》报道镇江创办警察的同时择地拨款创办警察学堂;第 152 期"畿辅近事"中刊载了《警务试题》,详细登出京师警务学堂当月高中初等学生各科考试的试题;第 186 期"畿辅近事"一条新闻《警学毕业》报道京师警务学堂高等科学生毕业发给执照并送至巡警局各部门充任职务。

2. 刊发告示、传单、示谕等,协助警政宣传

《北洋官报》时常刊载警政部门发布的告示、传单、示谕等,协助警政

---

① 《袁世凯奏议(中册)》,天津古籍出版社 1987 年版,第 604 页。

做好宣传工作。这也充分体现了报纸作为官方喉舌的角色。虽然《北洋官报》面向全国各地发行,但其宣传影响范围还是具有地域性的。所发告示、传单等主要涉及保定、天津两地。告示和示谕很相似,主要是各巡警机构针对当地民众所发的通告。传单,与现代意义上的传单不同,它是上一级巡警机构对下一级巡警机构所发的工作性通知。巡警机构的告示、示谕和传单等经常刊载在《北洋官报》上。

以下摘录一份保定工巡总局的白话告示。光绪二十八年四月,即1902 年 5 月,袁世凯在直隶省城保定设立警务总局。不久以后,警务局与工程局合并,组成了保定工巡总局。工巡总局下辖民事三所、探访局、工程局、警务分局。以下这段白话告示很有特色:

> 为明白晓谕事,照得经商事业,谁不是将本求利呢!断没有个赔着本儿卖的。要知你们商家为的事生利起见,那个用货的人家难道说就不管好歹含混用去么?就拿这个面铺说吧。现时白面每斤卖至一百三十四文,价值也不算大咧。这个行情涨落在那用主固是争论不起,不过你们也该讲个实在斤两,务要准称货物,更宜真挚,万不可讨便宜,用那掺和的手段才是呢!不料,近日有人从西山一带运来一种石粉,色白光滑,皓似白面一般。价值最小每斤不过六十文。那些卖白面之家贪着便宜率多惯买石粉掺入白面。仔细考验有掺十分之一的,有掺十分之二三的,掺入最多的是那包子火烧等面。怎么说呢,这个面内已经面铺把那石粉掺过一次咧,到了包子火烧铺又要讨个巧,能不又把石粉再掺点么?像那酱园用的黑面,小户家吃的杂面,可想没有不掺和的,不过人不知觉。就是现在这种石粉,经局试验,确系有那矿物性质。无论水煮不能粘糊,就是经火烧至一钟时分,尚且不溶化不变色。人要吃的日久了不能消化,有个不生病的么?本总局职司治安既经查验明确,可是不能姑息呀!除明商务总

会转饬你们大家知道并传谕各分局长警随时访察外，合行出示晓谕为此示。仰城关粮店人等知悉。务要安分营业，勿将石粉掺入面内有害卫生。如敢故违，要叫巡警查出或经人试验告发定要拘送商会罚办的决不宽饶。现经本总局用化学考求确有的据，并将试验之法开列于后。你们大家如买面食，亦不妨如法试验辨个真假，岂不好么？切切特示。

白面试验法：先用凉水漂洗，去过浮上一层，次加温水，次加滚水，约十钟时把那粘糊的挑去，那不甚粘糊沉淀器底的便是石粉。

火烧试验法：先把净面火烧一斤用火烧成面，约重不过二钱，再拿那市上卖的火烧也用一斤烧成灰，如重二三两或四五两，这就是有那矿物的考证。包子试验法同。①

这段白话告示，语气词丰富，甚至还有保定当地方言，使得全文既富有警示意义，又充满了人情味儿，百姓容易接受。

再来看一份天津巡警总局的传单。袁世凯在保定设立巡警初见成效后，即以保定为基地为天津招募训练巡警。光绪二十八年七月十二日，清政府收回天津后，袁世凯在天津设立南北段巡警总局。天津市治安工作由南段巡警总局负责，下设五个局，每个局划分为四个区，机构健全，人数众多。

为通传事兹拟章改做警官服章及整顿路灯各办法通传一体遵照：

各区队所有新哈几单军衣军帽及青布新军衣并草帽均缴回总局。遵照奉章改做以期划一而崇体制。

近查各局区除原有路灯参差不齐，若二局二区四局四区路灯虽

---

① 《北洋官报》第2044期（1909年4月19日）。

不甚好,惟皆有木牌注得某局某区某胡同第几号路灯字样,令人一目了然。四局一区路灯虽谓洁净,玻璃上有四局一区字样遮掩灯光,似不如二局二区四局四区之书于号牌以上,于灯光毫无妨碍。而原有灯,仅以洋铁四匡镶用,玻璃上顶用洋铁饰以蓝油,如五局三区新发明之新式改良路灯,其顶盖四面均用玻璃光线格外光亮,实为旧式路灯所不及。舍短取长,灯式以五局三区为法,号牌以二局二区四局四区为法,似宜略加变通。此项号牌用总局所存长圆形洋铁号牌以白色油,局区写红字,灯写黑字,横钉,灯下一望而知。嗣后,各局区务须陆续改良以期整齐而壮观瞻云。①

此传单将工作内容叙述详尽明确,使各局区接到指示后,工作有的放矢。

再摘录一篇"示谕"《警察局清查户口》:

江苏镇江清查户口一事于去年春间,经警察总局派员会同各区巡官认真调查户口,年龄、事业详细造册,呈报在案。兹该局以人民或有迁徙婚嫁死亡等事,该户均须到局报告以核其实,恐未周知。昨复出示晓喻矣。②

这个传单是江苏镇江的警察总局所发传单,《北洋官报》既当作新闻报道,又将示谕广而告之。当然,《北洋官报》上登载的最多的还是保定工巡总局、天津南段巡警总局、保定警务第二局、保定警务第五局、天津巡警总局等警政机构的告示、传单和示谕。广而告之的内容最多的是关于整顿社会治安方面的通告,如禁止在街道上嬉戏打闹、踢球、赌钱等游戏,妨碍人车行路,妨害人身安全;冬季河面结冰,防范孩童踏冰玩耍发生危险;春节期间,禁止随意燃放鞭炮等。还有关于移风易俗方面的告示,如

---

① 《北洋官报》第2043期(1909年4月18日)。
② 《北洋官报》第2029期(1909年4月4日)。

禁止吸食、售卖土膏,禁止售卖烟泡、烟珠;禁止私设暗娼;禁止私售春宫图,禁止演唱淫词邪曲等。还有一些关于公共卫生方面的,如禁止脏水泼街,禁止往排泄雨水的沟渠里倾倒脏水等。

3. 不回避警政建设中的问题,有针对性地进行报道

清末警察制度的建设分为前后两个阶段,初步尝试阶段和普遍成熟阶段。每一个阶段的发展都有需要克服的困难,也不断暴露出各种亟待改善的问题。对此,《北洋官报》始终保持密切关注,不回避现实中警政建设出现的问题,而是给予如实反映和报道。在警政建设的初步尝试阶段,从《北洋官报》的报道来看,关于警政的报道主要集中在各地纷纷举办警察局以及兴办警察学堂等方面。中国现代警察兴起后,出现的最大问题便是警察人才的严重匮乏和警员、警官素质低下。于是兴办警察学堂,培养专业警务人才便是当务之急。从《北洋官报》上关于警政的报道可以看出,警察局和警察学堂在全国各地遍地开花。《浙江省警察近情》中写道:"浙江省警察开办以来,曾通饬各属一律仿行。现均照办,以防军为警兵。惟以经费难筹,且乏熟悉警务之人,恐仍难收实效。"①报道了举办警政的难点所在。

清政府预备立宪期间,民政部的设立、权利文化和法制主义的勃兴为警政建设的进一步发展带来积极的影响。警察制度进一步完善,警察机构、警察职权不断扩展,警察学校、巡警教练所在全国各大城市普遍建立,蔚为大观。然而,在警政蓬勃发展之时,也有越来越多的警政问题逐渐显露出来。从《北洋官报》上看,这一阶段警政举办中出现的问题主要集中在以下几方面。

第一,警政建设经费匮乏导致警政机构搜刮百姓,加重百姓负担。清

① 《北洋官报》第 140 期(1903 年 10 月 9 日)。

政府举办警政之初采用袁世凯在直隶"就地抽捐"建警的办法,"所需经费,以地方本有之青苗会(费),支更费及赛会演戏一切无益有余之款,酌提冲用,月饷由村董定支给,官不经手。"①然而不仅建警抽捐,各种新政举措都需要经费支持,捉襟见肘的清政府财政哪来的钱,基本都是采用抽捐,致使加在百姓身上的捐税多如牛毛,百姓不堪重负。甚至有些地方的巡警训练所也"因经费无出,暂行停止"②。为筹备经费,警务员都要排除万难,到民间积极收取。警务处还要奖励出力筹备经费的稽查员。即使如此,经费困难一直困扰着晚清警政的发展。湖北省在光绪二十八年开办警察,初创之时,各衙署捐款及原存保甲经费尚能勉强支撑,"继由省城推及汉口,则就地筹款其多数皆捐自商民,嗣因推广汉口警政并经画租界附近官地商捐力有未逮,"致使"武汉警政逐渐扩充,武昌经费不敷甚巨"。湖广总督张之洞多方筹措,然而"月支总数以捐拨之数相抵实在不敷过半。其不敷之款由管钱局暂时拨借或向商号息借。积累日重,筹还愈难"③。经费不足还导致巡警道员缺乏。

第二,从《北洋官报》的报道来看,清末警察权力过于宽泛:警察权与军权不分,导致军警之间权责不明晰,产生矛盾;警察权与司法权不分,导致公民权利被侵害;警察权滥用,导致警察腐败,却无约束机制等。

这些问题各省都有存在,各省也陆续展开整顿工作。安徽省"除将已有巡警实力整顿外,并于高等巡警学堂添办绅班简易科分校,招生三百人","省内现充差务人员另设补习科","又以警察行政尚属幼稚,乃联络全省关于警务官绅并捐廉俸百金,创办警察协会,研究警察上一切事宜,

---

① 转引自梁翠:《论清末政府的警政建设及其得失》,《辽宁警专学报》2010年第2期。

② 《怀来县禀设立教练所日期并添设副教员呈请查核文并批》,《北洋官报》第2773期(1911年5月8日)。

③ 《湖广总督陈夔龙奏武昌警政经费不敷恳由司关两库拨款折》,《北洋官报》第2190期(1909年9月12日)。

现已草定章程"。①

"河南巡警道蒋观察自莅任以来,力加整顿,豫省巡警焕然改观。前因各区副巡官教练员等员名为部章所无,均经裁改,又以巡官既经分等,应将巡长巡警一律分等,以资递升。"这是河南省在对巡警自身部章进行改革。

奉天民政司认为:"全省吏治警务事务既繁责任尤重,对于省城系处于监督地位,不便再兼执行。凡所中一切用人行政理财均归所长主持。其对于各衙署局所亦应用所长名义。"这是对警务公所的职权进行厘定,警政与民政各有所重,对各自权责明确划分。

江北则在划清陆军警察权限,"江北陆军警察队自开办以来分驻西×,兼管地方巡警事务,现清河县章令心培,因该处已办巡警,着有成效,地方事务应归警察专管,已禀奉提台,札饬陆军队嗣后毋再干预地方事件以清界限而免龃龉。"②

全国各地暴露出来的各种警政问题真是不少,为此,"民政部以各省警务开办日久,功效未见大著,拟饬各省将警务人员甄别一次,凡于警务不甚熟悉者一律更换,以重警务而免滥竽"③。

总之,《北洋官报》对晚清警政发展的报道与关注是全面而又有针对性的。尤其对直隶省警政建设的报道充分反映了袁世凯的警政建设思想和成就。直隶省警政建设成就通过《北洋官报》的报道推而广之,成为中国现代警察建设的典范和开端。而官报经常刊载天津工巡局、保定工巡局针对广大民众的告示,也从一定程度上说明官报在社会上具有一定的

---

① 《皖省整顿警察办法》,《北洋官报》第 2447 期(1910 年 6 月 6 日)。
② 《划清陆军警察权限》,《北洋官报》第 2184 期(1909 年 9 月 7 日)。笔者注:文中×表示影印版中无法识别的字。
③ 《整顿警政之计划》,《北洋官报》第 2186 期(1909 年 9 月 9 日)。

传播效果,能够发挥媒介广而告之的作用,这与它的"上传下达""开民智"的宗旨定位是相吻合的。另外,《北洋官报》对警政建设中出现的问题的持续报道,一方面反映出官报对官方意旨的执行和维护,另一方面也反映出官报对客观事实的尊重,不回避,显示出媒介报道应有的基本原则和本质要求。

(五)对"预备立宪"的报道声势浩大

"预备立宪"是清末统治者面对国际国内形势和朝野上下的呼声,认真权衡自身利害之后作出的一个决定晚清政治走向的重要决策。清末宪政运动成为中国现代宪政史的开端。

1905 年日俄战争之后,张謇在《致袁世凯函》中说:"日俄之胜负,立宪专制之胜负也。"①发轫于戊戌变法的立宪主义再次跃登历史舞台,成为社会共识。向日本学习也成为社会共识。因为日本在明治十五年曾经派官员到欧洲考察宪政,因此,清廷在 1905 年派载泽、端方等五大臣出洋考察。1906 年,五大臣先后回国,上奏朝廷指出,立宪可行,直言立宪有三大利:"一曰皇位永固……一曰外患渐轻……一曰内乱可弭"。② 1906年 9 月 1 日,即光绪三十二年七月十三日,清廷颁布《宣示预备立宪谕》。《北洋官报》对清政府预备立宪的工作自始至终十分关注。

1. 集中宣传报道"预备立宪"的每一个阶段性工作,议题设置明确

从宣布"预备立宪"到颁布《钦定宪法大纲》,再到资政局开院,清政府的立宪工作由宣传阶段进入到实质性阶段。晚清的立宪运动有几个关

---

① 刘军宁:《共和·民主·宪政——自由主义思想研究》,上海三联书店 1998 年版,第 115 页。

② 载泽:《奏请宣布立宪密折》,载赖骏楠编著:《宪制道路与中国命运:中国近代宪法文献选编 1849—1949》上卷,中央编译出版社 2017 年版,第 272 页。

键节点:1906 年 9 月,宣布"预备立宪";1908 年 8 月颁布《钦定宪法大纲》,同年筹办谘议局;1909 年举办谘议局选举,并筹办城镇乡地方自治等。对每一个关键措施的施行,《北洋官报》都给予集中宣传与报道,为立宪工作的推行鸣锣开道。

光绪三十二年七月十三日,即 1906 年 9 月 1 日,清政府宣布"预备立宪",《北洋官报》对此先后连续四次报道该消息。

光绪三十二年七月十一日报道:

特派重臣会议宪政

此次出洋考查政治大臣回京,先后条陈立宪事件。两宫以滋事重大,特旨派醇亲王、军机处、政务处各王大臣,外务部、学部、巡警部各堂宪,暨北洋大臣袁宫保会同出洋大臣等,于初八日起在颐和园特开会议,以决定立宪宗旨、办法,分别先后缓急,请旨遵行。①

光绪三十二年七月十四日报道:

续纪会议宪政情形

连日庆邸、醇邸率同军机、政务大臣、考查政治大臣及北洋大臣袁宫保在颐和园会议改良政治大纲。两邸及各大臣均仰承两宫圣意,和衷会议,并连日将会议情形详细陈奏,颇蒙两宫嘉纳。传闻已酌订三年后颁行宪法,使内外大小臣工于此三年内将政治竭力改良为宪政。种种之预备大约不日当可颁发明谕云。②

光绪三十二年七月十六日报道:

恭纪宣布立宪

明诏 本月十三四日两次明降谕旨约期立宪并改编内外官制,中外士民视线咸集,大慰舆情,欢声雷动,兹闻此次政策实由两宫锐

---

① 《北洋官报》第 1113 期(1906 年 8 月 30 日)。
② 《北洋官报》第 1116 期(1906 年 9 月 2 日)。

意改革,睿谋独断。而庆醇两邸及各大臣赞成之力亦巨,故如此决然宣布以明告天下。①

光绪三十二年七月十八日报道:

再纪颁示立宪

　　明诏　探闻各王大臣今日会议改革政务,宣布立宪事宜,原拟将改革各事定有端倪再行宣布立宪。明诏只以近日京外人心盼望立宪过急,若不先为通谕不足以安慰人心,故十三日下午即先颁布预备立宪之上谕云。②

先后四条新闻,围绕"预备立宪",选择时机,顾及舆情,逐步明确。光绪三十二年七月十一日、十四日的报道既是表明朝廷重臣会议宪政的新闻,又是对朝廷即将行宪政的舆情铺垫。朝野上下密切关注立宪,作为官方喉舌的《北洋官报》,官方消息的重要来源,必须要满足受众的新闻需求。十六日新闻报道连用多个极具赞美褒扬之词,"视线咸集""大慰舆情""欢声雷动""锐意改革""睿谋独断"等,表达官报对立宪的热烈拥护立场。十八日的新闻报道不仅是再次强调颁布立宪的重要性,更是对朝廷迟迟没有公布预备立宪决定,官报自身没有及时报道朝廷立宪的动态新闻作出合理的解释。

紧接着,在七月二十一日,《北洋官报》特别制作了"恭贺立宪"的封面,营造出立宪的喜庆氛围(见图3-3)。并在之后近一个月的时间,陆续刊发全国各地、官方机构及各社团组织庆贺立宪组织活动的新闻或者庆贺立宪的演讲词。

仅光绪三十二年七月二十一日,《北洋官报》就刊载了三条,报道社会各界庆贺立宪的新闻:《议开庆贺立宪大会》,报道京师学报两界发传

---

① 《北洋官报》第1118期(1906年9月4日)。
② 《北洋官报》第1120期(1906年9月6日)。

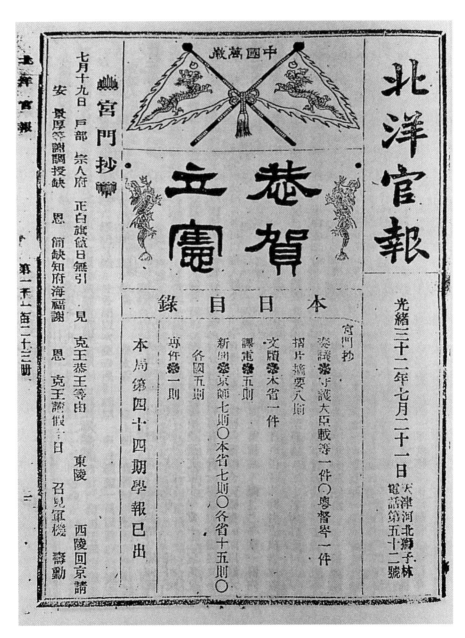

图3-3 《北洋官报》第1123期（1906年9月9日）头版"恭贺立宪"设计

单定于当日午前在阅报社开会商议庆贺立宪以鼓舞人民进步之心;《学生恭祝立宪志盛》,报道京师公立学堂、×新学堂等在朝廷宣布立宪当日令全班学生列队而出,前有奏乐唱爱国歌,后有高执"恭祝立宪"之白色旗于各街巷游行;《商学两界欢祝立宪》,报道天津商务总会致电督宪,请示仿照上海学界悬挂旗帜庆贺立宪,督宪回复准予悬挂旗帜欢祝但宜安静为是。①

七月二十二日,报纸刊载两条新闻,继续报道社会各界庆祝立宪:短新闻《阖埠士商欢祝立宪》,报道天津商学两界前一天齐集河北学会举行庆贺立宪仪式,各学堂均放假一日,各局厂亦一律停公以志庆贺;《模范学堂开会庆祝》,该新闻报道天津商学两界在庆祝立宪的过程中,模范学堂组织最为完美,秩序最为整齐,该报道不惜花费500多字详细记述当时庆祝现场的二十五项活动。②

《北洋官报》除大量报道直隶省各界庆祝立宪活动的新闻之外,还报道上海商界、学界、报界,宁波学界,两江学务处等全国各地社会各界人士纷纷举办各种形式的庆贺立宪活动。对上海报馆公会和两江学务处的庆祝活动以及嘉宾演说辞,以"专件"的形式给予详细报道。另外还发表《南洋华商电贺立宪》的简讯:"探闻政府近日接到南洋各埠华商庆贺立宪之电,联名者有数十万人。"③"数十万人"不知真假,无从考证,略有夸大之嫌,表现出官报对"预备立宪"这件具有历史性意义的重要举措的支持、赞同和对宪政改革声势的渲染。

1908 年 8 月 27 日,清政府宪政编查馆颁布《钦定宪法大纲》,同时颁

---

① 《北洋官报》第1123 期(1906 年 9 月 9 日)。笔者注:文中×表示影印版中无法识别的字。

② 《北洋官报》第1125 期(1906 年 9 月 11 日)。

③ 《北洋官报》第1132 期(1906 年 9 月 18 日)。

布《九年预备立宪逐年筹备事宜清单》。这份清单是清廷筹备立宪的总体规划方案，规定了清廷在"预备"程序期限里的作为，注明了主办单位、进度要求、责任目标、完成时间等。《九年预备立宪逐年筹备事宜清单》公布以后，清政府的立宪筹备工作的开展不再"摸着石头过河"，从盲目变得有章可循，各级官员执行起来心中有数，有步骤、有次序。《北洋官报》的宣传报道也依此清单有计划展开。官报上关于"预备立宪"的政治新闻异常丰富，但每一阶段，议题设置明确。如清单中规定1908年筹备各省谘议局，次年开办选举。《北洋官报》在1908年前后围绕"各省筹备谘议局，开办选举"这个主题，集中、持续、大量报道，既能使各地筹备立宪机构及社会各界掌握谘议局和选举开办工作的进程，又能表明清政府"预备立宪"期间这个宏大计划中的各项措施在按部就班地执行中，并且取得的成效是显著的。这一点很重要。因为当时虽然经历千呼万唤，清廷终于宣布"预备立宪"，但自"预备立宪"以来，时局颇不平静。尤其在《钦定宪法大纲》和《九年预备立宪逐年筹备事宜清单》公布以后，社会各界甚至不同省份反应不一。有对政府表态和作为表示满意者，如当时《北京时报》报道："明诏宣示钦定宪法及召集议员的年限，实在是我大清帝国雄飞宇宙第一的大纪念日期，化我全国各地方官及全国国民，全应当悬灯结彩，开会庆贺才是。"①该文言过其实的报道一定程度上反应了北京士人或许较为满意的态度。而东三省人民则认为："东三省形势与各省不同，久为强国所垂诞，主权虽存，然为外人势力所包括，国会一日不开，东三省之存亡问题一日不能解决，故各省可待九年，东三省则有迫不及待之势。"②各省立宪派掀起了如火如荼的请愿运动，要求缩短开国会

---

① 《北京时报》1908年8月29日，转引自侯宜杰：《二十世纪初中国政治改革风潮——清末立宪运动史》，中国人民大学出版社2009年版，第166页。

② 《申报》1908年10月6日。

之年限。由官、绅、商、学四界在 1907 年 6 月联合成立的预备立宪公会从 1909 年底开始，举行了四次国会请愿。最终，清廷迫于各方压力做出让步，于 1910 年 11 月 4 日，颁布上谕宣布于宣统五年实行开设议院。在清廷"预备立宪"的道路上，朝野各派政治力量一直在博弈，暗流涌动，明潮澎湃。在这样的政治格局中，《北洋官报》对直隶省、对全国各地宪政工作的持续关注和阶段性密集报道，就是自觉为政府立宪改革摇旗呐喊，造势壮威，并营造出立宪工作有序开展的表象。

2. 大力报道设立宣讲政治所、识字学塾等新闻，宣传"开民智以扫除立宪障碍"的观点

1906 年 9 月 1 日，清政府颁布《仿行立宪上谕》，上谕中写到："时处今日，惟有及时详晰甄核，仿行宪政，大权统于朝廷，庶政公诸舆论，以立国家万年有道之基。但目前规制未备，民智未开，若操切从事，涂饰空文，何以对国民而昭大信。故廓清积弊，明定责成，必从官制入手，亟应先将官制分别议定，次第更张，并将各项法律详慎厘定，而又广兴教育，清理财务，整饬武备，普设巡警，使绅民明悉国政，以预备连线基础。著内外臣工，切实振兴，力求成效，俟数年后规模粗具，查看情形，参用各国成法，妥议立宪实行期限，再行宣布天下，视进步之迟速，定期限之远近。"[1]

1908 年 8 月 27 日，清政府颁布《钦定宪法大纲》和《九年预备立宪逐年筹备事宜清单》，限定立宪预备期是九年，把宪法的颁布时间定为 1916 年。

关于"九年立宪预备期"，不仅现代人评价说这是一个"骗局"，暴露了清政府伪立宪的嘴脸，晚清立宪派人士也认为这是"一张根本不想兑现的空头支票"，只是"妄图以此拖延时日，磨灭革命人民的斗志"。[2] 当时掀起

---

[1] 《电传上谕》，《申报》1906 年 9 月 3 日。
[2] 《叙例》，《清末筹备立宪档案史料》，中华书局 1979 年版。转引自刘笃才：《关于清末宪政运动的几个问题》，《中国法学》2002 年第 1 期。

的一次又一次国会请愿运动就是逼迫清政府缩短立宪时间,尽快立宪。

然而清政府所说当前"民智未开,若操切从事,涂饰空文"是有一定道理的。一方面,清政府立宪师从日本较多。日本在 1868 年建立明治政权,1881 年明治天皇宣布开始筹备立宪,将在 9 年内开设国会,但实际上,直到 1898 年才颁布宪法,1900 年正式施行。也就是说,日本从筹备立宪到施行明治宪法经历了 20 年时间。清政府提出立宪的预备期限是 9 年,相比日本的 20 年预备期限来说并不长。后又将 9 年缩短为 5 年,那筹备时间就更短了。早在清政府宣布立宪之前,梁启超提出过"自下诏定政体之日始,以 20 年为实行宪法之期"的立宪规则,"中国最速亦须十年或十五年,始可以欲此"。① 从清政府颁布的《九年预备立宪逐年筹备事宜清单》中可以看出,9 年中,清政府要依序而做的事情纷繁复杂,头绪甚多,"像中国这种发展极端不平衡、传统影响深远、人口众多的大国,激烈的社会转型引起的规章和观念之间裂痕的拉大,是很难收到较好的社会效果的"②。9 年的预备立宪时间,对大清帝国来说,并不长。

另一方面,《仿行立宪上谕》所说的"民智未开"也有现实的依据。"在当时社会中,全国同时接受识字教育的当在 50 万人左右,识字学塾是短期的训练,数年的累积,当不下数百万人,约占当时全国人口 1% 的水平。"③在一个教育水平相对低下的泱泱大国中,普及国家观念,激发国民参政议政的热情,赋予其选民的神圣权利和管理国家的权利,该是一个多么大的难题!

综上,清政府所说"规制未备,民智未开"是符合当时国情的,9 年预备立宪期也是合乎政治需要的。但是舆论中不赞同之声强烈。面对社会各

---

① 梁启超:《政闻社宣言书》,《梁启超文集》,北京燕山出版社 1997 年版,第 252 页。
② 龙长安:《清末预备立宪程序合理性探析》,《韶关学院学报(社会科学版)》2004 年第 8 期。
③ 张朋园:《清代教育及大众识字能力》,史研所集刊 1980 年。转引自龙长安:《清末预备立宪程序合理性探析》,《韶关学院学报(社会科学版)》2004 年第 8 期。

界的质疑,作为官方喉舌的《北洋官报》,此时充分发挥了"吹鼓手"的作用。

《九年预备立宪逐年筹备事宜清单》中,对于"开民智"非常重视。光绪三十四年,第一年,就规定学部主办编辑简易识字课本、编辑国民必读课本;光绪三十五年,第二年,规定,由学部和各省督抚同办,颁布简易识字课本,创设厅州县简易识字学塾,由学部颁布国民必读课本;光绪三十六年,第三年,规定,由学部和各省督抚共同推广厅州县简易识字学塾;光绪三十七年,第四年,规定,由学部和各省督抚共同创设乡镇简易识字学塾;光绪三十八年,第五年,规定,由学部和各省督抚共同推广乡镇简易识字学塾;光绪四十年,第七年,设定目标,人民识字义者,须得百分之一;光绪四十一年,第八年,设定目标,人民识字义者,须得五十分之一;光绪四十二年,第九年,设定目标,人民识字义者,须得二十分之一。

《北洋官报》据此清单,认真地展开对"开民智"的报道。对开办政治讲习所、简易识字学塾等的新闻报道贯穿对"预备立宪"报道的始终。

预备立宪的大潮中,当时各省都意识到"法政为外交内治之方针,非特官吏所当研究,即绅民亦应通晓,况诉讼法行将试办,尤宜预备裁判之材"[①],因此,各省纷纷设立法政讲习所,"选派熟悉政治之员逐日宣布各国立宪法权及中国改行立宪之宗旨,以期开通民智免致隔阂"[②]。还有一种宣讲形式即"立宪演说会",向民众演讲立宪宗旨,有的演说会为了吸引民众来听,还同时组织一些演出活动。如天津初级师范学堂在西马路宣讲所开特别演说会演讲立宪宗旨,"并有本堂上年军乐队同往"[③],《北洋官报》对此做了详细报道,将演讲次序列表公布:"一,国歌合奏;二,演讲立宪之宗旨;三,风琴独奏(黄帝歌) 军乐队合作(同上);四,演讲公德之大意;五,

---

① 《法政讲习所成立》,《北洋官报》第1126期(1906年9月12日)。
② 《请普设宣讲政治所》,《北洋官报》第1128期(1906年9月14日)。
③ 《倡设立宪演说会》,《北洋官报》第1128期(1906年9月14日)。

风琴独奏(中国军歌) 军乐队合作(运动歌);六,演讲自治之大意;七,风琴独奏(扬子江歌) 军乐队合作(扬子江歌);八,演讲立宪之利益;九,国歌合奏;十,闭会。"①《北洋官报》详细刊登演讲活动表也是为了广而告之,让更多的民众前来参加。从报道来看,演讲活动安排得是异常精心、用心。

除了亟需向社会大众普及立宪常识之外,要实现立宪,还亟需专业的法政人才发挥力量。于是,从上到下都提倡设立宪政研究会、自治研究所等,吸收阅历较多、德高望重的士绅、官员听讲座。"讲习所学员毕业后,已由民政司派往各属随同自治研究所学员办理选举事宜……以资开通国民之知识"。②袁世凯札饬各司道:"设官所以治民,若民间练习政治,而官吏漫不加察,何以临民需;次人员职务未膺,正仕学兼资之日,现当预备立宪,亟须研究各国宪法,知其大纲应设宪法研究所,分为三班,逢一四七等日为道府研究班,以提学司、运司为总长,徐道鼎、康县道多森为副长;逢二五八等日为厅州县研究班,以天津道、天津府为总长,李守映庚朱守端为副长;逢三六九等日为佐二研究班,以河防同知、天津县为总长,王牧仁铎吴令远基为副长。所有候补人员自道府以次先查明在津人数,除本有要差驻局各员准其届时请假外,其余均按期赴所研究宪法各立画到簿,道府班送院署标日,厅州县班送司标日,佐二班送天津道标日均须注明出入时刻,副长均驻所办事以专责成各员来往车马费由所开销。"③

各地"以所属各州县民智不甚开通,所以举办各项新政成效难期",于是官方"拟饬多设宣讲所延聘明达绅动勤加演讲务期宗旨纯正以开风气而重新政"。④各类研究会也定期会举办各种演讲活动,普及立宪需要

---

① 《倡设立宪演说会》,《北洋官报》第1128期(1906年9月14日)。

② 《续办短期宪政讲习所》,《北洋官报》第2011期(1909年3月17日)。

③ 《督宪袁为设宪法研究所事札饬司道文》,《北洋官报》第1462期(1907年8月24日)。

④ 《饬属多设宣讲所》,《北洋官报》第2014期(1909年3月20日)。

的各种知识。如《北洋官报》就报道：

宣讲选举权之要旨

江苏句容县各绅董于日前齐集商会以谘议局选举议员一层期限讲届，恐各乡镇合格议员倘未深悉投票选举等事，时怀疑虑，特开大会召集各乡父老由宣讲员登台演说选举权之不可放弃与被选举权之宜宝贵且对于地方有应尽之义务，即对于一家一身亦有密切之关系。闻者无不欢欣鼓舞云。①

另外，官方还设立正规的法政学堂，"推广学额并准地方绅商公立以期造就多数人才为立宪之基础"②。学堂开设有正式的、全日制的经过三年学习才毕业的专业，也开设有"绅班""职班"这样的速成科，通常一年半毕业。1906 年，袁世凯在天津开始筹建北洋法政学堂，1907 年 8 月，北洋法政学堂正式招生，成为中国最早的法政学校。清政府为了在各地试行创设法政学堂，曾于 1906 年 7 月，由学部颁布奏定《北洋法政学堂》，通饬各省以北洋法政学堂为样板照办同类学校。"现在各省举行新政，需材甚殷，裁判课税人员尤非专门之学不能胜任，……自应及时办理以培有用之才，凡未经设立此项学堂之省分，应即一体设立，其业经设立者亦应酌量扩充。"③

3. 主动探访新闻，满足受众的信息饥渴

清政府宣布预备立宪前后，遮遮掩掩，犹犹豫豫，对五大臣出洋考察回来的报告将信将疑，对待"立宪"这件舆论呼声颇高的重大改革犹抱琵琶半遮面。每日朝廷重臣被召去开会密议，对外却迟迟不能发布有效信息。于是民间对朝廷动向、改革走向乃至国家兴亡众说纷纭，莫衷一是。

---

① 《北洋官报》第 2002 期(1909 年 3 月 8 日)。
② 《请饬推广法政学堂》，《北洋官报》第 1129 期(1906 年 9 月 15 日)。
③ 《督宪袁准学部咨御史乔树枬奏准各省添设法政学堂札饬藩臬两司查照文》，《北洋官报》第 1064 期(1906 年 7 月 12 日)。

《北洋官报》没有专门的记者队伍,大多数新闻来自对朝廷各部门信息的汇总以及对各类报刊消息的节录,但也有派工作人员外出独立采访的新闻,比如前文提到的对直隶出品协会为赴南洋劝业会在天津河北公园举办展览会的持续报道,就是《北洋官报》派员赴展览会现场采写的新闻。然而这类独立采集的新闻相对较少。在清政府预备立宪前后这一改革如火如荼开展的阶段,《北洋官报》出乎意料地派出人员主动打探新闻,报纸上经常以"爆料"的形式和口吻报道未经朝廷正式发布的政治新闻。有时候一期报纸就有两条甚至两条以上的主动采写的新闻,如第1150期官报的"京师近事"栏目刊登8条新闻全部是自行打探的新闻。

清政府宣布预备立宪前,朝廷重臣被召入宫中密商。外界各种猜测揣度。《北洋官报》就有主动打探朝廷政治消息。光绪三十二年七月十六日,官报第1118期,"京师近事"就刊载3条官报打探来的新闻:

会议改良政治纪闻

探闻各大臣连日会议改良政治办法,以官员有一人而兼数差或数人而管辖一事者,贻误推诿之弊在所不免,殊非整饬吏治之道,嗣后应饬京外各衙门宜以一官而任一差。俾专责成所有各衙门例案,亦著删繁就简至衣冠仪礼,文法款式均以简易为宗旨。俟详核妥协即当奏请逐渐施行。

出使大臣电陈要政

据内廷消息传闻,今日出事各国大臣均有电奏条陈实行地方自治,以期民智开通,虽彼此条议不一,而宗旨相同。两宫深为嘉纳云。

提议调派裁判官

探闻外务部以迩来各省开埠日多,交涉益繁,应行咨调京外精通法律熟谙外交人员,保送到部,以便派赴开埠省分充当裁判官,专理交涉事件以收治外法权而昭平允。①

三条新闻分别以"探闻""据……传闻"开头,明显同以往的、其他的新闻报道写作方式不同,为官报自采的新闻,且可以看出官方还没有正式公布。然而,新闻内容言之凿凿,有理有据有细节,加上官报的身份背景,使得探访的新闻充满了可信度和权威性。

朝廷宣布预备立宪以后,社会各界反响强烈,恭贺立宪的舆论之声高涨,但是如何开展立宪工作,朝廷暂时还未明确谕令。立宪工作纷繁复杂,牵一发而动全身,究竟朝廷有无决断勇气,如何应对改革大局,坊间既有期盼又充满传言。各级官员也是人心惶惶,因为光绪皇帝在预备立宪诏书中说得明确,预备立宪基础,"廓清积弊,明定责成,必从官制入手"②。在信息不透明的乱世之中,无论是官绅贵胄还是贩夫走卒,对信息的渴求度空前高涨。此时,《北洋官报》主动探闻的消息越来越多。探闻学部以改良政治必当以兴学为先,通饬各省速推广设立学堂,并复谕催编纂各项西法新书供学堂考镜育人③;传闻各大臣当议改官制之初本拟即将各员原兼差缺,一概裁撤以专责任,现闻此事拟变通办理,兼差各员暂仍其旧,据言须俟十年后查看情形再议裁撤④;探闻政府各王大臣日内会议整顿一切政务,拟饬令章京调查各衙门所有文牍通盘核计,妥议应兴应革事宜以收改良政治之效⑤;传闻外省官制尚未议定,盖恐于地方有所窒凝,故须俟各省将军督抚选派代表来京公同参议并闻将来订定后亦须宽定年限逐渐实行云⑥;等等。

"探闻""传闻"的消息多为政治新闻,有关官制改革的新闻最多。直

---

① 《北洋官报》第 1118 期(1906 年 9 月 4 日)。
② 《上谕》,《北洋官报》第 1117 期(1906 年 9 月 3 日)。
③ 《谕催速编各项新书》,《北洋官报》第 1140 期(1906 年 9 月 26 日)。
④ 《酌定年限裁撤兼差》,《北洋官报》第 1147 期(1906 年 10 月 3 日)。
⑤ 《议饬章京调查文牍》,《北洋官报》第 1150 期(1906 年 10 月 6 日)。
⑥ 《会议外省官制消息》,《北洋官报》第 1153 期(1906 年 10 月 9 日)。

到光绪三十二年八月二十八日,即1906年10月15日,《北洋官报》在"京师近事"中,刊发一条"更正"。

据实更正

本月十六日,本报京师近事各节误据传闻登录,今奉督宪札饬,合将札文录后以昭核实。为札饬事照得官报记事,要以采取事实为主,核与寻常报纸有闻必录之例正自不同,岂得以传闻无据之词率行登录。现查该局八月十六日报载京师近事各节多失实,最足淆乱听闻。似此人云亦云,于政界所关匪浅,极应严行札饬。嗣后凡遇新闻,一切必须力求证实,速予改良,不准摭拾浮辞致惑众听。切切特札。①

这一条"更正"只是指出"八月十六日""京师近事"报道的新闻有失实之处。但具体哪条新闻,失实之处在哪没有说明。此条"更正"更多地是表明态度,声明官报今后必据实报道,不得传报无据之词以免淆乱听闻。光绪三十二年八月十六日,即,1906年10月3日,"京师近事"中刊载7条新闻,其中前5条有关政治制度改革的新闻都是官报自行采集的新闻:《议定阁部大臣官守》《改订户部官制消息》《酌定年限裁撤兼差》《限期预算各部经费》《筹议选举议员问题》。或许新闻中确有失实的地方,也或许透露了朝廷没有公示、明谕的信息,不过从"更正"中可以看出,所犯错误并不严重,袁世凯给予了提醒。此后,《北洋官报》果然很少再刊载"探闻""传闻"的消息,至少在新闻中不再使用类似词语。作为一张报纸,一个官方媒体,主动采集信息、报道新闻是晚清官报的进步之举。不过,讲求新闻的真实性是新闻媒体应遵守的基本原则。《北洋官报》还是努力贯彻这一原则的。

在清政府宣布预备立宪之前,《北洋官报》就自觉为清政府做立宪宣传动员,报道五大臣出洋考察宪政;五大臣归国后对考察结果的总结报

---

① 《北洋官报》第1159期(1906年10月15日)。

道,间接阐释了立宪对中国发展的意义及价值。清政府宣布预备立宪后,《北洋官报》大张旗鼓展开立宪宣传,每天有关"立宪"的新闻,成为报纸报道的主要任务和内容。"京师近事"中每天七八条新闻中基本上是立宪动态。由于清政府迟迟没有宣布召开国会、实行君主立宪的具体年限,导致社会上主张立宪者对清政府实行立宪的诚意表示怀疑,对清政府的立宪政治滋生了失望和不满的情绪。民办报刊发表评论,对清政府进行质问和讽刺。《北洋官报》的积极报道,自觉维护清政府的官方立场,努力成为立宪改革的吹鼓手和宣传者。

四、外国新闻的选登

(一)刊载外国新闻为了看世界、学西方

国外新闻在《北洋官报》占有重要的一席之地,从创刊之日起,就设有专栏专门刊载,名称有"译报第一""译报""译电""各国新闻"等,栏目名称后来固化为"各国新闻",每期刊载少则两三条多则十多条的国外新闻。《北洋官报》第1期中,"译报第一"栏目下新闻之前有一段相当于"编者按"的文字:

> 五洋六洲广漫漫,我国其中如弹丸。苍鹰疾视长蛇蟠,日砺牙角刷羽翰。各各远害谋利安,腾口掉蛇辞翻澜。吁嗟! 我民可以观。①

这段话说明了《北洋官报》刊载外国新闻的目的。鸦片战争对中国人来说是一个非常巨大的转折点。鸦片战争前,虽然也有利玛窦这样的外国人将天文地理等中国人不知道的科学知识传入中国,但直到清代,道光皇帝还问臣子们"英吉利与回疆有无旱路可通?"这样的问题,反映出

---

① 《北洋官报》第1期(1902年12月25日)。

中国人面对英国人的坚船利炮一筹莫展,且闭塞无知的程度令人唏嘘。鸦片战争后,中国人从上至下,终于开始主动开眼看世界。资本主义强国侵略的鹰爪逐步深入中国的内地,渗透到社会生活的方方面面。严峻的国破家亡的局势强迫中国人去了解外国,了解中国以外的世界。中国人崇尚的《孙子兵法》中说:"知彼知己,百战不殆;不知彼而知己,一胜一负;不知彼,不知己,每战必殆。"变法开始,清政府也终于由被动转向自觉主动地了解世界大势。在"五洋六洲"之中,中国不过是渺小的"弹丸之地",然而列强早已如苍鹰长蛇扑向中国,贪婪地吞吃我们的国土、资源,各国都在千方百计"远害谋利",《北洋官报》何尝不了解国际国内形势,所以设"译报第一"栏目,呼吁国民"知彼",方能"不殆"。

不仅要睁眼看世界,还要能够向世界学习。这才是报纸刊载外国新闻的最高目的,这也符合官报"传新知""开民智"的办报宗旨。为此,《北洋官报》的国外新闻可谓包罗万象,涉及内容包括各国政治、经济、军事、外交、社会等各个方面,五花八门;涉及国家除了中国人熟悉的侵略者们如日本、俄国、英国、美国等,还有很多"名不见经传"的小国家,比如南美洲的布拉治尔国、南非洲的拿打路国等。《北洋官报》外国新闻的来源一是驻华外国通讯机构(路透社远东分社)和国外通讯社(主要是德国沃尔夫社发自柏林的电报);一是选自并翻译外国人在华创办的外文报纸,如《益闻西报》《警卫西报》《上海字林西报》《上海文汇西报》及一些日文报纸等。

(二)《北洋官报》的外国新闻报道分析

以下选取1906年8月一整个月,从第1084期到第1114期共31天的完整《北洋官报》,对其刊载的外国新闻的数量和内容做统计(见表3-5)。此月的《北洋官报》设有"译电""各国新闻"两个栏目刊载外国新闻,统计时两个栏目的外国新闻都算在内。

表3-5 《北洋官报》1906年8月刊载各国新闻数量的统计

单位:条

期数	日本	俄国	美国	英国	法国	德国	意大利	土耳其	芬兰	挪威	希腊	波兰	奥地利	匈牙利	西班牙	葡萄牙	荷兰	韩国	印度	西印度	波斯	比利时	瑞士	菲律宾	加拿大	墨西哥	哥伦比亚	南非	摩洛哥	罗马尼亚	拿打路	亚拉伯	布拉智尔	阿非利加	丹治尔	土加俄埠	布尔雁	古巴	昂而拉
1084	2	3	1	2		2														1													1						
1085	2	1	2	2	1		1	1			1				1			1			1																		
1086	4	2		4	1	1	1																					1											
1087	3	2	3	3		1	1	1	1																														
1088	1	2	1	1	1	2	1	1	1	1			1		1	1					1	1	1																
1089	4	1	3	3				1			1													1															
1090	2	9	2	1		1	1		1			1		1				1																					
1091	4	4	1	1	1		1												1						1														
1092	1	7	2	2				2										1			1																		
1093	1	4	3	2	1			1										1																					
1094	6	2	4	2		2													1																				
1095	3	4	4	2		2																																	
1096	1	1	2	1				1			1						1				1										1								
1097	4	1		1	1	1		2													1																		
1098	4	1	1	2	1	1		2			1				1											1		1					1						
1099	5	1	1	3	1	1		2																															
1100	3	1	2	1	1	1												1												1									

续表

国家	1101	1102	1103	1104	1105	1106	1107	1108	1109	1110	1111	1112	1113	1114	总计
昂而拉									1						1
古巴								1	2						3
布尔雁							1	2			1	1	1		6
土加俄埠					1										1
丹治尔			1												1
阿非利加			1												1
布拉智尔															2
亚拉伯															0
拿打路															1
罗马尼亚		1											1		3
摩洛哥	1														1
南非															2
哥伦比亚			1												1
墨西哥															1
加拿大															1
菲律宾			1												1
瑞士															2
比利时												1			2
波斯					2	1	2		1						11
西印度							1								2
印度								1							3
韩国				1					1						8
荷兰															2
葡萄牙															1
西班牙							1								4
匈牙利															1
奥地利															1
智利				1	1	1	2	2							7
波兰															1
希腊	1	1										1			7
挪威															1
芬兰	1														4
土耳其		1		1	2		1					1		1	19
意大利				1	1										5
德国	4	2	2	2	1	3	3	3	2	2	2	1	1		44
法国	2	1	3	1	1							1		1	14
英国	1			3	2	2		2	1	1	2	1		2	50
美国		1		2	2	1	1	2		3	2	2	2	1	47
俄国	2	3	1	2	3		1		1	3	3	2	5	3	74
日本	4	7	4	4	3	4	6	5	4	2	2	6	4	3	107
期数	1101	1102	1103	1104	1105	1106	1107	1108	1109	1110	1111	1112	1113	1114	总计

晚清时期,印度是英属殖民地。1896 年朝鲜在俄国支持下,改国号为"韩",自称"大韩帝国";日俄战争后,俄国战败,朝鲜政权被日本控制,并成为日本的"保护国",1910 年 8 月,日本迫使韩国签订《日韩合并条约》,对朝鲜半岛进行殖民统治。统计表统计的是 1906 年的《北洋官报》,所以称"韩国"。这个时期菲律宾归属美国统治。在统计的时候,各个被殖民国家的新闻独立计数,并不算在所属殖民国家的新闻报道中。

单位:条

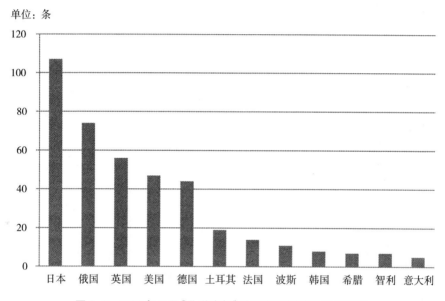

图 3-6　1906 年 8 月《北洋官报》外国新闻刊载数量示意图

从统计表中可以看到,以国别论,《北洋官报》对各个国家的关注度差别较大。关注度最高的是日本。晚清时期,中日两国关系密不可分,在政治、经济、文化、社会和军事方面的关系复杂、矛盾而对立。甲午战争和八国联军侵华战争及日俄战争之后,中国看待日本,不再是"天朝"面对"倭寇"的傲慢想象。日本明治维新的经验被中国大量学习和效仿。大量留学生前往日本,在清末新政时期,留日学生经常被召回协助经济、法律、农业等的建设工作。另外,甲午战争的惨败使大清帝国丧失了对朝鲜——这最后一个传统藩属国的控制权。朝鲜改国号为韩，并被日本控制，进而成为日本的殖民地。《北洋官报》对韩国的关注度也较高，关注韩国也是间接关注日本的动态。

仅次于日本，《北洋官报》关注度较高的还有俄国。庚子之变之前，俄国通过"三国干涉还辽"，博得清政府的感恩戴德，清政府主动与俄国结盟，签订《中俄条约》，俄国借此机会，取得了在中国东北修筑铁路的权利，不仅把侵略势力扩张到了东北腹地，而且逐步深入中国内地，与英国争夺在华权益，并公然把长江以北划为俄国的势力范围。中俄关系已毫无平等可言，中国是俄国宰割、侵略的对象，两国之间是压迫与反压迫、侵略与反侵略的关系。庚子之变以后，随着国际形势的发展，中俄关系也不断发生变化。俄国为了攫取在华最大权益，在外交上无所不用其极。清政府还曾一度幻想"联俄"抵制其他列强的侵略，最终落到被列强瓜分豆剖的地步。所以，政府喉舌《北洋官报》非常关注俄国的动态。

在《北洋官报》"各国新闻"中被关注较多的其他国家还有英国、美国、德国、法国、意大利等。这些国家都是1900年入侵中国的八国联军成员。庚子国难后，清政府主权彻底沦丧，受尽屈辱。八国联军个个如狼似虎，贪婪凶狠，为了把中国的利益吸干榨尽，它们相互勾结、相互倾轧，在中国的土地上反客为主，肆无忌惮地横行霸道。《北洋官报》对这些国家的关注，说明了大清帝国不再以"天下""四夷""宗主""藩属"这样传统的外交思想、外交体制处理与东西方国家的关系，既是被迫转变，也是主动调整，反映出晚清中国政府外交在对国际关系的抗拒与适应过程中，艰难地朝着现代化转型。

除此之外，《北洋官报》对土耳其这个国家关注也很多。奥斯曼土耳其帝国在15、16世纪也曾经是一个不可一世的帝国。它地跨欧亚两大洲，是连接欧亚的十字路口，与多个国家接壤，地缘政治复杂。18世纪末期,土耳其帝国开始没落;相反,西方国家开始对土耳其帝国进行战略反击;到 19 世纪中期,俄国迅速崛起,土耳其与俄国为了争夺克里米亚半岛爆发了规模浩大的战争,自此,土俄结怨,关系紧张;20 世纪初,土耳其亲英,虽然继续没落,但野心依旧,在多边外交关系中非常活跃。因此,《北洋官报》对其也时有关注。

波斯也是《北洋官报》经常报道的国家。文明古国波斯位于西亚,公元前 550 年,居鲁士大帝建立了世界历史上第一个领土横跨欧亚非三洲的帝国——波斯帝国。19 世纪下半叶到 20 世纪初,随着欧洲列强的侵入,波斯逐渐沦为半殖民地国家。英国、俄国、法国、奥地利和美国等相继强迫波斯签订不平等条约,强行在波斯划分势力范围,攫取各种特权和利益,其命运和中国何其相似。

总的来看,欧洲、北美国家中势力较大的资本主义强国,外交关系与中国密切,是《北洋官报》经常报道的对象;西亚、东亚、南亚地区的国家,地缘政治与中国密切,其新闻也经常被官报报道。另外,官报关注的视野非常广泛,距离中国较远的南美洲国家、南非洲国家都有报道。

表 3-7 1906 年 8 月《北洋官报》外国新闻主要报道对象的内容统计

单位:条

	政治	经济	军事	外交	教育	社会	报界
日本	19	25	23	19	7	14	
俄国	34	6	23	7		5	
美国	12	14	6	5	1	8	1
英国	12	8	17	13	1		1
法国	5		7	5			
德国	15	2	9	12		5	
意大利	1	1	2	1		3	
土耳其	6	1	2	6			
波斯	8			3			

续表

	政治	经济	军事	外交	教育	社会	报界
韩国	4	3	1	1		1	
希腊	2		1	2		1	
智利			1			6	
总计	118	60	92	74	9	43	2

说明:农业、铁路建设以及召开博览会、商业贸易等内容归属到"经济"类别中。

单位:条

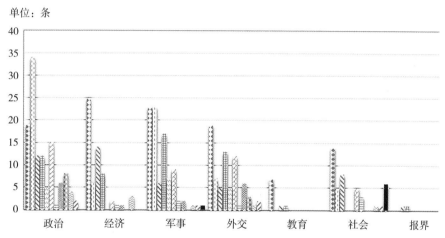

图 3-8 1906 年 8 月《北洋官报》外国新闻关注内容概览

从内容上来看,该时期《北洋官报》关注各个国家的政治新闻最多,其后依次是军事、外交和经济方面的新闻。这反映出当时在与外国尤其是资本主义列强的被动外交中,中国的发展动态、中国对各国的态度等对列强的外交战略来说无足轻重,但各国的政治军事动态、外交策略的变化对风中残烛的中国来说却是举足轻重。所以《北洋官报》会格外关注列强的政治、军事和外交方面的最新动态。自从中国的大门被轰开,中国的经济建设从此和世界联系在一起,自给自足的时代渐行渐远。清政府实行新政以后,派员出国考察经济政策,鼓励国内商品制造商参加世界博览会,派留学生出国学习等,急切地希望通过学习外国经济建设经验,改革本国旧制度、旧政策、旧方式,能够重振雄风、国富民安。于是,对于外国经济的报道也成为《北洋官报》必然的报道重点。对于各国的社会新闻官报也有关注。例如,智利发生大地震,《北洋官报》在当年 8 月 21 日"译电"中报道第 1 条《智利国伯尔巴剌臣府忽然发生地震》的新闻,此后至月末,10 天中持续关注,共刊发 6 条新闻,报道智利地震惨状、伤亡及损失情况、救援情况等。

通过对 1906 年 8 月一个月的外国新闻统计与分析,可以看到,《北洋官报》对日本报道得最多,且对日本的报道涉及各个方面,这也与晚清时代背景和清政府的外交政策吻合。尽管当时中国不断受到日本的欺侮与掠夺,但中国政府官员和民间知识分子都在主动学习日本军事、经济、文化、教育等方面的先进之处。日本的方方面面对中国的影响都很大,因此《北洋官报》对日本的报道也涉及各个领域,关注面明显比别的国家要宽泛得多。

总的来说,《北洋官报》报道的国外新闻反映了中国与各国之间、各个国家之间的双边或多边关系,反映出资本主义列强在中国、在亚洲的战略布局。

中国古老的官报邸报是不刊登外国新闻的。然而,中国的私家之报早有国际视野。国人自办报纸之初,就刊登外国新闻。如我国第一批自办报纸中历史最为悠久、影响最大的《循环日报》,1874 年 2 月 4 日创刊,第二版新闻版就设有"中外新闻"栏,刊登广东以外的国内新闻和国外新闻。维新运动时期,国人掀起第一次办报高潮,在"变法维新""开眼看世界"为宗旨指导下,大部分报刊都刊载国外新闻。如当时影响最大的《时务报》,设有"域外报译"栏目,第二期起,又将该栏目分为"西文报译""东文报译""法文报译"等,约占每期二分之一篇幅。还有当时商业化程度比较高的私营报纸，《大公报》《申报》《时报》等刊载外国新闻是常态。我国报纸最早刊出的新闻电讯就是《申报》在 1874 年 1 月 30 日登载的有关英国内阁改组的消息。这条电讯是申报馆根据当时外国洋行的往来电报存底采写的。20 世纪初年，国际大势深深影响着中国国内局势的发展。私营报纸更是积极向外派驻通讯员，或者加强通讯电传技术设备的建设，大量刊登外国新闻和通讯，展现了报纸的国际视野。《北洋官报》比照新式报纸创办，作为一份官方报纸主动摒弃封闭自锁、盲目排外的办报思想，关注世界动态，报道外国新闻。同时，要与私家之报抢夺受众，抢占舆论阵地，重树官报形象与威望，《北洋官报》也不得不向私家之报学习其先进办报理念，开设外国新闻专栏。这也说明了晚清官方主动竞争舆论空间的努力。

五、图画的刊载

《北洋官报》设有专门的"绘画处"，官报的机器设备先进，有铅印、石印及铜板写真、电镀、铅版、纸版等各种机器，并从日本特聘精良技师，从上海、广东挑选优秀的石匠来印刷报纸。《北洋官报》是中国现代最早使用铜版印刷术的报纸。当时《大公报》等报纸也经常到北洋官报局刊刻铜版图片。

（一）新闻摄影彰显新的报刊理念

从现有资料来看，《北洋官报》上的图画包括几种：图配文，摄影照片，文中装饰图，广告插图和卷尾插图等。图配文是指《北洋官报》经常在新闻之后做科普宣传，介绍新机器、介绍动植物等，采用图加文字说明的形式，单占一页（参见图 3-4、图 3-5）。

罐 草 圖

亞細亞南部的地方．有一種罐草怎麽叫做罐草呢　因為這草的葉子很長正中間有硬脊一條　通到葉尖那葉尖上生著一物還生著一蓋形像如罐罐口行開合　中間這蓋就自行放開　日間這蓋緊緊合著　夜間這蓋就蒸出許多清水滿注罐內同那盛水的罐子一般所以植物學家就叫做罐草這是罐草名稱的來由

图3-4 《北洋官报》第1238期(1907年1月2日)《罐草图》

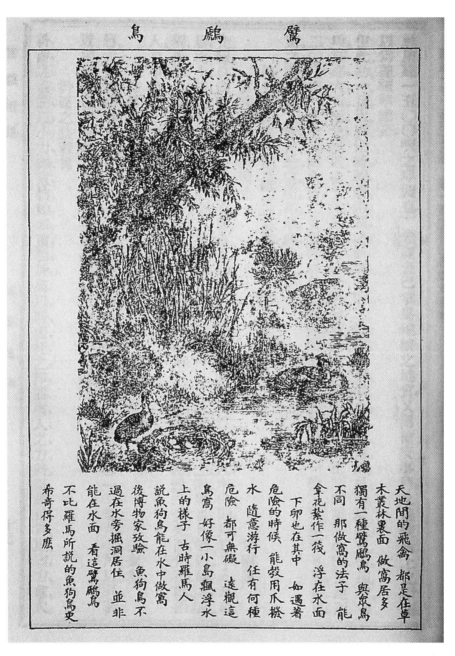

图 3-5 《北洋官报》第 1243 期（1907 年 1 月 7 日）《鹒鹒鸟》

　　《北洋官报》从创刊号起,采用铜版插图技术,每期刊载摄影照片一幅,这在当时是非常先进的做法。创刊号刊载的是《大清门殿》,第2期是《天坛皇穹宇》、第3期是《祈年殿》、第4期是《国子监》、第5期是《大成殿》、第6期是《玉辉云宇图》、第7期是《京师内城第一图》、第8期是《京师内城第二图》、第15期是《乾清门》、第16期是《天安门》、第17期是《太和门》、第20期是《景山》、第21期是《皇城北图》。有的还随图附了文字说明,比如第3期随图附文字介绍了祈年殿的功用,以及皇帝赴祈年殿祈祷的仪式流程。创刊初期《北洋官报》刊登的摄影图画多为皇城、京师风景。后来刊登的摄影题材越来越丰富,依旧有风景图,不再限于京师皇城,全国各地的风景图都有刊登,如天津河北公园后河沿、芜湖扬子江、汉口江岸、武昌城、苏州豫园、上海外大桥等;也有新闻时事图,如《河南学务处派赴东洋游学监督学生合影》(第1275期)、《静海捕署育英学堂》(第1262期)、《昌黎县叶任马巡合影》(第1285期)、《南皮县工艺传习所》(第1508期)、《束鹿县地方自治研究所官师职员、学员合影》(第2210期)、《苏州线纱厂》(第2214期)、《肥乡县艺徒工业场之外景》(第2789期)等。

　　摄影技术于19世纪40年代从欧洲传入中国。直到19世纪70年代,中国报刊才开始采用铜版镂刻照片,"在上海,光绪二年(1876年)春季创刊的《格致汇编》,是最早采用铜版雕刻照片作插图的一个季刊。它先后刊出李鸿章、徐寿、傅兰雅等人的相片,及各国格致新器械、新工艺等图片"①。《格致汇编》是上海格致书院创办的一份科学普及刊物。上海格致书院是英国驻上海领事馆与曾为英国"圣公会"传教士的傅兰雅、清末科学家徐寿创办的专门研习"格致"之学的教育机构。19世纪80年

---

① 吴群:《中国摄影发展历程》,新华出版社1986年版,第49页。

代,石印流行后,中国的画报开始刊载画师们根据照片绘制成的单线条的图画,较早采用石印照片的报纸是 1884 年在广州出版的中国人自办报刊《述报》。大约在 1900 年前后,照相铜版制版技术终于传入中国。铜版照片影像逼真,大大革新了报刊的图片报道,新闻照片作为新闻报道的一种手段登上历史舞台。在中国出版的报刊中较早采用铜版照片技术的多为外国人创办的报纸,如外国传教士办的时事刊物《万国公报》、美国商人办的商业性报纸《申报》等。与此同时,留日学生、保皇派等在日本创办的大量中文报刊都有刊登摄影图片,如留日学生创办的《湖北学生界》《浙江潮》《江苏》等,梁启超在横滨创办的《新民丛报》等。

《北洋官报》存世的年代,中国报刊界的摄影图片尚且处于萌芽阶段。同时期许多报纸都不能制作铜版。职业化的摄影记者远未出现,照片稿源奇缺。《北洋官报》上的摄影照片题材以风光、建筑和静态性场景居多,现场纪实性照片较少,新闻性不足。但是,《北洋官报》大量刊载摄影照片,丰富报刊内容,在新闻摄影方面,其不仅是官报中的先进代表,而且在当时国人自办报刊中也是走在前列的。

(二)广告图片突出营销兼顾审美

《北洋官报》发展进入稳定期后,每期报纸广告至少 6 版,多至 8 版,广告多,内容丰富。因此,官报在广告设计上也费了思量。擅用分栏,讲究排版,点缀插图。广告插图通常不是摄影图片,而是由画师刻画了再印刷。

这些广告插图保持着中国传统绘画的面貌与审美情趣,兼具抽象与写实的特征,作为文字信息的具体形象的补充说明,其画面的叙事说明能力较强,具备暗示产品功效、吸引消费者购买的作用。在《北洋官报》存世的 10 年当中,其广告插图的构思、设计随着中国广告插图艺术的发展而发展,艺术品位不断提高。

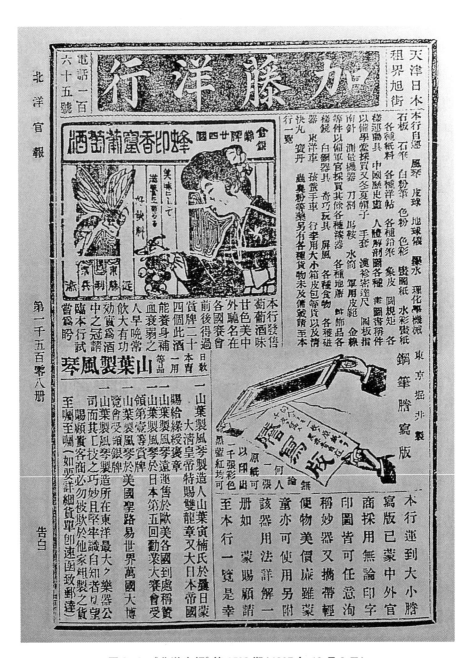

图3-6 《北洋官报》第1508期（1907年10月9日）

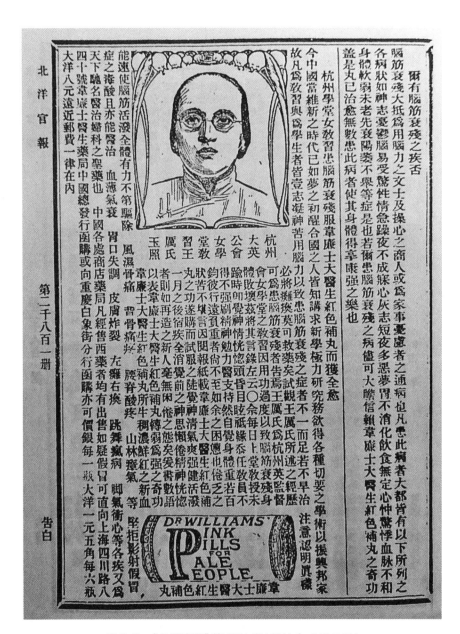

图 3-7 《北洋官报》第 2801 期（1911 年 6 月 5 日）

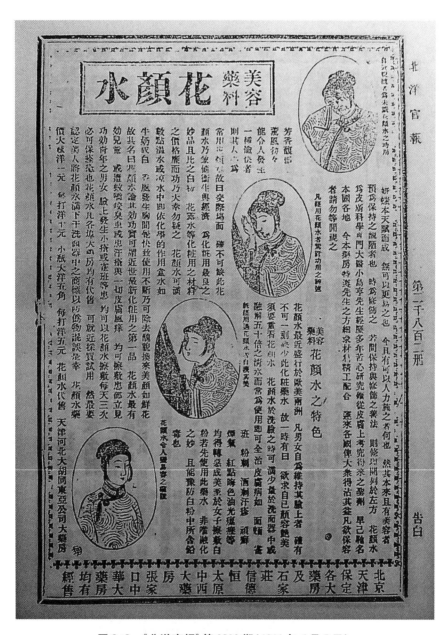

图 3-8 《北洋官报》第 2802 期（1911 年 6 月 5 日）

（三）装饰图片增强视觉冲击力

《北洋官报》时常会用插图来补白。正刊或副刊的文字内容刊载完毕后,其较大的空白处会插上一幅小画,有时卷尾也会以一幅插画来占用整个版面。补白的插画通常构图简单,但不失精美,既起到了美化版面的作用,增强了读者的阅读兴趣,又能展示官报聘用的画师、技工的精湛技术,为官报所属的北洋官报局吸引外部印刷业务做了宣传和展示。

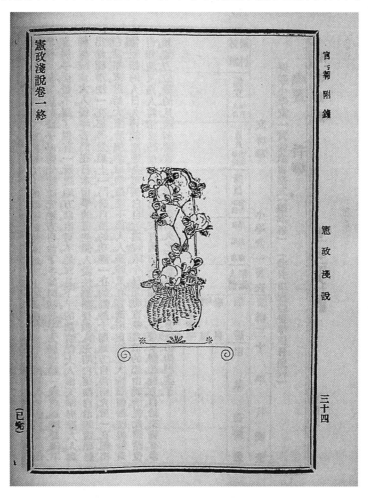

图 3-9 《北洋官报》第 1273 期（1907 年 2 月 6 日）第 34 版（末版）

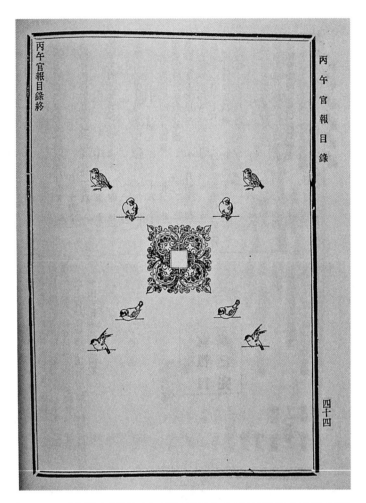

图 3-10 《北洋官报》第 1274 期(1907 年 2 月 7 日)第 44 版(末版)

六、论说的编发

(一)清政府试图借官报评论挽回流失的话语权

现代报刊理论认为,报纸的四大要素是新闻、评论、副刊和广告。其中，评论反映了报纸的立场和观点以及报纸对新闻事件的价值判断，评论决定了新闻报道的重点、角度和态度，从而决定着报纸在舆论场中的影响力。在四大要素中，评论是报纸"活的灵魂"，是报纸的旗帜和主帅。

中国古代报纸从未出现过报刊评论。严密而封闭的封建专制体制使报刊评论缺少赖以生存的土壤。19世纪上半叶，中国近代报刊的序幕被外国传教士拉开，报刊评论也随之被引入中国。鸦片战争后，侵略者们突破清政府的种种限制，在中国修路、开矿、经商的同时，越来越多的传教士和商人在中国办报。这些报刊突破了封建专制对新闻出版的禁锢以及"言不论政"的樊篱，对殖民当局市政建设、贸易政策等发表意见，对中国政府的腐败问题、外交策略、政治改革等问题品头论足。外报的评论开创了中国报刊评论的先河。报刊评论逐渐被中国知识分子接受。中国的知识分子本来就有"清议"的传统。"这一传统不因王朝的更迭而改变，无数人因此不惜殉身。明辨是非，敢言直谏，体现了中国古代读书人身上的风骨"①。早期的知识分子逐渐熟悉并接受了报刊评论的形式和内容，并在国人自办报纸上展开实践。1874年2月在香港创刊的《循环日报》，几乎每期刊登论说文一篇，有时两篇甚至三篇，系统地宣传了报刊的宗旨和方针，即"强中以攘外，诹远以师长"。报刊通过这些言论，不仅严厉批判了封建顽固派，而且还从多方面揭发了洋务运动所暴露出来的混乱与弊端。"它在创办10年间所达到的思想水平和为推动社会改革所作的努力，一时无与伦比，它成为我国第一个以政论著称的杰出报纸。"②主编王韬对我国报刊政论文体的改革做出了重大的贡献。

19世纪90年代，国人掀起第一次办报高潮，维新派创办的报刊成为主流，它首次打破了外报在中国舆论界的垄断地位，使中国报刊成为社会

---

① 傅国涌：《"文人论政"：一个已中断的传统》，《社会科学论坛》2003年第5期。

② 方汉奇：《中国新闻事业通史（第一卷）》，中国人民大学出版社1992年版，第477页。

舆论的中心。维新派报刊非常重视政论的战斗作用,康有为、梁启超、谭嗣同、严复、章太炎等维新派的领袖和骨干人物,都曾以一系列思想深邃、犀利劲峭的政论文章冲破封建统治阶级的言禁,掀起中国现代史上第一次思想解放运动。历史上称这一时期维新派报刊政论为"时务文体"。"时务文体"的代表人物当属梁启超。梁启超以流利畅达的文笔、汪洋恣肆的文风、史论丰富的内容而名噪一时。

20世纪初年,政论已是报刊上一种必不可少的内容。革命派和维新派利用报刊政论展开针锋相对的斗争。1906年,清廷宣布"预备立宪"之前,两派报纸主要围绕:"革命还是保皇""实行民主共和还是君主立宪"以及"要不要改变封建土地所有制,实行平均地权"等问题进行了大规模、长时间的激烈论战。双方参战的人员之多、撰写评论之多、涉及问题之多,为中国近代史上所少见。尤其是以革命派报纸《民报》和保皇派报纸《新民丛报》之间的论战最为激烈。

随着革命派和保皇派报刊在海外的不断发展,尤其是革命派报刊在日本等东南亚各国、南北美洲和大洋洲的一些华侨聚居的城市,如雨后春笋般蓬勃兴起,打破了之前保皇派报刊在华侨报坛一统天下的局面。两派报纸之间的论战进一步扩大,激战更酣,形成互相对垒的局面。双方不仅在一些重大政治问题上展开辩论,在一些具体问题上也势同水火,互不相让。最终,时代的车轮滚滚向前,革命派思想成为主流,席卷中国大地,论战以革命派获胜而告终。

两派的激辩,不管在国内还是在国外,其舆论影响力非常大。"民主""爱国""革命""自由"等概念开始在中国流行,民族意识逐渐在中国人心中确立。持久的论战实际上为中国人指出了国家民族的政治走向。历经西方民权思想的洗礼,国人尤其是知识分子,开始对中国的政治体制进行探索。在争取政治权利的斗争中,知识分子们也通过政论和时评，阐发西方资产阶级思想，抨击政府，指斥时局，争取新闻自由权利。

面对轰轰烈烈的革命舆论、立宪大潮，清政府的声音不断被削弱。民间舆论场的"声音共振"逐渐占据优势地位，吸引了更多的关注度和支持率。统治地位合法性受到质疑的清政府面临着话语权的流失。在西方对华外报、在野的民间私营报纸的共同冲击下，清政府原有的官报系统邸报，甚至连应新政宣传需求创办的新式官报都面临着越来越多来自指手画脚的西方报人、先天下之忧而忧的中国知识分子、争取政治权利的新兴资产阶级等的批判。要想强化代表晚清政府的报刊影响力，新式官报刊载评论，既是一种被动的接受与模仿，也是一种主动的应对与学习。

（二）评论随清政府对新政的态度时有时无

《北洋官报》创刊初期，从第 1 期至第 14 期连续设"论说"专栏，每日刊载论说一篇；第 15 期至第 66 期，断断续续设有"论说"专栏；第 66 期以后，"论说"专栏取消，"专件"专栏后改为"要件"专栏，间或刊载论说。不过，"要件"专栏刊载的论说性质的文章越来越少。清廷宣布预备立宪以后，《北洋官报》有一些调整，再次增加论说类栏目，设"本局论撰""时论采新"等。对于开设论说类栏目一事，官报局向督宪袁世凯请示，并送呈样本。袁世凯做了批示，同意开设论说栏目，并把请求批示前后原由多次重复详载于《北洋官报》上。文中认为"官报可增添论说以开通民智宣扬治化为预备立宪之基础"。报纸是"开智之利器，贵乎日异而月新"，官报因其身份地位，尤与政界大有关系，在新政中，更应该率先垂范，"不可拘守旧章致蹈陈陈相因"，继而失去了现有的价值。既然上谕中明确说"大权统自朝廷，庶政公诸舆论"，那么，报纸有责任在这个实行宪政的关键时刻担起引导舆论的重任。于是,《北洋官报》增设论说,"分为本局论撰及舆论采新,二类间日轮出。本局论撰以政治、教育、实业三项为界限,发明新理,开通民智,务求明显确实,不炫词华,并不得稍有碍字句致滋物议。至舆论采新一门则选录各种旬报日报精确之论……均加圈点以醒眉目。惟排印次序当以论说列于奏议公牍之后,以别于商办各报之体裁"①。然而这新气象仅从第 1201 期坚持到第 1287 期,共 87 期。短暂的87 天之后,论说又从官报上消失了。

之后,论说这种体裁在官报上长期缺失。这说明,《北洋官报》始终站在维护清政府封建体制的立场上。当清政府实行新政态度坚决时,《北洋官报》也在不折不扣地执行上传下达的任务,充当宣传喉舌与吹鼓手,积极引导舆论,营造新政氛围;当清政府对于立宪犹豫不决甚至停滞不前时,《北洋官报》的宣传也偃旗息鼓,其对新政的报道也没了生气。官报的性质决定了《北洋官报》不可能独立于清政府的政治框架之外,独立思考,履行舆论监督的职能。所以,《北洋官报》的评论随着清政府对新政的态度时有时无。

(三)《北洋官报》评论主题分析

本书对《北洋官报》前后两个时期的评论做了数据统计:第 1 期至第200 期,这是《北洋官报》创刊初期的评论;第 200 期以后,《北洋官报》上评论性质的文字几乎不再刊载。前 200 期的评论中,包括"论说"栏目中的评论和"专件"栏目中的评论性质的文章;后一个时期,指的是第 1201期到第 1287 期,其中第 1214 期和第 1224 期丢失。

---

① 《本局禀官报改良增添论说送呈样本请批示祇遵由并批》,《北洋官报》第 1201 期(1906 年 11 月 26 日)。

表 3-9 《北洋官报》前 200 期评论统计 单位:条

类别	政治	教育	官制改革	经济	军事	国际	风俗	金融	法律	自然	外交	新闻	警政	其他	总计
数量	7	11	2	8	4	7	4	6	3	1	2	5	1	3	64

表 3-10 《北洋官报》第 1201 期至第 1287 期评论统计 单位:条

类别	地方自治	外交	金融商贸	社会思潮	国际形势	教育	实业	地方建设	风俗	农业	新闻	其他	总计
数量	6	1	3	13	1	13	3	2	2	1	1	1	47

从统计数据来看,前 200 期《北洋官报》的评论焦点分别是教育、经济、政治和国际形势、金融等。另外,新闻、军事、社会风俗等方面也都有较多关注。《北洋官报》创刊初期,正值清末新政实施伊始,无论是中央政府还是直隶省政府,投入了大量的精力和财力,千头万绪的政策有待实施,大有"百废待兴"之势。当时重点开展的内容包括编练"新军"、兴工振商、改革教育、改革官制、制定法律等。《北洋官报》评论的焦点自然集中在新政的主要内容上。另外,国内外政治走向、国际局势与环境深刻影响着新政的实施乃至清政府的命运,官报关注政治与国际形势也是必然。《北洋官报》是一份新式官报,它对新式新闻业的关注也较多。它通过发刊辞、发行百册贺词等形式,以及转载国内外学者对新闻业、新闻媒体的理解,阐释自己对于新闻媒体功能作用的态度,展望未来报纸的发展方向以及与政府的关系。

从《北洋官报》第 1201 期至第 1287 期评论数量统计中,可以看到,地方自治和教育是报纸评论的重要主题。时值 1906 年,清政府宣布预备立宪。在清政府的预备立宪进程设计中,推进地方自治与提高国民教育水平和宪政素养是重中之重,贯穿于预备立宪工作始终。这些内容也是新闻报道的重点。评论是新闻的指挥棒,是报纸的旗帜,在当时,《北洋官报》评论中给予地方自治和教育两大主题重点关注,也反映出官报对政府预备立宪的支持,自觉为预备立宪的推行摇旗呐喊。

统计类别中"社会思潮"一项是指晚清的多种社会倾向。在发展变化空前剧烈的晚清社会中,"缺乏伟大深邃的理论著作,却不乏云涌风发的社会思潮"①。学者耿云志认为,晚清社会思潮涌动,有三大因素最为主要:"一是紧迫的民族危机,一是社会变迁,一是中西文化之间的冲突与交融。"②鸦片战争以后,民族危机日趋严重,少部分思想家和洋务官员最早感受到了西方一日千里的进步和天朝迅速没落的恐惧,而最先具有了民族危机意识,社会思潮暗流涌动。庚子事变以及《辛丑条约》的签订,终于击碎了朝野上下尽善尽美的帝国梦,思想界、知识界国亡无日的恐惧感愈发强烈,"心态近乎惊慌,步伐不免凌乱"③。而几千年来,中国赖以维持的农本经济基础几近崩溃,社会阶层发生分化,资本主义生产方式和资产阶级开始出现,资产阶级知识分子、新式报纸与社会团体逐渐活跃起来。新的利益诉求必定催生新的观念、新的思想。社会思潮越来越丰富,越来越活跃。而西学东渐使中国传统文化遭到强有力的冲击,同时也为晚清的思想提供了丰富的养料。西方社会历经几百年漫长时间逐步形成的各种思想、观点、理论与学说,像潮水一般灌入中国思想界。"一方面中国的一些传统的政策、制度、思想观念、学说等等逐渐受到有识之士的怀疑、批评。另一方面,为了应付危机,中国传统中的一些思想、主张、学说等,比如传统的重商思想、民本思想、仁政思想、经世思想、大同思想、《大学》中的格物致知说、墨子的兼

---

① 郭汉民:《晚清社会思潮研究》,中国社会科学出版社 2003 年版,第 8 页。
② 郭汉民:《晚清社会思潮研究》,中国社会科学出版社 2003 年版,第 2 页。
③ 郭汉民:《晚清社会思潮研究》,中国社会科学出版社 2003 年版,第 3 页。

爱学说等等，都被重新发现或给予重新解释，成为接受、理解西学的桥梁。"①各种社会思潮此起彼伏，此消彼长，推动社会变革陆续发生。洋务运动、维新运动、新政运动、立宪运动、革命运动等又反过来不断推动新思潮的发展。

《北洋官报》的评论就较多反映了这一时期的社会思潮，通过"本局论撰""时论采新"来阐发各种思想。《论地方自治之制创始于周公实行于管子》《论墨家之学切用于今日之时势》《王船山学说多与斯密暗合说》《论道家之学儒家法家同源而异派》《论法家之学说最合于立宪政体》《论孔子无改制之事》等。

大清王朝最后的十年间，君主立宪和反清革命两大思潮同时并起，君主立宪论以梁启超、杨度、张謇、汤寿潜等人为代表，宣扬立宪救国、组建责任内阁、实行地方自治、司法独立、政党政治、国会政治以及君主不负责任等宪政理论，接连不断地发起国会请愿运动，希望以和平的方式建立君主立宪制度。反清革命派以邹容、陈天华、章太炎、孙中山等人为代表，宣传排满、光复与民主共和，发动前赴后继的武装起义，希冀通过暴力革命推翻清王朝的封建专制，建立民主共和制度。对于革命派的革命思潮，清王朝自是竭力对抗与压制，然而即使是君主立宪思潮，也并不契合清政府的预备立宪思想。两种思潮如火如荼，共同冲击着清王朝的统治基础。为了顺利推进预备立宪，官方也试图寻找符合其利益诉求的思想或观点，加以宣传或推广，为其政治改革找到思想支撑和依傍，借以维护中央权威，强化中央意志。上述《北洋官报》刊载的评论，从中国传统思想中挖掘精华，用以解释西方传入的现代思想，找到预备立宪、地方自治的依据，以此维护清王朝的皇权政治与统治秩序。

---

① 郭汉民：《晚清社会思潮研究》，中国社会科学出版社2003年版，第3页。

西学东渐下,中国有很多知识分子还是倾向于通过改良传统文化以及儒学,作为塑造中华民族近代品格与风貌的基石。在与西方文化沟通与融合的过程中,中国的学者们尝试用西学比附传统学术,认为我国古代思想家具有远见卓识,他们的学术思想完全可以与近代先进的西方思想理论相接轨,试图证明西方圣哲的思想观点在我国传统文化里早就有本可循。《论地方自治之制创始于周公实行于管子》《王船山学说多与斯密暗合说》《论法家之学说最合于立宪政体》等文就是学者们尝试运用西学的研究体系,重新诠释中国古代思想家的思想。这种尝试虽然存在着明显的缺陷和漏洞,暴露出中国知识分子对西方文化缺乏理性、全面、深入的认识,但是却找到了传统文化和西方文化对接的桥梁。《北洋官报》刊载这类反映社会思潮的评论,"这也从侧面反映出了在清末社会思潮纷纭迭变的过程中,面对新思潮和新文化的冲击,部分官吏和士大夫被迫作出的适应社会变革的改变,即被迫对代表上层建筑的思想文化体系作出有选择性的改造以适应近代社会的发展"①。

(四)以"浅说"的形式普及立宪常识

在预备立宪期间,《北洋官报》除了开辟特定栏目刊载评论以外,还在每期新闻版面之后设"附录",附录中定期连载《宪政浅说》《教育浅说》《科学杂志》等。《宪政浅说》《教育浅说》等都是论说性质的文章。所谓"浅说"就是浅显的论说,通常用白话来表达,目的是能够使论说内容普及大众化。这些评论性质的文章没有计入前述数据统计。原因是断断续续,虽为连载,但各个篇目、栏目隔期刊载;体裁不一,各类内容汇集没有分类。不过,附录中连载的评论性质的文章,尤其以《宪政浅说》发

① 刘觅知:《近代社会思潮演进格局下的船山学研究》,湖南大学博士论文,2015年,第106页。

表最集中、数量最多,有的期也叫作《新政浅说》。第 1223 期《北洋官报》第一次在附录中设立《宪政浅说》时,在当期选录的文章前加了一段类似编者按的话:

> 立宪利益更仆难终。盖此种政体既为全球各国所公定,且经无数政治专家研究讨论,然后实行,西欧东瀛均著成效,所谓有百利而无一害也。朝廷宣布诏旨预备立宪,欢声雷动畅垓溯埏。然吾国民智尚多幼稚,统计四百兆中,确知立宪政体之意者尤居少数。故自京师以迄,行省明达官绅设会研究者联袂接踵。记者窃负分子之责任,期効壤流之裨益,爰采集各报中过关宪政及地方自治者,汇录成编。尽管所及亦附载焉。记者谨识。①

《北洋官报》试图利用评论引导立宪舆论,借评论普及立宪常识,提高国民政治素养,为大清立宪打下民众基础。客观上看,其评论少,且没有对政府政策的制定与施行的评论,没有对社会生活的深刻介入。这一点一直被同时期私家之报鄙薄,也被后来的研究者诟病。但,对于一个习惯于上千年以压制民间言论、剥夺人民话语权为统治政策的封建专制社会来说,接受新式官报、接受报刊评论实属不易,已是历史的进步。处在一个波云诡谲的历史时期,清王朝统治地位岌岌可危,《北洋官报》通过评论有限度地表达了报刊反映民意、监督政府的作用和理想,更多的评论则是维护封建统治,充当统治者喉舌,充当新政推行的吹鼓手。

七、本章小结

本章是全书研究的重点,通过定量分析和定性分析,《北洋官报》的

---

① 《北洋官报》第 1223 期(1906 年 12 月 18 日)。

内在面貌终于展露出来。无疑,报纸刊登了哪些新闻、表达了什么样的观点立场,决定了后人对它的历史评价。

第一,《北洋官报》的宣传报道符合其官报定位和办报宗旨。无论是"仪式化"刊载"宫门抄"和"上谕",还是大量宣传报道新政与"预备立宪",刊载法规、章程、各地调查报告等官方文牍,都反映出《北洋官报》是直隶省官方喉舌的身份。它尽心尽力为封建政府的各项工作宣传报道,鸣锣开道。这正说明它是一份"官报",有别于"私家之报",不以营利为目的。同时,《北洋官报》大量刊载新知识,介绍新书籍,开办知识性附刊,紧紧围绕其"开风气""开民智""传播新学"的办报宗旨组织内容。

第二,丰富的内容反映出《北洋官报》开阔的视野与广大的格局。《北洋官报》每期内容非常丰富,皇城内外,省内省外,国内国外,新闻、评论、各类知识以及广告等,分门别类按序刊载。一份直隶省的官报,所载内容并不局限于省内,而是着眼于全国,甚至说其胸怀天下也不为过。这说明官报不仅对晚清时局了解透彻,掌握全面,更是对报纸干预社会、实现其职责抱有良好的愿望。

第三,《北洋官报》并没有承担压制革命报刊言论的任务。《北洋官报》曾在创办伊始序言当中指出,私家之报"独其闲不无诡激失中之论,及及或陷惑愚民使之莫知所守"。于是,颇有承担起对抗私家之报"诡激失中之论"的使命感。但是从本章对《北洋官报》的言论分析来看,一是官报言论的地位和数量远不及新闻;二是官报上并未见到与革命报刊或其他私家之报直接辩驳的言论;三是官报中也不时可见一些批判自由、平等等所谓"匡正人心"的文章,如《民权平议》等,而这些观点也不过是反映了当时各种社会思潮。所以有学者评价官报的"政治立场是反动的",是"清政府控制舆论的一种极端手段",这些观点至少对于《北洋官报》来说有失偏颇。

第四,《北洋官报》与立宪思潮的发展是相辅相成的。《北洋官报》与其他官报及立宪派报刊一起对立宪思潮的不懈鼓吹,加之清政府对立宪的实质性推动,共同推动清末立宪思潮的高涨。同时,立宪思潮也为《北洋官报》的发展注入新的活力。1906年,清政府宣布"预备立宪"之后,《北洋官报》欢欣鼓舞,悦然改版,扩大篇幅,增设评论,加大立宪新闻报道力度,又一次展现出蓬勃的发展动力。事实上,预备立宪时期是晚清报刊发展最快的时期。立宪思潮为报刊发展提供了有利的环境。

第五,从内容编排来看,《北洋官报》已具备了现代媒介的部分传播功能。即环境监视功能——在特定社会内部和外部收集传达信息;解释与规定功能——传达信息并对信息进行解释,引导和协调社会成员的行为;社会化功能——传播知识、传导价值以及行为规范等。

第四章 《北洋官报》的历史作用及其地位

在中国近代报业发展史上，新式官报占据着一席之地，与其他类型的报刊一起，成为我国第一次报刊业发展高潮的一部分。由于官方对新式报纸的承认和支持，报人以及报纸的社会地位大大提高，中国最后的古代报纸——邸报，因新式官报的蓬勃兴起与发展而最终消失。《北洋官报》作为这批新式官报中创办最早、持续时间最长、影响力最大的报纸，它所起到的作用值得研究。在它存世的十多年当中，除了每年春节例行十天假期休刊外，从不脱期，它既是历史的见证者又是积极的参与者。它见证了清末新政的实施历程，见证了晚清最后十年的政府公务活动，甚至毫无违和感地从清代封建王朝自然而然地进入到了民主共和的中华民国。它重要的史料价值不可被历史研究者忽略。总之，《北洋官报》不仅见证和记录历史，而且还积极参与到创建历史的大潮中。它的存在和坚持自有其历史使命。

一、《北洋官报》与舆论引导

《北洋官报》对历史的参与，更多地表现在它为清末新政摇旗呐喊，推动清末新政向前发展。在新政实施的不同阶段,《北洋官报》都努力用官方政治话语来引导舆论,试图为新政的推行营造良好的舆论环境。

(一)国际国内要求清政府实施新政的舆论呼声高涨

庚子事变之后,改革已然成为一种社会潮流。清末新政千呼万唤最终启动,是多种因素合力推动产生的结果,包括民族危机、阶级矛盾、社会矛盾、国际压力、维护封建统治的需要以及社会舆论。

国内要求改革的舆论呼声因国难之机再次高涨。上至朝廷官员,中及仁人志士,下至贫苦民众,人心思变。官员们认为,"各国与中国交涉,多不按各国通例","如能变法,则可渐望外人以通例待我矣!"要想摆脱西方列强欺侮,和西方列强平等交往,变法维新是根本之策。有识之士也大声疾呼,"欲救中国残局,惟有变西法一策"。普通民众"有拟东南士民与政府书,意行新政"。面对上上下下的舆论呼声,统治阶级也终于认识到,"维新之说,实吾四百兆人所共有之公心,亦即吾四百兆人所难缓之公事也"。可见"有甲午之役而后中国新政始有萌芽,有庚子之变而后中国新政乃再翻复"[①]。

国际上给予清政府的压力也很大。西方列强在集体入侵中国之后,为了保持并扩大它们在华的既得利益,不能眼看着清政府抱残守缺最终被革命所推翻,不如督促清政府实行改革以消弥革命,这样才能保持甚至扩大它们在华的既得利益。因此,《辛丑条约》签订之前和之后,列强多次向清政府提出改革的建议,并给清政府施加压力。

面对各方压力,清政府被迫实施新政,开展政治、经济、军事、教育等各方面改革。然而清政府深知舆论施压各方对于实行新政各有各自目

---

① 吴康林:《社会舆论与清末新政——论地方督抚的舆论引导力》,《合肥工业大学学报(社会科学版)》2016 年第 1 期。

的,并且对于改革各方各派也都有自己的思想和预期目标。清政府为保证新政的实施限定在统治者的意志中,牢牢地框在封建专政者们划定的框架中,就必须统一舆论,维护封建政府的权威。

《北洋官报》没有承担正面迎击各方舆论的任务,它与当时风头正热的革命派思想、立宪派思想都没有过正面交锋,比如开展论战或者发动批评、批判等。官报中不时可见的"匡正人心、扶正祛邪"的提法,如在发刊词中、在为数不多的评论中,对于民权、自由、时局等的表态,更多地是针对民营报刊、民间舆论以及社会思潮等。《北洋官报》对于舆论的引导更多地体现在其在清末新政中的作用。

(二)大量刊载新政内容,对舆论进行议程设置

有学者称,官报主要刊载谕旨、章奏、公文,并由此认为"新式官报实际上还只是朝廷'喉舌',是各级政府传达政策法令的机构,与邸报'宣达皇明,传达政令'的功能差别不大"①。然而事实并非如此,我们对《北洋官报》的内容做了数据统计,可以一览其内容安排。需要说明的是,广告与附刊《北洋学报》(后来改名《北洋政法学报》)这两方面内容不算在内。统计采取抽样法,以天津古籍出版社出版的全套《北洋官报》影印版为抽样基础。89 册中,本书要研究的官报从创刊到清朝灭亡一共 3053期,编为前 80 册;后 9 册为民国时期的官报,不在本书研究范围之内。80册《北洋官报》,每册有的包含一个整月的官报,有的包含两个整月的官报,有的包含三个整月的官报。抽样的方法为:选取每册影印本的第一期和最后一期做数据统计。如果遇到抽样的那一期残缺,就选取相邻的一期做样本。一共选取了 160 期《北洋官报》,将林林总总各个栏目归为八

① 吴廷俊:《中国新闻史新修》,复旦大学出版社 2008 年版,第 9 页。

类,统计每期各类内容的条数所占整体篇幅的百分比,最后再计算出平均数如表4-1。

表4-1 《北洋官报》各类内容所占比例　　　　　　　单位:%

内容	上谕 官门抄 辕门抄	奏折	公牍 文告	译电 外国新闻	新政	新闻	要件 附录	评论
占比	12.10	12.24	20.27	16.45	29.01	5.99	2.49	1.14

"译电"全部是外国新闻,因为是选自通讯社电报,所以《北洋官报》专门开设栏目叫"译电";"新闻"是指官报上刊载的社会新闻、官吏任免等非有关新政的各类新闻;"要件"栏目,官报前期安排在靠前位置,刊载评论、人物传记、列国小志等内容,后期安排在报纸正刊最后、广告之前,主要刊载各类章程、调查报告等内容;"附录"主要刊载新知识、新发明、新思想,或者各类学校开设课程介绍以及招考名单等内容。

从统计表中可以看到,上谕、宫门抄、辕门抄平均占比为12.10%,《北洋官报》发展前期和中期正值清末新政如火如荼地实施当中,这个占比要远远低于平均数,相反,有关新政的新闻内容占比要远远高于平均数29.01%。《北洋官报》发展后期,清王朝大势已去,风中残烛即将熄灭,新政推行尤其是宪政实施被舆论认为极具欺骗性。反对之声甚至抗议行动愈演愈烈,资产阶级革命之火迅速蔓延,清政府对"新政救国"不再抱有希望,而《北洋官报》也越来越少刊载有关新政的内容,这时候反映朝廷动向、官府日常的宫门抄、辕门抄占比就高一些。

从表4-1可以看得出,《北洋官报》刊载"新政"类内容的比例较高。在清政府实施新政之初以及推行预备立宪之始,上下改革信心较足的时期,《北洋官报》上刊载的有关新政的内容比例更高,甚至接近50%。除专门开辟的"新政纪闻"栏目刊载新政新闻之外,"畿辅近事""省内新闻""省外新闻"中大部分新闻都是关于宪政、实业、教育、警政等方面的各地新政改革新闻。而占比也不低的"奏折""公牍""文告"等内容中,有关新政的也不少:臣僚奏请皇上,皇上批复应予办理的奏折,如《民政部奏请清查户口以举民政折》(第1378期)、《粤督岑奏预备立宪阶级折》(第1396期)、《民政部奏请饬修律大臣厘定民律折》(第1401期)、《直督袁奏设北洋师范学堂胪举大纲折》(第1404期)等;各部门对于新的改革措施的公告;各部门之间关于各项工作的交接、来往等,很多涉及新政,如《督宪袁准农工商部咨直隶开办农会应准立案转饬农务总局抄录章程送部文》(第1381期)、《萨镇镇冰拟具开办水师学堂章程暨开支经费清折详文并批》(第265期)、《学校司请颁发蒙学教授法并饬各属开办蒙学讲习详文并批》(第278期)等。另外,"要件""附录"中涉及新政的那就更多了,各种为举办新事业、新改革而制定的新规定、新章程都会全文刊载,如《中国新圆法条议》(第241期)、《宪政编查馆奏定章程》(多期连载)、《北洋官报总局详拟官纸印刷归并官报大概办法》(连载多期)等。这样说来,《北洋官报》刊载的有关新政的内容占比会更高。

《北洋官报》在一定时期中对新政开展突出报道,主动进行议程设置,试图引起公众的普遍关心和重视,强化新政话题在公众心目中的重要程度,进而让"新政"成为社会舆论讨论的中心议题。当然,由于《北洋官报》的主要读者是官绅阶层而非普通大众,所以《北洋官报》的议程设置效果是通过对舆论领袖、私营报纸等的影响,继而扩大到整个社会的。《北洋官报》大量刊载新政内容表明了清政府实施新政、改革旧制的姿态,并营造出政府各部门积极推行、实践新政的氛围,以期破除民间对清政府"假立宪""立宪具有欺骗性、不真诚"的舆论,给主张宪政、主张革命的政治势力以期待和希望,减少其不断施加于清政府的压力。除此之外,由于《北洋官报》乃是代表直隶省政府乃至中央政府的喉舌，其刊载政令、公文以及新政等内容具有权威性，所以，官报的新闻对于"私家之报"刊载同类内容具有一定的规范性——这至少是《北洋官报》和清政府的主观意志，"对抗诡激失中之言论"，将新政的话语权掌控在统治者手中，对新政的施行起到政治动员的作用。

（三）以亲民化的表达方式进行舆论引导

《北洋官报》名为"官报"，但自身定位是面向全民。这一点它在创刊伊始刊发的序言当中就有表达。"交通上下之志"，"使人人知新政新学，为今日立国必不可缓之务。而勿以狃习旧故之见，疑阻上法。固不能无赖于官报也。今设直隶官报，以讲求政治学理，破固习，瀹智识，期于上下通志，渐致富强为宗旨，不取空言危论"①。从序言当中可以看得出，《北洋官报》期望通过官报的宣传报道提高全民的智识和政治素养，破除全社会的积弊，一份官报的雄心壮志可窥见一斑。为了向全民推广，清政府还提倡和鼓励社会创办阅读社（所、处），并在阅报社（所、处）推广《北洋官报》。另外，清政府还向各级各类新式学堂推广《北洋官报》。虽说最终结果是《北洋官报》并没有被上至朝野官绅、下至贩夫走卒的全社会民众接受，但《北洋官报》所做出的努力"向下"的姿态还是要肯定的。为了能够"向下"走，《北洋官报》从多方面表现它的"亲民性"。

1. 用白话文传播

《北洋官报》最亲民化的表现就是它用白话文刊载文章。在官报上，白话文刊用的比例并不是很高，不是每天都有，但却是经常性出现，尤其是在官报前期、中期，集中在对《圣谕广训》的通俗解释、公告、新知识以

---

① 《序一》，《北洋官报》第 1 期（1902 年 12 月 25 日）。

及一些论说当中,还有很多广告用白话文。在前文第三章第一部分当中,本书已经介绍过《北洋官报》在首页上刊载《圣谕广训》,用白话文通俗解释,以达到广泛传播、教化民众的目的。第三部分还介绍了《北洋官报》用白话文刊载各种公告,以广而告之,富有人情味且易于公众接受。此处可再举例说明。

各个部门都通过《北洋官报》刊载白话告示。比如天津卫生总局刊载的一则白话告示:

> 为晓谕事照得饮食中最要紧的是水。水不净则病生,水不开则腹泻。本局屡次出示告知你们吃水的方法,想你们总晓得了。现在雨泽稀少,喝水浅落,水中毒虫甚多,最好是吃自来水。但是吃河水的也不少,不得不将吃水的方法重提一遍。凡吃河水须用白矾澄清过一昼夜,烧二十分钟可取用。要是不烧开了,轻的闹痢疾,中的闹霍乱,就是自来水亦要烧开了再吃。要紧要紧!所有开水铺的做荷兰水的皆是卖水的生意,务要遵照前法办理。如果用水不净或净而不开,此是有心害人。本局随时查验。一经查出,重罚办凛之特示。①

有天津捐务总局的白话告示,为筹办地方学堂,向黎民百姓抽捐,发布白话告示收捐,实为威逼警告。白话告示中先以"利诱":"各捐户每月出钱可实在享受了无穷的好处,大家又何乐而不为呢!"继而开始威胁:"那种狡猾的人想出许多取巧的法子,不是漏报不捐就是拖欠不纳,以此为巧,以此为能。有些愚人当时看那狡猾人的法子甚好,也有眼热的也有羡慕的,等到被我们查出来的时候加倍的罚,照样的补!才知道他是弄巧成拙","因此,出这张白话告示,通行晓谕一遍,现在本局可是不断的派

---

① 《天津卫生总局白话告示》,《北洋官报》第 1385 期(1907 年 6 月 8 日)。

人四处去查……自六月初一日起倘若有不报不补之家被我们查出,那是一定要加倍的罚,从重的办,可别说我们办事过于刻薄,不早知会你们了"①。

上述白话告示原文是没有句读没有空格的,保定官药局有一则白话告示甚至做了断句处理,让民众读起来更加通俗易懂:

> 为明白晓谕事照得天气大热总不下雨　人受病的就多了　保定城里的人　死的也不少啦　本地请先生的规矩　诊金有一吊的有五百的　还有二百钱的车钱　哪些穷人儿那里花的起　既没有钱请先生　有没有钱买药吃　有了病就躺在床上等着死　你说可怜不可怜　本局施诊施药年数也不少啦　但是能治走到局里来的病　不能治走不到局里来的病　那能够到局子里来看病的多是些小病儿　跟那刚起的时气病儿　就有大病也是些老病儿　新病能走的总来治呢　要是现在时令病儿　重了不能走来他就不来了　这些有病的人　既不能来又没有钱请先生　真正可怜　本局现在想个法儿　打算救这些有病的人　跟本局的内科蒋医员商量　凡在保定城关内外人家　不论贫富　家里如有病人　不能到局里的　就可以请我们这位蒋医员去看　诊金一个不要　午前挂号　随带车钱二百　午后就到你们家里看病去　如果有急病也可以随请随到　有些极穷的　实在吃不起药的　可以到本局来抓药去　八月底为止　这是本局蒋医员格外体贴大家的　不是照例的　至于有钱的病好啦　愿意谢先生也随便　不谢也就拉倒　本局决不勉强　过了这八月　这新章可就停止了仍然还是照旧例特示②

这篇白话告示连保定方言的儿化音都要写出来,遣词造句极其通俗,

---

① 《天津捐务总局告示》,《北洋官报》第 1409 期(1907 年 7 月 2 日)。

② 《保定官药局白话告示》,《北洋官报》第 1431 期(1907 年 7 月 24 日)。

好像同市民们拉家常一般。又因其治病救人的慈善公益性,读来比上一篇催缴税捐的白话告示亲切得多。就是不知道在当时是否从上至下广而告之,使需要救助的人得以就医。

发布白话告示的部门各种各类,白话告示内容也是五花八门,涉及社会风俗、医疗卫生、抽捐收税、商贸整改、清查户籍等。有些重要的、篇幅较长的或者是更高政府部门发布的公告会放在"要件"栏目中刊载,其中有一些也用白话文撰写。比如《故城县朱大令劝谕各家子弟入初等小学堂白话告示》《徐制军唐中丞会衔晓瑜东三省人民白话告示》等。"要件"栏目中曾经刊载一则《保定天足会公告》,公告中用白话文为公众详细分析了缠足陋习束缚了中国女性的发展,是中国女性不独立的根源,号召中国妇女不再缠足,并动员男子首当其冲帮助妇女抵制缠足风气,号召男子加入天足(天足即天然的脚)会,一起破除陋习,兴女学,并认为这是中国转弱为强的一个机关。

除了白话公告以外,《北洋官报》在传播新知方面也注重用通俗易懂的白话文向大众进行科普。比如官报第 1066 期最后一版用图文搭配的形式向读者解释《檀香山馒头树》。上半版印一幅清晰的檀香山馒头树的特写图画,图下方是一段白话文介绍说明这种植物,原文已用空格做了断句:

　　太平洋的檀香山岛　中间有一种馒头树　怎么叫做馒头树呢因为那树上结成的果子　住居岛中的人民　用火烘熟　就可当做食物　与面粉做成馒头一样　所以就叫做馒头树　但檀岛的人民　虽得有这种果品　并不知道是什么长成的缘故　有博物士查考植物里面的质料　都是许多细胞凝合结成的　那细胞中间的原质　又各有不同　凡发朵开花结实　都全仗着这细胞　才能够茂盛　里面凡含着麦质的　这结成的果子　就同那面粉做成的一样　照这样看来

　　　　这檀香山的馒头树　　是含有麦质的了①

　　这段文字介绍没有任何深奥的专业知识,用中国读者熟知的馒头、面粉来做类比,简单明了地介绍给读者一种陌生而新颖的植物。除了科普植物,《北洋官报》还向读者科普五花八门的新鲜知识,比如《泳气钟图》(第1075期)介绍西人在水中作工,要做一个盛满空气的大钟。这个做水中气钟的做法由一种在水中吐丝做钟并在钟里育子过冬的蜘蛛启发而来。这篇文章读来真是觉得神奇!《法国斐洲属地亚尔及城》则向读者介绍的是非洲土地上亚尔及国成为法属殖民地的历史经过,简介其国家情况,并评价它是非洲巴巴黎诸国中最为开化、最为进步的国度。像这类的有关大清帝国以外五大洲各国的情况介绍,《北洋官报》有很多,有深受其侵略之害的欧美大国的介绍,甚至还有像"亚尔及"这样不知名的小国的介绍,让中国读者知道大清帝国以外还有其他世界文明。

　　用白话文刊载的内容还不限于此,《北洋官报》从创刊到清王朝终结,始终坚持用白话文向读者连载知识类文章,以充分发挥报纸传播知识的功能,并最大限度地增强普及科学文化知识、提高国民素养的效果。在不同时期,根据时势发展要求,根据清政府新政各项政策推进的不同阶段、宣传任务的不同,《北洋官报》连载的白话文知识各有不同。一方面,创刊伊始,义和团运动早被清政府和八国联军联合剿灭,但烧教堂、杀洋人和杀教民的行动还时常发生,义和团的星火在民间依旧存在。清政府为了讨好西方列强,求得安稳,对反对教务的民间行动自是严惩不怠。另一方面,西方列强为了在中国大地上站稳脚跟,也不断地向清政府施压,让清政府保障西方人在中国的安全。《北洋官报》连载《教务白话》,用大白话劝解民众不要相信义和拳或类似组织的谎言,"说什么神仙附体

――――――――――

　　①　《北洋官报》第1066期(1906年7月14日)。

能不怕刀枪　不怕火炮　你们亲眼看见　被枪炮活活打死的有多少　岂不是害了别人还害了自己么"。破解了谎言,也替外国人辩解,"你们再想　外国人的物件　那一样不用药料　若必要用人的心肝眼睛　当他们未来中国的时候　岂是尽把自己的眼睛心肝　用作药料么　若果如此他们国里　那还有人么　还能来中国么"①。《教务白话》也替教民辩解,并进而教育平民、教民都要感激皇上的恩典,"皇上气量很大　给了你们这样的　恩典　并不想要你们怎么样报效　只要你们守着规矩","和和气气","公公平平　不贪便宜　尽你们同乡的情分　自然心里也就安逸了　做事也就和气了"②。这《教务白话》就是起着教化民众、抚慰民众、维护社会秩序的作用。

早期还刊登过《农事浅说》,就是用白话文向农民普及有关农业的科学常识。中期的《北洋官报》长期连载《教育浅说》《宪政浅说》等。主要是为了在预备立宪期间,提高民众教育水平、培养民众宪政素养而设立。上一章末有介绍,《教育浅说》《宪政浅说》有述有评,全部用通俗易懂的白话文撰写,作为一份官报,其用心良苦。

2. 用民间话语表达

《北洋官报》的新闻报道及宣传用语都是在清政府官方话语表达范畴中。官报上使用的话语是在政治合法性基础上的自我论证式的言说。③ 它发布的是具有鲜明的政治目的性和严谨的规范性的权威信息,传达的是国家权力机构的公共政策。这是由《北洋官报》的社会角色的确定性和其所代表的权利的垄断性所决定。晚清社会最后的十年中,剧烈动荡的社会转型过程中,多元化的社会思潮不断涌现和传入,这种受限

①　《教务白话》,《北洋官报》第 3 期(1902 年 12 月 29 日)。
②　《教务白话》,《北洋官报》第 4 期(1902 年 12 月 31 日)。
③　胡永琦:《社会话语与政治转型窗口》,《中共南京市委党校学报》2011 年第 3 期。

于权力关系的结构化、稳定化的一元话语模式也受到冲击,其垄断性、霸权性受到挑战。晚清社会的公共舆论生态发生新的变化,公共话语空间中的话语权再度分配。革命派报刊、立宪派报刊、商业性报刊等各类媒介言论不断与官方话语交错、博弈和互动。面对话语权的分化,官方话语显得力不从心。

为了在话语权的再分配当中依旧保持官方话语的权威性,谋求社会舆论的支持,《北洋官报》也会放下身段,说几句平民想听的话了,吸引普通百姓的注意。比如第 87 期官报曾转载《外交报》的一篇评论《论主权与民心之关系》,其最末一句:"然者交通日繁,旅民日杂,吾国主权愈偪愈狭,民心之向背,吾正不知如何矣。"这样的语句亦照登不误。

二、《北洋官报》与清末官员思想的现代化

社会是由人组成的,人是社会活动的主体,是社会现代化的实际承担者。马克思提出"人是人的最高本质"①。即,人的现代化是社会发展的目标和前提。关于"现代化"的内涵,中外哲学家、历史学家、政治家们从各种视角和维度给予了多样化的定义。学者陈柳钦从发展的视角定义了"现代化",即现代化"是以现代工业、信息与技术革命为推动力,以物质文化生活水平不断提高为标志,以环境优化和民生改善为着力点,实现从传统的农业社会向现代工业社会转变,从工业社会向现代信息社会转变,对经济、社会、政治、文化、环境、思想等各个领域产生革命性的影响,并引起社会组织与社会行为的深刻变革的过程"。② 现代化是一个包罗宏富,多阶段、多层次的发展过程。历史学家罗荣渠认为,现代化的过程,"经

---

① 《马克思恩格斯文集》第一卷,人民出版社 2009 年版,第 11 页。
② 陈柳钦:《现代化的内涵及其理论演进》,《经济研究参考》2011 年第 44 期。

济发展是物质的层面,政治发展是制度的层面;而思想与行为模式则是社会的深度层面"①。一个社会的现代化很大程度上取决于该社会民众的文明程度。人的现代化总在一定的社会形态中进行,只有社会中绝大多数的个体的观念、素质、能力等几个方面都达到现代化的标准时,人的现代化才能实现。

大众传播在人的现代化过程中发挥着重要的作用。美国政治家杰斐逊曾说:自由报业是开化人类心灵、促进人类成为理性、道德和社会动物的最佳工具。② 传统社会中大众传播媒介通过广泛介绍已先行一步的先进的异域文明,开阔落后民众的视野,动员其向先进文明学习,奋起直追,由此影响甚至改变民众的观念、态度和行为,从而促进人的现代化,使国家和社会由传统向现代变迁。

(一)近代报刊对文明的传播发挥了重要作用

翻开中国近代史,在中国陷入政治秩序和文化取向双重民族危机时,近代化的报刊对文明的传播、对我国现代化的发展起到了不可忽视的作用。

1840 年鸦片战争以前,长期的闭关锁国政策虽然在维护沿海地区稳定方面起到了积极的作用,但却致使中国与世界隔绝,阻碍了中国吸收先进文化和科学技术,并逐渐在盲目自信中越来越落后于世界。历经两次鸦片战争、甲午战争等接连的失败、割地与赔款,清政府利权日丧。积贫积弱的近代中国,上至各级官僚下至布衣百姓,愚昧、麻木、不开化。在外来资本主义与本国封建势力的双重压迫下,不堪忍受的中国人民终于掀

---

① 罗荣渠:《现代化新论》,北京大学出版社 1993 年版,第 30 页。

② 李新丽:《中国近代报刊与人的现代化——以梁启超的报刊活动为考察对象》,复旦大学博士论文,2009 年。

起一次又一次的革命浪潮。清政府危如累卵。面对内忧外患的局面,各阶层先后发起了以"自强""求富"为目的的洋务运动、百日而夭的戊戌变法和垂暮挣扎的庚子新政。

清末历次改革是中国向现代化进程迈进的重要举措。在这个由缓慢到逐渐加速的过程中,中国民众对现代化的认知和实践经历了从认同到积极参与的过程。洋务运动中,中国开始了对西方器物层面上的学习;戊戌变法是一次思想启蒙运动,促进了中国的思想解放;而庚子新政取得了一定的进展,一定程度上推动了中国社会的现代化。

在晚清社会剧烈变革的过程中,先是先进的知识分子大量创办现代化报刊,传播新思想、新文化、新知识,教育民众,移风易俗;继而清政府也接受了现代化报刊,创办官报或支持商办报刊,抢占舆论阵地,宣传新政,引导改革舆论,在新旧理念的撞击中,官报与民报共同促进社会向前发展进步。

(二)开民智、开绅智、开官智是晚清社会现代化的基本路径

戊戌变法失败的根本原因就在于没有广大的民众基础,变法的思想没有得到大众的认可和接受。为此,维新人士梁启超毕生积极致力于"开民智"和"养新民"。"今日之中国,其大患总在民智不开。民智不开,人才不足,则人虽假我以权利,亦不能守也。士气似可用矣,地利似可恃矣,然使公理公法、政治之学不明,则虽有千百忠义之人,亦不能免于为奴也。"①只有培养起全体民众的民主与科学素养,形成民主政治的风气,为政治革新打下坚实的民众基础,才能最终实现民智国强。梁启超认为开民智、开绅智、开官智,"此三者,乃一切之根本,三者毕举,则于全省之

---

① 李喜所、元青:《梁启超传》,人民教育出版社1993年版,第82页。

事,若握裘挈领焉矣"。但"欲开民智,开绅智,而假手于官力者,尚不知凡几也,故开官智,又为万事之起点。官贫则不能望之以爱民,官愚则不能望之以治事"。①

在"人存政举、人亡政息"的封建人治时代,统治者亦即官员素质的高下直接关系着国家政局和社会的稳定与发展。"开官智"是救亡图存、兴国利民的现实需要。时任清政府外交官的伍廷芳上书朝廷指出,欲挽救中国危机,不受列强侵略欺凌,中国官员就要"留心洋务,竭力考究外国情形及交涉各事",使列强"自不敢轻视挟制"。② 随着中国半殖民地化程度逐渐加深,"无论一州一县,或商务,或教堂,或游历,必有与外人交涉之事",官员不懂公法、约章,不谙国际形势,在处理越来越纷繁复杂的对外交涉事件中,就会陷于被动。官员们只有"出洋游历,博咨周览"③,方可做到知己知彼。清政府施行新政以后,推行各项变法,在改革政治制度、发展实业、兴办教育等方面,无不需要高素质官员。中国传统社会一向认为,"中国教养,其责在官,官与民最亲者,莫如牧令,盖牧令为民所瞻仰",故"欲教民,必先自教牧令始"。④ 所以,不仅梁启超认为"开官智为万事之起点",清廷宣布仿行立宪后,慈禧曾以谕旨的形式强调,"内外百官俱有长民之责"⑤,"开官智"为"开民智"之先。朝廷中多旧式官员,"胸中曾未有地球之形状,曾未有欧州列国之国名,不知学堂工艺商政为何事,不知修道养兵为何政"⑥,"开官智"才能扫除清政府徐图自强的最大障碍。新政期间,社会各界人士以《大公报》为中心参与到"开官智"的

---

① 《梁启超文集》,北京燕山出版社 1997 年版,第 54 页。
② 清华大学历史系编:《戊戌变法文献资料系日》,上海书店出版社 1998 年版,第120 页。
③ 《张之洞全集(第三卷)》,河北人民出版社 1998 年版,第 1734 页。
④ 清华大学历史系编:《戊戌变法文献资料系日》,上海书店出版社 1998 年版,第980 页。
⑤ 朱寿朋:《光绪朝东华录(第五卷)》,中华书局 2016 年版,第 5742 页。
⑥ 《梁启超文集》,北京燕山出版社 2009 年版,第 54 页。

舆论中。"从1902年6月到1911年12月,《大公报》共发表开官智言论726篇",这些言论"并没有仅限于对官员进行指责漫骂,它还从根本上探究原因,指出了开官智的途径与方法。"①

(三)《北洋官报》"开官智"的作用较大

在清末新政中,近代化报刊在风起云涌的改革与革命浪潮中传播先进文明,自觉承担起开官智、开绅智、开民智的传播功能。在这批近代化报刊中,满清各级政府机构创办的新式官报大张旗鼓地推行。官报以官员为主要受众,自觉发挥起开官智的功能,为提高官员素质、促进官员现代化起到了一定的作用。《北洋官报》当属其中的佼佼者。

《北洋官报》宣称"官报专以宣德通情启发民智为要义"②。其刊行时间长,刊载内容丰富,由于其读者对象还是以各级官员为主,所以其"开智"的作用并不能广泛辐射到平民百姓,却为清末官员的现代化发挥了一定的促进作用。它创造了一种新的官报模式,起到了示范和带动作用。因为清政府发文推广,大约在1905年前后各省官报相继建立起来。江浙一带官报建立较晚,大约在1908年才开始创办。然而,各地官报创办以后,出现经营不善、发行不利、编撰人员缺乏等多种问题。于是,出版未几便停刊的也不在少数。影响大的官报除了《北洋官报》以外,还有《南洋官报》《湖南官报》《河南官报》《四川官报》等。在众多停停复复的官报当中,《北洋官报》是佼佼者,出版十年之久,3000多期。从出版时长来看,《北洋官报》对清末官员的影响作用相对其他官报来说更大一些。

当时的《北洋官报》主要是依靠行政力量由上至下在各级官员中发行,因广受欢迎,后来在直隶省外也有代销点,销行几乎覆盖当时晚清统

---

① 吴嘉曦:《英敛之时期〈大公报〉开官智言论研究》,湖南师范大学博士论文,2015年。
② 《〈北洋官报〉章程》,戈公振:《中国报学史》,中国新闻出版社1985年版,第48页。

辖的整个地域,其影响力辐射全国。1903 年 1 月 8 日的《大公报》曾有记载:"北洋官报出版以来,于论说、新闻、白话外模仿日本体例,插入铜板写真。京中各部院皆看此报,其各国使馆亦有谓中国新出官报,凡中外交涉事宜无不阑入,各使馆均甚喜阅,一查中国政务之事实,二查中国全部之现状。使馆之看报与各部院之看报不一宗旨也。惟士商阅者不多云。"①

为扩大读者群,官报要求各地新式学堂内必订阅《北洋官报》。在各州县大力倡行阅报社,以广见闻、开风气,同时辅助推行官报。当然,官报最重要的读者群体还是官员。《北洋官报》发行前期,每期派发省内各州县大约 3000 份以上。② 而且,在最初几个月的报纸上经常刊登《各属州县添够官报清单》,从一个侧面说明官报销行(派发)量不断上升。除了京师以外,其他"远近各省逐渐流通,全赖邮递迅速,销数方能旺,就山东、四川、湖南三省计之。现售将近二千份是报务日有起色之证"③。省内省外发行量按此推算,每期销数应在万份以上。因此,从发行范围及数量上来分析,报纸对清末官员现代化的促进作用不能抹杀。

(四)传播现代化内容和思想

1. 广泛介绍各国政治、经济制度与政策,试图革新官员的执政理念,开通官员的执政智慧

晚清政府三次改革维新,急于补救大国尊严。各国可资借鉴的政策、

---

① 《北京官报销畅》,《大公报》1903 年 1 月 8 日。

② 《北洋官报》在省内派发,大缺州县 30 份,中缺州县 20 份,瘠缺州县 10 份,当时直隶省有 150 余州县,如此推算,官报在省内发行应超过 3000 份。

③ 《北洋大臣劄行总税务司公文》,《北洋官报》第 77 期(1903 年 6 月 5 日)。

法规、制度是《北洋官报》刊载的重要内容之一。比如对于美国币制的研究考察，从第 403 期始至第 425 期止，断断续续连载 12 篇《美国圜法考》（注：圜法即货币）。外币侵入中国，流弊滋多，在政府着手整顿外币之际，官报翻译了美国人写的关于美国币制沿革、价值源流的文章供国内参考。属于经济参考方面的，还有《各国货币制度考略》《日本调查算学记》《法兰西外国资本》《十九世纪经济概论》《论挽回银价降贱之法》《国家银行》《译日本中桥德五郎兴国三大策》《筹富新策》等。大多数文章由于每期篇幅所限，常常连载。其中《筹富新策》连载多期，对西方国家的预算、统计、银行、税收等制度进行详细解读，并对比中国之制度，阐释改革的方向与目标。《法兰西外国资本》也是连载文章，对法兰西国家当时与其他国家相互投资情况做了较为详细的考察，甚至能够列出投资方向、额度等详细信息。当时的中国对于在战争中屡胜大国的日本帝国充满了好奇、羡慕和关注，维新运动与改革变法大都以日本为楷模。所以当时《北洋官报》对日本各方面考察的文章也非常多。《日本调查算学记》连载应该超过 20 期，采用中国人与日本人对话的形式展现了日本数学理论研究的发展与在实践领域的运用。

除了重视学习西方经济政策之外，《北洋官报》对于西方国家的外交、军事、法制、新闻业等方面的先进之处都有报道，挑选国人易于接受的要点选登，或翻译西人著作，或摘编国人撰述。比如《西伯利亚最近之情势》一文连载多期，摘编自日本东邦协会的调查报告，介绍日俄战争期间，西伯利亚地区的地貌、人口特征、商业、各方治理政策、军事外交政策等；同时还配有《西伯利亚总图》，即一张刻有经纬度和标尺的平面地图，标注非常详细和全面。这对中国官员了解北方局势大有裨益。《论太平洋上列国竞争大势》《列国军制考略》《东西洋水陆军政异同考》等关于军事的文章，让中国官员战略目光不再局限于狭小的范围。再如《译日本官报制度沿革略》《译日本加籐宏之风俗改良论》《美国军医公会章程》等,报刊所登内容无所不涉,客观上为当时官员做了很有意义的思想启蒙工作。它让中国封建官员们懂得,除了本国的传统知识之外,西方列强之所以驾驭坚船利炮"胆敢"入侵大清帝国,当有其先进的治国、治军之道。官报希望这些新思想、新学问、新道理能够活跃人们尤其是官员的思想,并从中汲取各种思想养料,用以改良中国治国方略。

2. 大量刊载外国新闻,使得官员大开眼界

既为报纸,刊载新闻是其首要功能。官报每期设有本埠新闻、各省新闻、各国新闻等栏目。其中各国新闻每期刊载七八条甚至更多,内容可谓五花八门、包罗万象。有各国国内政局、重要职位的官吏任免、外交、军事、市政建设、基础设施建设、教育、经济状况,乃至科学发明、天灾人祸、奇闻逸事等。虽然每条新闻有些像当今新闻中的简讯,三五十字,最多不超过百字,但却是帝国以外,越过"万里重洋"他国的事情,对于生于交通通讯不便捷、有可能连幅员辽阔的中国大地都没走遍的中国官员来说,这些新闻有如"天方夜谭"一样新鲜。知己知彼,百战不殆。中国官员不仅要开阔眼界,还要能够熟知列强的政治、经济、军事情况,才能相应地展开外交,制定抵御外侮的政策,最终战胜敌国。值得一提的是,1904年爆发日俄战争以后,《北洋官报》一直连载几百期《日俄战纪》,期期关注,有战报、预测、评论等,直至战争结束。对于战争,《北洋官报》虽无能为力,但作为一份新闻纸,密切关注战争局势,及时向读者报道、评析,是它的职责使命所在。

关于国外新闻的刊载,本书第三章第四部分中曾选取1906年8月从第1084期到第1114期共31天的完整《北洋官报》,对其刊载的外国新闻的数量和内容做统计。这一个月《北洋官报》外国新闻所涉及的国家和地区有日本、俄国、美国、英国、法国、德国、意大利、土耳其、芬兰、挪威、希

腊、波兰、智利、奥地利、匈牙利、西班牙、葡萄牙、荷兰、韩国、印度、西印度、波斯、比利时、瑞士、菲律宾、加拿大、墨西哥、哥伦比亚、南非、摩洛哥、罗马尼亚、拿大路、亚拉伯、布拉智尔、阿非利加、丹尼尔、土加俄埠、布尔雁、古巴、昂而拉,共40个。有一些国名或地域名称是当时清政府对其的称呼。《北洋官报》对小国的关注度较低,一个月内刊载一两条新闻。从这个国家名单中,我们可以看到《北洋官报》身处的国家还未从封闭蒙昧的状态中走出来,一份刚刚"睁开眼睛看世界"的报纸,关注的地域从亚洲远涉欧洲、美洲、非洲,从主要的资本主义列强到鲜为人知的亚非拉小国,视野可谓非常广阔了。

依据时代背景和清政府的外交政策,《北洋官报》对称霸世界的资本主义列强报道得最多,尤其关于日本的新闻,一个月内有107条。对各国的政治、军事、外交和经济方面的新闻关注较多。这些新闻不仅大大拓宽了官员的视野,而且启发了官员革故鼎新的思维,为官员治国理政提供了参考。

3. 通过刊载自然科学知识,开拓官员的知识视野,改善其知识结构及观念

中国封建王朝官员的选拔主要通过科举考试。由科举选拔出来的官员熟知四书五经,却对科学技术知之甚少。知识结构畸形,知识范围狭窄。除科举选拔官员制度外,封建王朝还有捐纳、世袭、推举等制度。虽然不乏有真才实学的官员脱颖而出,但是随着封建王朝的逐渐衰落,官场腐败,昏吏当道,"锢塞不开化之官"愈来愈多,他们"茫不知国际往来之政策",以致"主权日失,由甲午以及庚子而官场狼狈愈不堪言"。① 梁启超曾痛心地写道:"彼官(注:旧式官僚)之不能治事,无怪其然也,彼胸中

---

① 《论官智之难开》,《大公报》1903年9月24日。

曾未有地球之形状,曾未有欧洲列国之国名,不知学堂工艺商政为何事,不知修道养兵为何政"。① 为此,"开官智"首先应该增长官员的学识,完善官员的知识结构,开拓官员的知识范围。《北洋官报》大量刊载科学技术知识,涉及天文、地理、农业、生物、气象、电子、工程、医学、物理、化学等学问,门类丰富,包罗万象。这些知识中既有已被西方学界普及为"常识"的,也有西方科学家的最新研究成果。官报几乎每期都开辟有固定栏目,或单文,或连载,有时候还画图,图文并茂,深入浅出耐心解读这些对中国官员来说"新鲜"的科学知识。

4. 大量刊载新书广告

广告推介的书有北洋官书局出版的新书,也有商务印书馆等其他书局出版的新书。这些书包括国外农牧业养殖实用技术类书刊、各门学科专论译著等。书是重要的"开智"媒介。新书有助于官员增长知识、开阔视野的作用不必赘述。《北洋官报》上除了北洋官书局之外,经常做广告的出版社还有商务印书馆、新闻北京第一书局、天津官书局等较大的出版社,以及天津孟晋书社等小出版社。广告推销的新书一般包括两大类,一类是每年各出版社出版的最新教科书,包括初等小学用书、高等小学用书、中学堂用书、初等示范用书等,还有总理学务大臣指定教科书等;另一类就是各出版社编、译出版的各门类专著。两类书当中有小部分是中国传统文化、传统农业的典籍,更多的是有关各门类西学的新书和介绍西国政治、经济等情况的专著,如《原富》《天演论》《新译西本一会纪事全编》《亚美利加洲通史》。除这两大类书之外也会有少量西方小说译著广告,如《华生包探案》等。

为了集中传播新知识,《北洋官报》同时还出版附刊《北洋学报》,

---

① 《梁启超文集》,北京燕山出版社1997年版,第54页。

1906 年,清廷宣布预备立宪以后,《北洋学报》改为《北洋政学旬报》。关于附刊及其发挥的作用在本书第二章第一部分中已做介绍,此处不再赘述。另外,官报经常刊载国外风土人情、各界知名科学家、政治家等的介绍。如《委内瑞拉小志》《圣彼得堡记》《刚果立国记》《汽机大发明家瓦特》《德国外交家秀瓦尼资传》《法外部大臣德加士传》等,不胜枚举。时有刊印国外著名景点的插图,如《美国威斯康新大学全景》《法国上议院外观》《富士山初春之景》等。这些做法对开阔中国官员的眼界大有裨益。

(五)正确评价《北洋官报》的"开智"作用

1. 民报对官报评价不高

通过以上分析,可以看出,《北洋官报》使得当时中国官员知道天外有天,对改变他们夜郎自大、固步自封的思想是起到一定作用的。不过,同时期的民办报纸对官报评价并不高。1911 年 7 月《申报》发表时评称:"东西各国未尝无官报,而其宗旨,或发布一党之政见,或保持对外之利权,其目光远,其手段高,非可率易操觚者也。今我国亦有所谓官报者乎?有之,则惟借官报之力,以强迫销行于各属,而其目光则惟奉承京中一二长官,以为固位之计;其手段则唯挑剔民报一二字句,以遂其献媚之私。呜呼,如是而已。夫如是,与其名为《官报》,实贻报界羞,毋宁名之曰:'官言',较为妥当也。"①中国新闻史学界拓荒者戈公振在其《中国报学史》上这样评价官报:"我国之有'官报',在世界上为最早,何以独不发达?其故盖西人之官报乃与民阅,而我国乃与官阅也。'民可使由,不可使知',为儒家执政之秘诀;阶级上智隔阂,不期然而养成。故'官报'从

---

① 转引自徐载平、徐瑞芳:《清末四十年〈申报〉史料》,新华出版社 1988 年版,第 289 页。

政治上言之,固可收行政统一之效,但从文化上而言,可谓毫无影响,其最佳结果,亦不过视若掌故,如黄顾二氏之所为耳。进一步而言,官报之唯一目的,为遏止人民干预国政,遂造成人民间一种'不时不知顺帝之则'之心理;于是中国之文化,不能不因此而入于黑暗状态矣。"①戈公振民国时期曾先后在著名的民办报纸《时报》《申报》工作。民办报纸和报人对官报可谓"嗤之以鼻",但是细究之,不难发现,他们都是从政治角度评价"官报"。当时清廷腐败,政权摇摇欲坠,封建统治者早已成为阻碍时代向前发展的腐朽势力。其所办的代表官方立场的官报,维新派、改良派更多地看到它钳制舆论、充当官府喉舌、排挤民办报纸的一面,自然唾弃官报。

2.《北洋官报》和民办报纸一样,能够起到一定的"开官智"的作用

对比新式官报与当时倡导维新、改良的民办报纸,比如梁启超的《新民丛报》,两者都有一个共同点,那就是非常重视介绍西方的各种新思想、新学说、新知识。康、梁等人认为,"中国受辱数十年",最大的原因就是蔽塞不通,一是上下不通,二是内外不通。由于"内外不通",国内之事不能传于外,国外之事不能闻于内(梁启超《论报馆有益于国事》)。"昧于外情,则坐井而以为天小,扪篇而以为驲圆;若是者,国必危。"(严复《〈国闻报〉缘起》)维新派人士认为,要"去塞求通",最好的办法就是创办报刊。以报纸"起天下之废疾",使上下沟通无阻,内外交流畅通,民众观念日日新,国家事业年年旺。这么说来,新式官报,如《北洋官报》者,以"开民智"为要义,刊载新政、新知,对于开通读者思想来说是能够起到作用的。

现对 1904 年 9 月《北洋官报》所刊载的有关国外的内容统计如下:

---

① 戈公振:《中国报学史》,中国新闻出版社 1985 年版,第 53 页。

表 4-2　1904 年 9 月《北洋官报》所刊载有关国外内容的统计

内容分类	各国新闻（条）		科学知识（篇）		各国概况（篇）	科普插图（幅）	外国名胜插图（幅）外国事务插图（幅）	广告推销有关国外知识的各类图书（册/次）
	日俄战纪	各国新闻	经济学	其他学科				
数目	30	75	19	50	5	2	3	273

　　选择 1904 年 9 月的《北洋官报》是因为当时中国经历庚子之变,稍稍平静一些,大的变动暂时没有发生,政局相对"平稳"。9 月的《北洋官报》保存相对完整,丢失的页数相对较少,统计数字接近真实准确。《日俄战纪》是关于日俄战争的纪文或新闻,从日俄战争开始后不久开始连载,每期必有。插图页遗失太多,不能保证每期都有。从《北洋官报》自己的规章说明来看,几乎每期都会有插图,但是不仅仅是 1904 年 9 月,目前收集到的《北洋官报》的所有卷本中,保存下来的插图都很少。所以统计数字不能说明问题。但是 9 月中收存的报纸插图共有 7 幅,其中 2 幅是介绍矿物质的,2 幅是介绍外国名胜的,1 幅是有关日俄在远东激战的军事部署地图。关于"广告推销有关国外知识的各类图书"需要说明的是,《北洋官报》每期 4 页广告,其中出版社推销书的广告所占比例较大。在推销的各类书中,有各种国外新思想、新知识的译著,有的广告重复出现在好几期官报当中,统计时每出现一次都计数一次。这个统计表格足以说明一份官报,对于外国情况的关注,对于新思想、新知识的传播都是比较多的。

　　《新民丛报》1902 年 2 月 8 日创刊,半月刊,32 开本,每期篇幅 120页,约五六百字。第一年共辟 24 种栏目,每期经常保持 10—15 种栏目。关于 1902 年的《新民丛报》,有一个统计:"第一,这一年《丛报》一共刊登 80 幅卷首插图,其中属于介绍西方国家景物和人物的,占 75 幅。第二,这一年《丛报》刊行 24 期,每期首篇和第二篇文章的内容,属于介绍西方文化思想的,占 23 期,第三,这一年《丛报》发表各种文章、资料 340 多个篇目,其中评介或涉及西方资产阶级意识形态方面的文字,计 180 多个篇目,占总数一半以上。"①

从统计数字来看,两份报纸都很重视对西方文化、资料与信息的传播。《新民丛报》的办报宗旨就是要"大力宣传西方资产阶级的文化思想,对人们进行反封建的思想启蒙工作"。相对于这样一份以思想启蒙为专职的报纸来说,《北洋官报》身为封建体制内的官方喉舌,能刊载大量的外国新闻、外国知识、外国文化,已是难能可贵。

3.《北洋官报》与民办报纸"开官智"的最终目的有所不同

以《北洋官报》为代表的新式官报,既是清末新政的产物,又是官方对现代报刊的模仿和回应。从维新运动始,国人就掀起了第一次办报高潮。资产阶级知识分子们通过报纸大力鼓吹西方先进文化,对国人进行资产阶级思想启蒙,"变法""维新""立宪"等渐次成为民间舆论的主流。清政府从镇压、抗拒到被迫接受,终于宣布施行新政,进而宣布预备立宪,并创办官报,希图从民办报纸那里,从立宪派那里,夺回舆论大权。《北洋官报》从创建之初就极力树立自己的威望,它认为私家之报,"识之义宏通,足以觉悟愚蒙者,诚亦不少。独其闲不无诡激失中之论,及及或陷惑愚民使之莫知所守"②。政府官报斥责私家之报议论国政是"莠言乱政""淆乱政体",是对皇权正统的挑衅。所以《北洋官报》刊载的言论、新闻、各种新知识等,全部是在封建体制规范之内,不出格,不反对,即使是对西方文化的借鉴和学习,最终目的也都是为了维护封建专制,维护现有皇权统治秩序。

洋务大臣奕訢就认为官员学习西学是为了抵制西学侵蚀,维护纲常

---

① 方汉奇:《中国新闻事业通史(第一卷)》,中国人民大学出版社 1992 年版,第 653 页。
② 《序一》,《北洋官报》第 1 期(1902 年 12 月 25 日)。

圣教,若选取不当,很可能会为洋人引诱误入歧途。① 曾参与新政的大臣荣庆甚至认为开官智是为了抵制戊戌变法,官员要加强学习提高能力,"如此则不必擅议改章,矜言变法"②。

在共和论与君宪论并雄、革命派与立宪派对峙的舆论大潮中,清政府开官智或主动或被动,其局限性就在于没有认识到,官智不开的根本原因恰恰在于其大力维护的封建专制。然而,病急乱投医,步履维艰的清政府急于摆脱外侵内乱的困境,在学习借鉴西方先进文化的时候不免急于求成,盲目冒进,囫囵吞枣一般,出现食而不化的现象。

相对而言,资产阶级知识分子从 19 世纪末就开始自发、自觉通过报刊大力传播西方的政治制度、文化思想、格致之学。例如,从 1896 年创办的《时务报》通过政论大声疾呼学习西方,倡言变法维新,到 1898 年在海外创办的《清议报》、1902 年创办的《新民丛报》,明确宣布大力宣传西方资产阶级的文化思想,对人们进行反封建的思想启蒙工作成为办报宗旨,康梁等人采用"浸润"的宣传方式(梁启超提出的报刊宣传方法之一)"开民智""开绅智""开官智"。从现有的资料来看,这些报纸所产生的社会影响比较大。当时商业化程度比较高的报纸,如《大公报》在其办报目的中也明确表达,是为了"开风气,牖民智,挹彼欧西学术,启我同胞聪明"③。民办报纸或激进或温和地表达打破封建顽固势力禁锢的愿望。官报与民报,对民众进行思想启蒙,为了民族独立、反对侵略、富国强兵、振兴中国的目的是一致的,但它们维护封建制度与批判封建制度的根本目的是不同的。

---

① 徐保安:《清末开官智问题研究》,山东师范大学博士论文,2004 年。
② 朱寿朋:《光绪朝东华录(第四卷)》,中华书局 2016 年版,第 4042 页,转引自徐保安:《清末开官智问题研究》,山东师范大学博士论文,2004 年。
③ 英敛之:《大公报序》,《大公报》1902 年 6 月 17 日。

4. 小结

虽然《北洋官报》的版式、内容几经变革,但1906年后基本固定,很少变化。本书第三章第六部分专门论述了《北洋官报》刊载评论的情况。报纸创办伊始,曾以"论说""要件"等栏目形式,每期刊载一篇言论。没过百期,言论就不再持续刊载。第1200期宣布从第1201期始再次改良,增添论说,隔天发一次《本局论撰》。持续到第1287期,很好的言论形式不复存在。这些数量有限的言论都与新政密切相关,与西学相关的也不少。但从总体上看,《北洋官报》对于言论的重视并不够。言论是表达媒体观点与立场的重要形式。《北洋官报》一直相对少言论,末期不再刊载言论,从一个角度说明《北洋官报》对于清末立宪时期中国如何借鉴西方列强的政治体制、治国方略等态度并不清晰明朗。它也不会通过言论批判现有的封建统治制度。《北洋官报》是袁世凯集团的官方喉舌,这也说明清朝统治集团所实施的立宪并没有实质性进展。也因为此原因,《北洋官报》在传播西学方面,重格致之学,轻思想之变;重智育,轻德育。即《北洋官报》注重向读者灌输西方资产阶级的社会政治学说和科学理论知识,借以提高国人的文化素质、官员的政治管理水平,而很少宣传资产阶级的世界观、人生观、价值观,对国人进行道德教育,更不会宣传西方民主、自由、平等的社会制度设计理念。本质上,《北洋官报》所做的这一系列宣传、启蒙工作,就其主观意图来说,还是为了维护清末封建统治基础,客观上对读者尤其是官员起到了一定的"开智"作用。

三、《北洋官报》促进了政治文化
形态向现代化过渡

学界对清末新政褒贬不一、讨论颇多、观点纷繁,但有一点是达成一致的,即清末新政尤其是预备立宪加速了中国政治现代化的进程。在中国政治文化形态向现代化过渡的过程中,《北洋官报》作为政治传播的主要渠道之一,它的角色和功能已经不仅局限于单纯的信息传播过程,还介入了社会个体的内化过程乃至整个政治体系态度的形成。

(一)促进了清政府的政务公开

政务公开是指整个公权力运作的活动及其信息的公开,包括中央及各级政府部门行使行政权的活动及其信息的公开,立法、财政预算等,以及执政党依法执政活动及其信息的公开。政务公开的意义在于:"其一,政务公开是实现现代参与民主和协商民主的必需。""其二,政务公开是实现国家治理现代化的必需。""其三,政务公开是依法治国,建设法治国家的必需。"①

公允地说,我国"政务公开"古已有之。宋有王安石推行新政,先通令"榜之诸县,凡民所未便,皆得自陈"②;明有朱元璋出令严禁地方政府滥设协管人员,要求各省布政司及府州县诸司衙门,各将本衙门文案书吏和应役皂隶的编制与姓名"明出榜文,告之于民"③。这都属于引导官吏施政行为趋向规范与透明化的政务公开。但自古以来隐匿信息和阻碍公开的力量自上而下地存在着,历代相沿的保密传统更是束缚着政务公开。光绪三十二年(1906),御史赵炳麟在《请令会议政务处筹设官报局片》中提及:"今国家行政,多尚秘密,凡谕折稍关政法者,多不发钞,举国之人,耳目愈闭,视听愈惑,以致弊端百出……再,政务处初议,本有印刷官报之说,乃至今未见举办。外间钞报,如谕折汇存、阁钞汇编之类,大抵皆照例

---

① 姜明安:《论政务公开》,《湖南社会科学》2016 年第 6 期。
② 完颜绍元:《古代榜示与政务公开》,《国学》2015 年第 3 期。
③ 完颜绍元:《古代榜示与政务公开》,《国学》2015 年第 3 期。

摺件,于朝廷立法行政本末无甚关涉。"①自唐朝出现邸报以来,历朝历代对邸报的传播都加以管控。宋代以来,邸报发展成为在封建政府中枢部门统一管理下发行的官报。自此,封建统治者对不利于封建统治的传报活动限制越来越严格,尤其极力严禁"妄行传报"朝廷机事。史书上能看到,明、清都有人因传抄邸报而获刑甚至被杀的事件记载。严厉限制邸报抄传活动的结果,是很多章奏都不能发抄,使广大依靠邸报获知朝政和国家大事的官员们耳目闭塞,信息不灵。封锁了敌人,也封锁了自己。明御史齐佳彪在上崇祯疏中说,"自抄传禁而情同射复,隔若面墙。欲借箸而苦曲折之未谙,欲请缨而惮遥惴之未真"②,就是这一情况的写照。

与古代邸报相比,新式官报《北洋官报》上大量刊载中央及各级政府、各类部门的政务信息。我们再来分析一下上文论述中对《北洋官报》各类内容所占报纸整体内容的比例数据:

表4-3 《北洋官报》各类内容所占比例　　　　　　单位:%

内容	上谕 宫门抄 辕门抄	奏折	公牍 文告	译电 外国新闻	新政	新闻	要件 附录	评论
占比	12.10	12.24	20.27	16.45	29.01	5.99	2.49	1.14

在这个数据表中,涉及政府公务的上谕、宫门抄、辕门抄、奏折、公牍、文告等内容总体所占比例高达44.61%。我们任选一期《北洋官报》,对其政务信息内容做统计。详见表4-4:

---

① 故宫博物院明清档案部:《清末筹备立宪档案史料(下)》,中华书局1970年版,第1060页。

② 《齐佳彪集(卷一)》,转引自方汉奇:《中国新闻事业通史(第一卷)》,中国人民大学出版社1992年版,第177页。

表4-4　1907年7月1日《北洋官报》政务信息一览

奏议录要	陆军部奏各省驿站拟请仍由陆军部经理片 大理院正卿沈奏调查日本裁判监狱情形折 出使英国大臣汪奏随使人员遵照新章请奖折
公牍录要	玉田县陈令宝铭禀统筹常年各项经费设立筹备总所文并批 河南藩皋两司会同巡警总局详改订巡警章程及整顿办法文并批
文告录要	**民政部示谕：** 振兴民政扩充巡警之时当差各员应设法研究法政 振兴庶务开创新规应博参同异务取贯通 **学务部批示：** 分发光禄寺典簿讲习科听讲员潘厚泽调大理院 **督宪牌示：** 宣化镇标怀安路都司详陛病故遗缺应以裁缺都司伯连补授除附 新海防分缺先补用典史各员 **督宪批示录要：** 运司详督销光绪三十二年盐引处理各员请奖由 督办陆军各项学堂段镇禀请以黄淇桃鸿源升补姚村小学堂正副教习由 巨鹿县禀高等小学堂教员崔對捐资报效由 宝坻县详木尺中饱提充学费并不扰累商民请仍旧办理由 **臬台批示：** 邯郸县武举陈廉等来司呈控一案通报 **天津南段巡警总局告示：** 天气炎热请勿泼洒秽水于道路

注：“文告录要”中所载各种文告只有分类，没有标题，表中所列条目均为笔者根据内容概括所得。

　　没有将上谕、宫门抄、辕门抄作为研究对象，严格来说，它们虽也属于政务信息之列，但前面章节已有论述，其象征意义大于其实际意义，因此，本处只对奏折和公牍、文告进行分析。古代官报——邸报也刊载臣僚章奏，在清代以前，甚至是官报上的主要内容，所占篇幅最大。但清代以来，邸报上的臣僚章奏部分，限于篇幅，只选刊少量折件原文，大部分折件只刊出目录,供阅读者参考。① 新式官报创办以来,为使"绅民明悉国政",晚清政府在 1904 年 6 月和 7 月,连下两道谕旨,要求官报登载吏治状况和各地财务,以便阅者"藉以察官""而伸公论"。② 1907 年 10 月 26 日,在《政治官报》问世的同一天,清政府发布命令,责令《京报》附出的报纸停刊,此后又由宪政编查馆饬令《京报》不得使用铅印。③ 至此,以《北洋官报》为代表的新式官报从此承担起政务公开的重任。旧式邸报刊载"谕折汇存、阁钞汇编之类,大抵皆照例摺件,于朝廷立法行政本末无甚关涉"④。《北洋官报》上的政务信息,除少量的升调补留之类的官场动态信息之外,其他大部分为政府各部门工作动态、政务人员出访或巡访信息、各类文告或调查报告等。因其政治指导理念的不同,其刊载的政务信息的范围扩大,内容增多,与古代邸报表现出质的差别。除此之外,《北洋官报》上还大量刊载新近制定和颁布的法律条文、规章制度,这些也都属于政务信息。

现代政务公开的范围包括,"一是从政务运作顺序的层面设定了政务运作各个流程的依序公开:决策公开、执行公开、管理公开、服务公开和结果公开;二是从政务运作要素的层面设定了各级政府及其工作部门的法定权责及运作要求公开:职能公开、法律依据公开、实施主体公开、职责权限公开、管理流程公开、监督方式公开;三是从重点领域政府信息的层面设定了若干重点政务信息项目的公开:财政预算公开、公共资源配置公开、重大建设项目批准和实施信息公开、社会公益事业建设信息公开

---

① 方汉奇:《中国新闻事业通史(第一卷)》,中国人民大学出版社 1992 年版,第 190 页。
② 李斯颐:《清末的官报》,《百科知识》1995 年第 6 期。
③ 李斯颐:《清政府与清末报业高潮》,《中国社会科学报》2003 年 9 月 30 日。
④ 故宫博物院明清档案部编:《清末筹备立宪档案史料(下)》,中华书局 1979 年版,第 1060 页。

等"①。比照现代政务公开的内容,《北洋官报》上的政务信息,已经初步具备了现代政务公开的意识。《北洋官报》大量刊载政务信息,与清末新政、预备立宪开启民智,启发民众的民主、民权意识,训练民众参政议政能力的精神是契合的。

(二)促进了地方社会"公共领域"的发展

清末新政期间,清政府开启了现代国家政权建设,政治权力的配置和运作发生了重大改变,主权的概念空前加强,政治权力的影响范围在地理空间和人群上不断扩大。中央及各级政府积极建立新式警察;奖励兴办工商企业,鼓励组织商会团体,允许自由发展实业;推广新式学堂,倡导新式教育;设立近代法庭,颁布现代法律;建设新式交通;改良传统农业等。从这些转变来看,清政府的职能发生了较大的变化,"行政机构(官僚的),为服务民众的利益承担起日益广泛的责任"②。一方面由于清政府的鼓励与倡导,另一方面由于中央权力的日益衰微,地方社会力量逐渐增长,新兴地方精英阶层自下而上推进公共活动的力度前所未有。首先是城市商会在全国迅速普及。"商会的活动和作用主要是联络工商、调查商情、兴办商学、调息纷争等。"③除了有关经济方面的活动之外,商会的活动,"多方渗透,层层楔入到社会生活的各个领域"。商会积极参与市政建设与管理,"在某种意义上可以说形成了一个官府之外的特殊的民间市政权力网络"。苏州的商会通过市民公社这一下属社会基层组织,以街道为行政区划,"办理区域内公益、公安,辅助地方自治",所从事的

---

① 姜明安:《论政务公开》,《湖南社会科学》2016 年第 2 期。

② 罗威廉:《晚清帝国的"市民社会"问题》,载黄宗智:《中国研究的范式问题讨论》,社会科学文献出版社 2003 年版,第 172 页。

③ 林雅:《清末商会探微》,《华东政法学院学报》2003 年第 3 期。

社会活动在实践中广泛涉及"教育、慈善、交通、金融、税务、物价以致军需杂物"等很多方面。除商会活跃于公共领域之外,在地方自治思潮的影响下,由地方绅商公举倡办的以及由地方官员督导推行的地方自治团体颇具规模。这些地方自治团体"在一定程度上扩大了绅商的政治参与范围,调动了绅商及民众的积极性,提高了绅商的社会地位,也满足了绅商参政的部分要求"①。1907 年 9 月,清政府谕令民政部拟定地方自治章程,尽快试办地方自治。1909 年 1 月 18 日,清政府正式颁布宪政编查馆核议的《城镇乡地方自治章程》和《城镇乡地方自治选举章程》,有力地推动了方兴未艾的地方自治运动。地方自治以当地居民参与、举办公益事务为特征,大大增强了国人的公民意识和国家观念,"俨然人人有公德心,人人有独立性,国民资格骤然进步"②。同时,地方自治拓宽了政治参与的渠道和广度,自治团体在自治范围内,尽管自治权力受到官方一定的控制,但却把参政意愿变成了参政实践。

如此一来,晚清最后十年,地方自治作为新政的重要内容,使得传统地方社会"公共空间"实现了体制化。"在清王朝日益衰败之际,地方公益事业却以前所未有的趋向获得发展。"③官府与士绅、商民共同担负起对地方公共事业发展的责任与对公共空间的维护。随着地方"公共空间"的扩展,社会舆论越来越多地关注地方公共事务。"1900 年以后,在京、津、沪、东北各地,主要的民间媒体的'地方新闻'的数量、版面,在整

① 梁景和:《论清末地方自治的实践》,《西南交通大学学报(社会科学版)》2000 年第 4 期。

② 高旺:《清末地方自治运动及其对近代中国政治发展的影响》,《天津社会科学》2001 年第 3 期。

③ 朱英:《转型时期的社会与国家——以近代商会为主体的历史透视》,华中师范大学出版社 1997 年版,第 476 页。

张报纸的新闻内容上,已经占据绝对优势。"①民间媒体的"地方新闻"内容,大多涉及地方重要的公共性事务。1906 年在奉天创刊的《盛京时报》曾自诩:"举凡东北地方自治、推广学校、议定税率、市政卫生、架桥铺路、市面涨落、慈善捐助等等,无不备载"②。1902 年在汕头创刊的《岭东日报》在 1906 年发表过一篇论说《国人当重视社会公共事务》。文中写到:"地方一部之公共事业,如警察、教育、公共卫生、救助贫民、修筑道路、疏浚河道、建筑公园等等,向为人所忽视。实则为地方事业,国家不得干涉者","苟地方公共之事业不兴,则国家之公共事业亦相牵而并败。故言公共事业者必自地方始,而以地方为最重"。③

公共空间的扩展,公共舆论的产生,促使民间媒体在新闻内容刊载上出现了新的特征。当时的民间报纸新闻版多以"时事要闻"(或"紧要新闻")、"本地新闻"(或"本埠新闻")、"外省新闻"来分类,显示出对地方公共事务的重视。在新政之初就创办的《北洋官报》,从版式到内容都显示出其作为"新式官报"的"新",把涉及"国计民生"的地方公共事务,作为重要报道对象,既有筹备立宪、地方选举、议定税率、架桥铺路,也有清理街道卫生、慈善捐助、赈济灾民等内容。本书分别选取 1907 年 10 月 1日、5 日、10 日、15 日、20 日、25 日、31 日《北洋官报》上的新闻进行分析,摘录涉及地方公共事务的新闻目录如表 4-5:

---

①　曹晶晶:《清末民间媒体关注"公共事务"与晚清社会变迁》,《国际新闻界》2009 年第1 期。

②　转引自曹晶晶:《清末民间媒体关注"公共事务"与晚清社会变迁》,《国际新闻界》2009 年第 1 期。

③　《东方杂志》第 6 卷第 3 期(1907 年 4 月 17 日)。

表 4-5 《北洋官报》1907 年 10 月部分地方公共事务新闻统计

发行日期	内　　容
19071001	京师罪犯罚充苦工应减裁工资以警示 皖省批筹半日学堂经费 鄂省筹议创设宪政学堂 皖省整顿关务之计划 江苏商团公会举定职员 豫省商会新定章程
19071005	审判公所暂行设立 吉林外国语学堂估勘建筑工程 江苏上海县学生举行秋季旅行 天津官绅商会代募江北赈捐数目 江苏省议开家政改良会 浙江省定海厅劝民息讼之韵示 奉天安东预备开关征税 江苏镇江明定商埠章程 鄂省汉口组织商团公会 吉林依兰府办理垦务 江苏镇江仿办商品陈列所 江苏扬州开办习艺所 闽省开办电话 黔蜀交通邮政
19071010	预备刊发时宪新书 赣省拟定戒烟功过章程 学堂用品免缴关税 定期开办图书馆 筹议普及教育之计划 初等小学添设乐歌 丝商筹议开办学堂 调查各省民数谷数 皖省庐州府禀请划定完粮章程 浙省萧山批准花布免缴厘捐 美船开辟由纽约至大连航路 京汉火车添班开驶 苏省阊门外电灯改装
19071015	审判庭定期接收案件 豫抚谕饬吏役遵守规条 天津青年会第五次体操大会 川省中学生须照章习课 京师内城女传习所招收女生 浙省昌化县调查土产 皖省宁国县办试验建筑种植场 天津青年会运动大会条规

发行日期	内　　容
19071020	实行立宪之预备 天津审判厅甄别人员 颁发各省教科全书 京师东安市场图书馆拟定章程 汇记扬州学务 鄂省宽筹小学堂毕业生出路 京师恩准给发粥厂米石 浙省征收膏税之办法
19071025	京师内城左分厅拟定窃盗等案赏罚简章 闽省设立议事堂章程 两江师范续招学生 湖南长沙估工建筑府中学堂 江西饬议陋规归公办法 奉天定期开办陈列所 苏省发明种植旱稻新法 汴洛铁路近事纪闻
190171031	苏抚札饬改设咨议会 皖省力求补救民困酌定兴办要政条例 皖省巡警清查户口 督宪整顿北洋学堂 天津劝业会场体操纪盛 江苏高等小学请仍习英文 皖抚赶办半日学堂 苏省常州商业学堂续招新生 山东济宁创设商船分会 颁发工艺教授课本 粤省兴宁县奖励自制显微镜

　　《北洋官报》上关于"国计民生"的地方公共事务的报道,向上涉及官僚权贵,向下涉及贩夫走卒,这样就构成了一个"介于国家与社会之间进行调节"的公共领域。这个公共领域从国家和社会的两极中独立出来,它既不同于国家的强制性管理领域,同时又有别于私人领域(如家族、宗族、亲朋关系,以及其他与公益无关的活动),在国家政治权力之外,形成了一个接近于公民舆论的东西。尽管《北洋官报》还远未达到面向所有公民开放的程度,更不可能实现给公民发表意见的自由,但是,它自觉做

了这个公共领域的媒介,来传递信息并影响信息接受者。

四、《北洋官报》在中国新闻事业
发展史上的重要地位

通过前文论述,可知《北洋官报》在中国历史上发挥着不可小觑的作用,它既是清末新政的产物,又对清末新政起到了一定的推动作用。作为一种新兴的媒体形式——新式官报,又创立于中国新闻事业史上一个特殊的时期,从媒体自身发展规律来看,《北洋官报》在新闻事业发展史上也同样占有一定的地位。

(一)宣告了古代形态官报的终结

起源于唐代中期的邸报不仅是中国最古老的报纸,也是世界上最原始的报纸。它被认为是一种从官文书游离出来的原始状态的报纸。后历经宋、元、明、清各朝各代,发展出官方报纸、半官方报纸、非法民报、合法民报等几种性质的报纸形态。官方报纸习惯被称为邸报,民间报纸被称为小报。古代邸报有 1200 年左右的历史,小报也有近千年的历史。民间报房出版的邸抄、京报,有近 400 年的历史。它们从诞生到结束,持续的时间都不算短,但发展缓慢,其形式与内容逐渐僵化,缺少生机,信息量和新闻的时效性早已无法满足阶级矛盾和民族矛盾日益激化的时代需求。

时至晚清,古代邸报虽如秋扇之见捐,却依旧苟延残喘,与风中残烛的清政府相伴,飘摇存世。即使近代化的外国传教士报刊、外国商业性报刊以及国内维新派、革命派相继创办的近代化报刊生机勃勃,都没能让古代邸报消亡,不过也严重挤压了邸报的生存空间。而最终促使古代邸报彻底消失在历史长河中的,是在晚清报业高潮中出现的新式官报。

　　《北洋官报》是这批新式官报的先声,也是新式官报中的佼佼者,对新式官报后继者的影响很大。正是以《北洋官报》为代表的新式官报的出现,正式宣告了古代形态官报的终结。

　　《北洋官报》是一份现代形态的官报。首先,它的形式是现代化报刊的形式。它有固定的报头(报名),这是古代邸报所不具备的。古代官报也好,小报也好,从问世到消亡,自始至终没有报头,因此,民间及后世对其称呼多种多样,进奏院报、进奏官报、进奏报、邸状、邸吏状、邸抄、邸钞、朝报等各不相同。官报和民间小报在历史记载中也经常混淆。所以有一个固定的报头(报名)是现代报刊的基本形态。

　　其次,从体例上看,《北洋官报》有新闻、评论、附刊(副刊)、广告,一份现代化报纸必备的四要素都已经具备。栏目设置丰富,新闻内容具有时效性,附刊(副刊)定期出版,广告量大。

　　再次,从办报宗旨、办报理念来看,《北洋官报》已充分接受西方的现代报业理念。对报纸的功能与作用、报人的职责等都有过较为明确的阐释和表达。虽然舶来之思想并没有完全深入到报业的实践中去,但《北洋官报》能在发刊词、评论中自觉接受并加以发挥,寄希望于本报乃至中国官报能对政府和社会舆论发挥引导作用,已是难能可贵。从这个角度来讲,《北洋官报》也属于现代化报纸范畴。

　　从版式上来说,《北洋官报》确实存有古代邸报的烙印,比如书册式装订。在1906年2月1日,《北洋官报》曾短暂改为两全张西式报纸版式,但最终,由于习惯势力的强大存在,为了迎合中国传统文人的阅读习惯,在2月23日,又改回原貌。然而,外形并不重要,重要的是内核。在内核实质上,《北洋官报》已脱离了古代报纸的范畴。

　　《北洋官报》没有单设采访部,这一点也经常被研究者所诟病,作为其还是"古代报纸的延续"的证明。《北洋官报》上大部分稿件都由编辑科、文书科收集政府各部门信息,凭借官方背景,借用行政力量,请政府各部门每天或定期将工作动态送交北洋官报局,官报再挑选、整理、刊载。但是,正如前文所述,《北洋官报》也有少量自采的新闻。虽然到底由谁充当记者出外采访新闻并不清楚,不过,这对官报来说已是巨大的进步。另外,《北洋官报》新闻门类丰富,还能够接收外电,选译外报。从新闻内容上看,与当时的现代化民间报纸无异。

《北洋官报》创办取得成效,为行省官报在全国推广提供学习与模仿的样板。1903 年,外务部就下令在全国推广。在榜样的示范下,各行省的官报也陆续办起来。1904 年由南洋通商大臣和两江总督衙门主办的《南洋官报》在江苏南京开办,体例就是仿照《北洋官报》。一时间,仿照《北洋官报》的办报模式,创办新式官报成为各省的新风尚。1904 年《四川官报》在成都创刊。到了 1905 年,伴随着新政迅速拓展,行省官报在全国全面铺开。1905 年,《河南官报》在开封创刊,《湖北官报》在武昌创刊,《安徽官报》在安庆创刊,《山东官报》在济南创刊;1907 年《广西官报》在桂林创刊,《江西日日官报》在南昌创刊,《甘肃官报》在兰州创刊;1908 年《浙江官报》在杭州创刊;1909 年《陕西官报》在西安创刊;等等。在清末最后 10 年中,清朝各级政府出版的官报,总数达百余种,形成了一个从中央到地方的新式官报系统。随着行省官报网络逐渐形成,"预备立宪"向前推进,清政府终于在 1907 年 10 月 26 日创建了中央政府官报《政治官报》。同一天,清政府下令停刊《京报》附出的报纸。至此,属于古代报刊范畴的邸报终于走向终结,退出历史舞台。

(二)推进了出版技术的发展

印刷和出版不只是一种技术,还是一种文化,更是具有"物质"力量的文化生产。"清末民初正是印刷技术在中国发生从用手工雕版印刷,经由石印技术,向用机器大规模活字铅字印刷转变的重要时期,其时的文化形态因此也呈现出巨大的转折性变化,精英的古典的文化逐渐为大众的时尚文化所取代。"①中国现代思想和文化从它的发生期就深刻地蕴含着大众传媒的特质。《北洋官报》诞生并发展于晚清的最后 10 年,随着西学东渐传入中国的近代出版技术,在以"救亡图存"为主要议题的文化启蒙运动中,迅速改进和创新,并推动近代出版业达到了高潮。

北洋官报局印刷设备先进,印刷技术一流,使《北洋官报》成为中国近代最早采用铜版印刷技术的报纸②。北洋官报局创建之初,就派人到日本不惜重金选购最先进的印刷设备,聘请日本精铜版、石版、照相制版及印刷的高级技师,从上海雇佣活字版熟练印刷工从事印刷。印刷版面相比其他书局来说比较齐全,雕刻铜版、铅版、电镀铜版,印书纸版、泥版、石版等一应俱全。这使得北洋官报局有能力经营其他出版业务。它不只限于刊印报纸,还承印各省纸币、股票、邮税、各类图画、五彩商标等,"花样新异,精巧绝伦,色泽鲜美,纸质坚致,并可加用特别暗记以杜仿造"③。铜版和铜活字印刷刻字精美、印刷质量高,因而"铜版印刷术在中国近代出版史上占有不可轻视的地位"④。不过,以铜作印刷材料造价极高,成本昂贵,在晚清,除官书局以外,也只有富贾豪商用得起。一版铜活字往往多次利用。北洋官报局因承揽各种出版印刷业务,所以铜版印了报纸,还可以印书,书籍印刷以后,还可以拆版将铜活字另作它用。即便如此,也可以想象,《北洋官报》使用雕版铜刻是多么的"豪奢"。当然,《北洋官报》的印刷质量是官报甚至当时出版的所有报纸中的佼佼者。

①　雷启立:《晚清民初的印刷技术与文化生产》,《华东师范大学学报(哲学社会科学版)》2008 年第 5 期。
②　翟砚辉:《〈北洋官报〉与直隶新政》,河北师范大学博士论文,2010 年。
③　《本局广告》,《北洋官报》第 1643 期(1908 年 3 月 1 日)。
④　纪晓平:《近代中国的铜版印刷术》,《大学图书馆学报》2002 年第 3 期。

　　《北洋官报》的印刷质量高,表现在封面、插图还有广告的刊刻方面。遇有宫廷重大活动,如皇太后、皇上寿诞,皇家婚丧嫁娶,祭祀,庆典等,官报的封面都会配有相应的图案、花纹。有时候,图案、花纹还很繁复,设计感强烈,纹路细腻,清晰,即使百年之后影印出来再看,也一样精美。

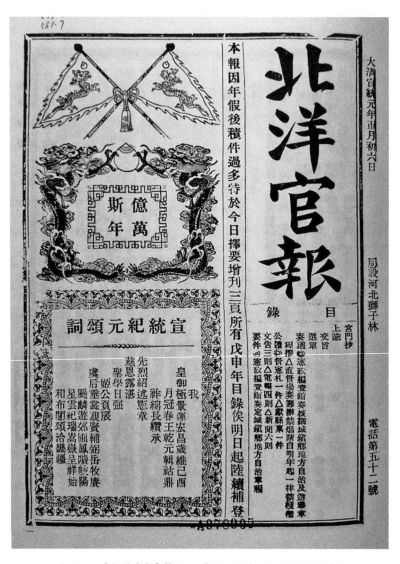

图4-1　《北洋官报》第1962期(1909年1月27日)头版

图 4-2 《北洋官报》第 2336 期(1910 年 2 月 15 日)头版

最能体现官报印刷水平的就是其插图和广告了。前文有详细介绍《北洋官报》的插图，包括插画、摄影图片等。精湛的印刷工艺完美呈现了插图的表现手法、艺术造型，线条的明暗、画面的分离与整合等都能淋漓尽致地按照插画师的意愿表达印刷出来。《北洋官报》的广告每期4到8版不等，相较于正刊，广告页用花纹、底纹等修饰更多，并且几乎每期均有图案。《北洋官报》上的广告插画，能将原作中人物神韵传达得惟妙惟肖，徽章标志细致入微，较好地保持了原作图画的品质。

先进的印刷技术不仅保证了高品质的报纸出版，而且还极大促进了报纸版面设计的改进。《北洋官报》有报头（报名）；有头版概念，且头版充满了设计感，有分栏、有装饰、字号字体有变化而错落有致；新闻信息有字号区分；标题与正文明显区分且突出处理；广告版面最为活跃，各种现代化编排手段频繁使用，大字号、花边、底纹、配图等，极大地增强了广告的宣传效果。《北洋官报》具备了现代报纸版面设计的理念，试图做到版面设计为内容服务，通过版面设计增强传播效果。

印刷能力的提高也带动了北洋官报局业务的发展。如前所述，北洋官报局不只限于刊印报纸，还承揽印刷本省及全国各地的公私营钞票、股票、印花、五彩商标，还承印各类图书、图册等。从《北洋官报》上的各类广告可以看出，官报局印售的书籍包括各级各类新式学堂教材，以及格物致知之学，传统文化，西洋思想等方面的图书，可谓五花八门。北洋官报局的印刷出版活动与《北洋官报》的宣传和展示，表现了其"开民智""传新知"的出版思想，融入到了晚清西学东渐、强国富民的大潮当中，并同当时涌现出的众多出版和印刷机构一起汇成巨大的社会和文化改造力量。

"由于印刷出版技术的革命性变化，不是因为工具性的生产，更由于功能性的社会组织和文化形态的形成，新的文化和知识生产格局在晚清社会终于成为主流,新的印刷技术因此而具有了推动和造就社会和文化变革的力量。"①

(三)提高了报人的地位

中国古代私营性质的小报肇始于北宋,盛行于南宋。当时小报的发行人是邸吏(进奏官),使臣(地方各军州郡临时派驻首都承受文字的官员),在省寺监司等政府机关工作的中下级官员,"书肆之家"和被当局诬称为"不逞之徒""无图之辈""奸佞小人"之类的人。② 明代中叶以后,民间报房获准公开营业,社会上开始出现以"送邸报为业的人",这些"报房贾儿"抄报、卖报"博锱铢之利"。可见,古代从事与报业有关活动的人社会地位都不高,卖报获利并不丰,经营报纸也只是为了养家糊口,并无更高志向。

19世纪中叶以后,在华外报迅速发展,无论是传教士报刊还是商业报刊,为了迎合中国文人的阅读习惯,也为了扩大报纸的发行量,它们尽可能地使报纸"中国化",聘请中国人为主笔或撰稿人蔚然成风。但通常只有屡试科举未中、怀才不遇的文人才到报社应聘。"以中国早期报业最具代表性的报纸《申报》为例,其1876年创刊之后直到20世纪初的几十年里历任总主笔、主笔,除了第一任总主笔蒋芷湘于1884年考中进士,离开报馆外,其他人几乎都是功名未就的落魄秀才。"③第一批中国报人的境遇和社会地位的低下更是今人难以想见。世人普遍认为"一般报馆主笔、访员在当时均为不名誉之职业,不仅官场中人仇视之,即社会上一

① 雷启立:《晚清民初的印刷技术与文化生产》,《华东师范大学学报(哲学社会科学版)》2008年第5期。
② 方汉奇:《中国新闻事业通史(第一卷)》,中国人民大学出版社1992年版,第104—105页。
③ 刘磊:《中国早期报人社会地位的演进》,《传媒》2002年第7期。

般人,也以其搬弄是非而轻薄之"①。以致在报馆从事事务的报人"对人则嗫嗫不敢出口也"②。且报人工作条件恶劣,薪水较低,哪有"无冕之王"的神气。雷瑨回忆在《申报》报馆工作的条件时写道:"房屋本甚敝旧,惟西人办公处,尚轩爽干净。吾辈起居办事之室,方广不逾寻丈,光线甚暗,而寝处、饮食、便溺等等悉在其中,冬则寒风砭骨,夏则炽热如炉。最难堪者,臭虫生殖之繁,到处蠕蠕,大堪惊异,往往终夜被扰,不能入睡。馆中例不供膳,每日三餐,或就食小肆;或令仆人购于市肆,携回房中食之。"③作为当时大报的《申报》的主笔尚且如此窘迫,更何况其他小报馆、普通访员的境遇。戈公振评价:"记者之职业,誉之者至谓无冕之王,而在昔则不敢以此自鸣于世也。"④

随着西式报刊的示范作用,以及中国近代报刊所需的社会发展条件的成熟,以王韬为代表的早期改良主义知识分子开启了国人自办报纸的先声。在中国封建专制和帝国主义的双重压迫下,他们奋力冲破言论出版自由的桎梏,顶着来自经济方面的压力,利用报刊媒介表达了强烈的爱国主义思想和一定的资产阶级民主要求,同时也表达了他们希望使报纸成为改革社会、推进中国繁荣富强的舆论工具的强烈愿望。历经近半个世纪的西报的浸淫,以及早期报人对西方报馆的价值和功能的解释,更重要的是,报人积极的新闻实践,使得报纸、报馆乃至报人的地位被重塑。早期效法西方的报人如王韬、蒋芷湘、陈蔼亭、伍廷芳、蔡尔康等,"身份"

---

① 姚公鹤:《上海报纸小史》,《东方杂志》1917年第14卷第6号,转引自赵建国:《从"边缘"走向"中心":早期报人社会地位的演变》,《广西社会科学》2006年第8期。

② 姚公鹤:《上海报纸小史》,《东方杂志》1917年第14卷第6号,转引自赵建国:《从"边缘"走向"中心":早期报人社会地位的演变》,《广西社会科学》2006年第8期。

③ 雷瑨:《申报馆之过去状况》,申报馆编:《最近之五十年(二)》,上海书店出版社2015年版,第490页。

④ 戈公振:《中国报学史》,中国新闻出版社1985年版,第84页。

已大为改善,得以初步去污名化,为甲午后康梁等高级士人提升行业形象做了铺垫。

时间推进到 19 世纪 90 年代,中国人办报活动达到了第一个高潮。在这次高潮中,维新派人士创办的报刊占有重要的历史地位。维新运动的领导人和维新派人士,借助报刊谴责列强侵略中国、瓜分中国的种种罪行;强调争取民族独立,维护国家主权的重要性;同时强调向西方学习先进思想、先进文化,坚持不懈地对国民进行思想启蒙教育。他们震骇心魂的政论、救亡图存的热忱、追求自由的新闻思想、英勇无畏的政治实践,赢得了民众的支持。"前此贱视新闻业因而设种种限制之惯习,复悉数革除","新闻业遂卓然成海上之新事业,而往前文人学子所不屑问津之主笔、访事,至是亦美其名曰新闻记者,曰特约通信员"。① 康梁等人同时以"新型的政治公众人物"和报人的形象开始在历史舞台呈现,提高了报人的社会声望,提高了报纸的社会地位。塑造了更为权威和高尚的政治家报人的形象。然而随着戊戌政变对维新派人士的剿杀,维新派在国内的舆论机关丧失殆尽。尽管维新报人相对早期报人与政治权力中心更加接近,对社会舆论也更具有影响力,但依旧没有获得官方的认可。

直到清末新政时期,清政府不再视"新报"为"错谬",不仅接纳了新式报刊,认识到了报刊在社会生活中的重要作用,还转而予以鼓励,并由主政者亲自发起创办官报,以积极参与的姿态投入到清末办报高潮中。统治阶级对报刊的态度由压制和排斥到肯定和利用,这在观念和行动上是一个相当大的进步。这直接主导着社会的价值取向。"以 1902 年为界,此前 10 年间问世的报刊约 180 余家,而此后 10 年则达 970 余家,并且出现了我国最早的一批通讯社、新闻著作、新闻团体等,形成了清末的

---

① 姚公鹤:《上海闲话》,上海古籍出版社 1989 年版,第 131—132 页。

报业高潮。"①这其中,清朝各级政府出版的官报,近110家。② 当时的清末官报,按性质分,有官商合办,官督商办,有始官办而终归商办,有始商办而终归官办的。按主办单位划分,官报可分为中央、总督辖区、省和少数州县四级。按内容分,官报有综合性和专业性两大类。综合性官报以《北洋官报》《南洋官报》等为代表,后来又创办了中央政府官报《政治官报》。专业性官报种类繁多,涉及了教育、政法、商务、实业等多个方面。清政府实施"预备立宪"期间,中央政府各部门及各地出版的专业性官报如雨后春笋,其中以教育官报数量最多,几乎每省都有。从地域分布上来看,清末22个行省除了新疆外,都办有官报,数量多寡不一。"这样,形成了一个纵向四级两类、横向遍布各地的结构严密的官报网络,恰与金字塔形的各级政权组织及其分工形式相契合,其规模之大为世所仅见。无论是经典意义上的松散的西欧庄园制封建国家,还是东方式专制主义的俄国、日本、土耳其和印度等国家,除孤零零的几份官报外,在向近代化过渡时期都没有形成如此成熟、几达无远弗届的官报网。"③

由此分析,清末最后10年,由于官方对新式报刊的鼓励、支持和认可,报人的社会地位与报纸的社会影响力大大提高。而在这个过程中,《北洋官报》作为较早创办的新式官报,在各方面都起着示范作用,加之其官报的身份,它对报人社会地位的提高有着重要的影响力。

(四)初步形成了现代化和专业化的编辑理念与编辑技术体系

所谓编辑理念,"就是编辑主体在编创媒体、缔构文化时,根据自身的素养及对社会政治、经济、意识形态等形势的总体把握,形成的关于媒

---

① 李斯颐:《清末的官报》,《百科知识》1995年第6期。
② 李斯颐:《清末的官报》,《百科知识》1995年第6期。
③ 李斯颐:《清末10年官报活动概貌》,《新闻研究资料》1991年第3期。

体的主流活动与主导意识的思维灵智,是对编辑活动规律的理性认知与意识的升华"①。中国古代出版业被封建统治阶级垄断,出版为儒家文化服务,其自身特有的规律和功能被压制,没有得到充分发挥。鸦片战争以后,随着西方现代印刷机械和技术的大量输入和逐渐普及运用,中国本土现代意义上的出版机构的出现以及新式报刊的产生和发展,中国古代传统的编辑出版格局终于被打破。直至 20 世纪初,现代化和专业化的编辑理念与编辑技术体系在中国初步形成。《北洋官报》现代化的编辑理念体现在以下几个方面。

1. 编辑人员职业化,编辑活动专业化

"在晚清,当西方科技知识涌入,而中国又一再地挫败之后,兴起了一种专业主义,它一方面是强调追求应用性知识技能,另一方面是分工、专精理念的兴起,取代原来'通儒'的理想,或君子不'器'的观念。"②《北洋官报》创办之初,聘有专门的、固定的编辑人员,且编辑人员分工明确,各司其职。初期机构设置为总办,总办之下设六股,分别为编纂处、翻译处、绘画处、印刷处、文案处和收支处。其中,编纂处有总攥,有副攥,专门负责撰写评论、申论注解、选录稿件、校对勘误等报务工作;翻译处专职翻译东西各国现售的报刊、杂志和各门各类最新图书;绘画处专门临摹国外最新图画,包括著名人物、名胜古迹、新奇发明等,其中描画地图是较大和较复杂的工作内容,另外,还要给每幅画配以文字说明;印刷处主要负责印刷、盖戳、统计期刊日期号码、裁订题封等事务,另外还兼有储备、保存图籍画器等一切与报纸印刷相关的物资的职责;文案处,掌管收取、开启、咨询和回禀公牍文件,并刊发各类公私告白,还掌管卷宗,誊写报册,办理各种盖章手续等事务;收支处,除了负责采办物料,发给员工薪俸伙食等

---

① 张祖乔:《网络时代编辑该具有什么样的理念》,《编辑之友》2007 年第 2 期。
② 宋原放:《中外出版史》,北京师范大学出版社 1993 年版,第 120 页。

各项杂用,掌管一切收支款项等,还相当于报纸的发行部门,负责发售官报,收回报价。

从部门设置来看,《北洋官报》的各个编辑环节分属各个部门,局员各有专责,一律遵守。"副纂所订原稿,必经总纂,详加参阅后,统由总办过目盖戳,于设定时刻内发印。印刷处不得擅改印样,仍送总纂校阅无讹,始准发售。发售由收支处经营,必于设立时刻内按号分送,勿许停滞。报价照章核收,必受有凭照者,始准发行。报章之体裁,图画之有无,记载之事项,及文章之工拙,均有关于风气之通塞。报章之销数,准由总纂随时斟酌修改,惟须总办意见之相同。"①

2. 以清政府和直隶政府的新政纲领为主要编辑依据

作为清政府施行新政时期直隶政府创办的官方刊物,《北洋官报》自始至终都把清政府和直隶政府的新政纲领作为编辑工作的主要依据。清政府在新政实施各个阶段的纲领路线和方针政策,是根据当时的国际国内形势和矛盾以及统治阶级的利益目标而制定的,这些纲领路线和方针政策在很大程度上是为了挽救民族危亡和政府信任危机,重树政府尊严和威信,维护清朝意识形态的合法性和凝聚力。在这个意义上,《北洋官报》把清政府和直隶政府的新政纲领作为编辑工作的主要依据,把宣传政府的方针政策作为一项重要任务去做。

在用新政纲领指导编辑工作方面,官报编辑部注意站在中央政府和直隶政府的立场上来辨别是非,判断正确与错误,决定稿件的取舍和见报时机。在新政向前推进的不同阶段,官报的宣传和报道都紧紧围绕当前主要工作和任务。在特定的新闻事件发生,或具有重要意义的新政措施实施阶段,官报还会进行较有规模的集中式宣传报道,形成新闻报道内容

---

① 戈公振:《中国报学史》,中国新闻出版社 1985 年版,第 48 页。

的集聚性,提升新闻传播的影响力。比如在清政府宣布"预备立宪"以后,《北洋官报》新增多个评论类和新闻类专栏开展立宪新闻述评,一个月内有关"预备立宪"的新闻明显规模性增多,甚至报纸版面也为此做了相应调整,全力引导舆论支持立宪,为"预备立宪"摇旗呐喊。

3. 新闻稿件处理依据一定的新闻原则

《北洋官报》章程中第三章"条规"部分,专门规定了官报处理新闻稿件的原则。

不准妄参毁誉,致乱听闻。

不准收受私函,致挟恩怨。

所有离经害俗委谈隐事,无关官报宗旨者,一概屏不登录。

记载各条必其事实有根据,其或偶涉讹误者,应随时声明更正。①

这些条规涉及新闻真实性原则、新闻伦理原则、客观公正原则等。《北洋官报》就曾经刊载过"据实更正",为未经证实就刊载失实新闻向读者致歉。另外,因为《北洋官报》没有专门设有采访部,大部分稿件不是自采新闻。在刊载新闻时,无论国内新闻还是国际新闻,官报一般都要注明新闻来源。这也表明官报对新闻真实性的追求。

《北洋官报》还初步具备了受众意识。具体体现在:

第一,官报首页或头版、二版上方设置固定的《目录》,对本期官报主要内容加以索引,与我们现代报纸的"导读"一样,引导和便于读者阅读。《目录》一般位于报头下方,相当于"报眼"的位置,通常将"奏议""公牍""要件"等栏目的主要新闻的标题一一罗列。其他栏目收录新闻的数量依依列举。

---

① 戈公振:《中国报学史》,中国新闻出版社1985年版,第48—49页。

第二,官报还会在岁末年初将当年或上一年全年报纸的主要栏目的内容做一个目录索引,方便读者查阅或按目类收存报纸。

第三,《北洋官报》用白话文刊载各类告示,用白话文传播立宪与政治知识等。白话文的运用充分考虑了读者的接受能力,显示了报纸的受众意识。

第四,《北洋官报》的附刊《北洋学报》,分为甲、乙、丙三编,分别为文学类内容、化学类内容和学术汇编。因内容丰富,页数有限,各编轮流出刊。为方便读者学习、收藏,每编内容不相混,岁末年终之时拆分,即可分别装订成各类专业书籍。这种为读者着想的做法也反映了官报的受众意识。

五、本章小结

毋庸置疑,自从《北洋官报》浓墨重彩地登上历史舞台之后,便在历史长河中占有一席之地。《北洋官报》是清末最后十年这个特殊时代的产物,它是这段历史的一部分,它的编辑方针、报道内容深刻反映了时代的变化。本章重点讨论的是,《北洋官报》作为社会系统中独立存在的一分子,如何能动地作用于社会。

首先,《北洋官报》十年的存在,对晚清最后时光的记录,具有不可取代的史料价值。十年间,《北洋官报》除每年中国农历春节前后休假十天之外,从未脱期。3000多期的官报,将每日中央政府及直隶省、其他省份的重要公告、决策,朝廷大员的重要奏章,各部门之间政务来往的重要函文以及全国各地新政实施的新闻,预备立宪推进的各个步骤的报道等精选摘录,有条不紊地开展报道。尤其是在对清末新政、预备立宪的报道上,几乎清政府每一次政策的发布与调整,《北洋官报》都有报道。当日

之新闻,便成明日之历史。如今,《北洋官报》成为研究晚清历史不可多
得的历史资料。

其次,有研究者认为《北洋官报》是"政府传达政策法令的机构,与邸
报'宣达皇命,传达政令'的功能差别不大"。但是通过本书的大量内容
分析,可以得出结论,《北洋官报》与邸报在实现"通上下"的功能上差别
很大:《北洋官报》对于清政府、直隶政府的政策的宣传报道是主动的、积
极的。比如,在关键时刻官报也有派出"记者"主动打探新闻;设评论专
栏对时局、对政策表达观点,引导舆论;编辑各类知识性附刊传播新学问、
新思想;着力通过阅报社、讲报所等方式努力向下层民众输灌新知识、新
观点等。因其权威性和广泛的传播范围,《北洋官报》对清末新政的推
进、清末立宪思潮的发展起到了不容小觑的推动作用。它不仅冲击着广
大政府官员的思想,影响着他们对国家政治进程和社会变迁的觉悟,还试
图"向下"实现其"开民智"的宏大理想,展现了官报"唤起国民,共担国
家"的进步性。

再次,研究《北洋官报》一定要注意,报纸作为社会系统独立存在的
一分子与这个社会的互动性,它对社会的进步能动地发挥着自己的作用,
不能仅仅用功能主义来评价它,只是把它看作社会的反映、文化的载体。
《北洋官报》对历史的能动作用可分为两个部分,一是对社会历史进程的
推动作用,二是对新闻传播事业的促进作用。作为一类媒介的代表和典
范,除了在革命史范畴中探讨《北洋官报》,还应该注重从媒介自身的新
闻传播规律来研究它。

最后,本书对《北洋官报》的历史评价更多地是基于其自身的外在形态
与内容分析所得,通过与少量的私营报纸、政治团体所办的报纸相对比而
出,尚欠缺其他史料的佐证,如同时代读者的评述,其他媒介的评价和互
动,以及各类史书对官报的记载等。今后,本研究还需不断挖掘和完善。

结　语

　　本书在晚清最后十年的背景中考察《北洋官报》，对其办刊宗旨、形式、内容、组织建构及发行渠道等方面做了全面梳理和分析，并在此基础上，对《北洋官报》在历史尤其是在新闻传播史中的地位和作用做了深入探讨。力图勾勒出《北洋官报》的全貌，为中国新闻史的进一步完善添一块砖瓦，为地方报刊史搭建一个小平台。

　　一份报刊像一个人一样，其身后是非功过任人评说。翻阅后人对《北洋官报》的评价，大致可以将观点划分为两大类，一类观点是从《北洋官报》的意识形态属性出发，用政治价值评价它，认为《北洋官报》"政治上的反动性注定了它必然是一项失败的活动"；另一类观点是从功能主义角度肯定《北洋官报》"为清末新政的推行提供官方的信息引导，充当了清廷耳目喉舌的角色"。学者们从不同角度展开研究，得出多样的观点。本研究则通过对《北洋官报》的形态与内容分析得出：《北洋官报》在编辑体例、发行体制等方面不仅在当时起了示范作用，后继创办的官报几乎都模仿其办报模式，而且还深深影响了辛亥革命后民国时期创办的报纸。从这一角度讲，《北洋官报》是一份"成功"的报纸。

　　无论从哪一种角度、运用哪一种范式研究《北洋官报》，都不能轻易为它盖棺定论,只不过是"横看成岭侧成峰"罢了。当前对《北洋官报》为数不多的研究中,除了通过对其概略性描述之后就简单地下了符号化、脸谱化的定论之外,还有一部分是把《北洋官报》作为"历史的报刊"来研究。所谓"历史的报刊"是说将报刊作为史料,窥探当时的政局、经济发展、思想文化、社会生活等状况。这样的研究较少关注报刊自身,即没有把报刊当作研究对象,无法呈现报刊的文本、编采业务、广告经营、传者与读者的面貌。"报刊的历史"因此模糊而不完整。"强调作为对象的报刊研究,并非是要否定报刊的史料价值,而是在另一种意义上对报刊价值的重新估量。报刊之于人、之于社会、之于国家的价值,不单纯在于记录或反映正在发生或发生过的事情,同样在于制造并传播知识,对人群及社会产生某种观念冲击,进而影响历史的进程。"①本研究试图不仅仅停留和局限在"历史上的报刊",而是描摹出《北洋官报》的轮廓,尽量还原为"报刊的历史"。

放眼历史长河,《北洋官报》在中国新闻传播史上,起到了承上启下的作用。《北洋官报》已完全脱离古代官报的性质,蜕变成现代化报刊。由《北洋官报》起,中国古代邸报的历史结束了,现代官报的历史开启了。《北洋官报》和其他各类报刊一起,成为我国第一次报业高潮的组成部分。

梳理"历史的《北洋官报》",发现《北洋官报》上保存了大量珍贵的史料,它对清末工商实业的开办、新式教育的发展、现代警政的推进、预备立宪的过程等方面的报道,尤其是关于直隶省新政各项措施的实施,以及外交关系、新书出版、移风易俗、市政建设、救济与慈善等方面的报道,为今天的研究提供了不可多得的、具体而生动的原始记录,堪称清末历史变

① 胡建书:《从"历史的报刊"到"报刊的历史"——浅论中国近现代报刊史研究范式的转变》,《新闻与传播研究》2012年第2期。

迁的记录者,是研究清末新政和直隶社会生活不可或缺的第一手原始资料。

考察"《北洋官报》的历史",从另一种意义上重新估量《北洋官报》的意义,我们发现:

第一,以《北洋官报》为代表的新式官报取代古代邸报是历史的必然。古代邸报并不是一无是处,只是它的僵化与封闭违背了新闻传播开放与发展的必然趋势,最终只会走向衰落直至消失在历史时空中。而《北洋官报》汲取了古代邸报中合理的、积极的因素,比如上传下达,保持政令畅通等;增添了古代邸报所不能容纳的新内容,如各类时效性新闻、新知识、新思想等,甚至还有评论,并抛弃和克服了古代邸报中过时的、消极的因素。因而,《北洋官报》具有古代邸报不可比拟的优越性,必然会取代古代邸报。同时,在清末社会求变革、求发展的动荡历史中,《北洋官报》的出现在一定程度上能够反映社会新的变化,满足受众更多方面的信息需求,必然导致受众"喜新厌旧"。因此,新式官报取代古代邸报成为历史的必然。

第二,以《北洋官报》为代表的新式官报的发展与清末新政、立宪思潮的发展是同步的。清末新政进展顺利,如火如荼,《北洋官报》的新闻宣传亦繁荣蓬勃;新政推进缓慢或迟滞,《北洋官报》的宣传报道也偃旗息鼓;当清政府宣布预备立宪,《北洋官报》的形式内容焕然一新。新式官报的发展过程与清末新政、立宪进程是吻合的。以《北洋官报》为代表的新式官报与清末社会变迁关系密切。清末新政的实施推动了新式官报的创办和发展,新式官报的宣传报道在一定程度上促进了清末新政的开展,二者相互促进。新式官报成为清政府官方主导思想的主要鼓吹者和支撑力量。

第三,以《北洋官报》为代表的新式官报对新思想、新文化、新知识的持续宣传,成为清末报刊"开民气、开官智、开民智"洪流中的重要组成部分。晚清,西学东渐是中西文化交流的主要方式。从传教士蹈海东来,在中国东南沿海宣讲教义,办报出书,配合西方殖民主义开展思想文化渗透,到中国少数知识分子开始"睁眼看世界";从以教会为主要力量创办学校、印刷出版机构,到以清政府官方创办的新式学堂、印刷出版机构成为西学传播的主流;从以西方自然科学技术为输入主流到引入西学当中有关政治、法律以及社会科学方面,晚清西学的传播经历了从无到有、从少到多,历经半个世纪的西学传播洪流,到清末最后十年,达到了前所未有的高潮。清政府与其官方喉舌新式官报成为传播西学的主要力量。《北洋官报》从创办到结束,矢志不渝、坚持始终地向读者介绍西学新书,自然人文都有涉猎,不遗余力地向读者介绍西方新技术、新发明、新知识、新思想,即使在发展后期随着清末新政的停滞,对新政的新闻宣传报道甚至为零的时候,都没有停止对现代科学技术和思想文化的传播。《北洋官报》同其他各类报刊一起为晚清思想启蒙做出了贡献。

《北洋官报》像一汪还未完全探测的湖水。十年的《北洋官报》,不间断地出版,除了对清末新政、预备立宪、直隶新政的持续关注,对国际时事的密切跟踪,对新知识、新思想的一贯传播之外,它对晚清移风易俗的报道及其影响,它的附刊的发展变化,广告的内容及传播策略等问题,本书都未能深入细致地开掘。它与私营报纸之间的互动也是很有趣的话题,本书也关注较少。走出中国新闻史疆界,将《北洋官报》放到世界新闻史视野中考察,在世界各国现代化过程中,《北洋官报》乃至晚清的官报活动与世界各国官报活动的比较研究,将有助于我们探寻中外近代新闻事业的发展规律,这是今后研究《北洋官报》可以开拓的领域。

　　《北洋官报》这汪湖水连接着中国新闻传播史的江河,并汇入世界新闻传播史的海洋之中。作为个体,《北洋官报》随着清王朝的灭亡,悄无声息地"改名换代",在中华民国中续存,直至湮没在历史大潮中。然而作为历史的一分子,《北洋官报》划过历史的星空,完成了历史的使命,留下了闪亮的弧线,值得后人去品鉴。

参考文献

（一）报刊杂志

[1]《北洋官报》,1902—1912 年。

[2]《政治官报》,1907—1911 年。

[3]《湖南官报》,1902—1906 年。

[4]《四川官报》,1904—1911 年。

[5]《甘肃官报》,1908—1910 年。

[6]《湖北官报》,1905—1910 年。

[7]《南洋官报》,1904—1911 年。

[8]《大公报》,1902—1911 年。

[9]《申报》,1902—1911 年。

[10]《东方杂志》,1904—1911 年。

[11]《顺天时报》,1908—1910 年。

（二）史料综合

[1]国家图书馆:《国家图书馆藏北洋官报》,天津古籍出版社 2014

年版。

[2]故宫博物院明清档案部:《清末筹备立宪档案史料》,中华书局 1979 年版。

[3]沈云龙:《近代中国史料丛刊》,文海出版社 1961—1973 年出版。

[4]朱寿朋:《光绪朝东华录》,中华书局 1958 年版。

[5]张枬、王忍之:《辛亥革命前十年间时论选集》,生活·读书·新知三联书店 1963 年版。

[6]甘厚慈:《北洋公牍类纂》,文海出版社 1966 年版。

[7]甘厚慈:《北洋公牍类纂续编》,文海出版社 1966 年版。

[8]赵君豪:《中国近代之报业》,文海出版社 1978 年版。

[9]方豪:《英敛之先生日记遗稿》,文海出版社 1978 年版。

[10]丁进军:《晚清创办报纸史料》,《历史档案》2000 年第 2、3、4 期及 2001 年第 1 期。

[11]复旦大学新闻系新闻史教研室:《中国新闻史文集》,上海人民出版社 1987 年版。

[12]河北省地方志编纂委员会:《河北省志·新闻志》,中华书局 1995 年版。

[13]中华文化通史编委会:《中华文化通志·新闻志》,上海人民出版社 1998 年版。

[14]天津图书馆、天津社科院历史研究所:《袁世凯奏议》,天津古籍出版社 1987 年版。

[15]《袁世凯奏折专辑》第一集第八册,广文书局 1970 年版。

[16]《清实录》第六十册,中华书局 1986 年影印版。

[17]中国社会科学院近代史研究所近代史资料编辑部:《近代史资料》,中国社会科学出版社 1982 年版。

［18］天津市档案馆等:《天津商会档案汇编》,天津人民出版社 1989年版。

［19］赵尔巽:《清史稿》,中华书局 1958 年版。

［20］［英］李提摩太:《论报馆》,载《中国近代报刊史参考资料(上册)》,中国人民大学新闻系 1979 年版。

［21］梁启超:《中国各报存佚表》,载《中国近代报刊史参考资料(上册)》,中国人民大学新闻系 1979 年版。

［22］胡道静:《戊戌政变五十年祭》,载《中国近代报刊史参考资料(上册)》,中国人民大学新闻系 1979 年版。

［23］张静庐辑注:《中国近代出版史料初编》,上杂出版社 1953 年版。

［24］保定市报社:《保定报志》,内部资料,1991 年版。

［25］《最近之五十年》,申报馆 1923 年版。

(三)专著

［1］陈旭麓:《近代中国社会的新陈代谢》,中华书局 1958 年版。

［2］费正清:《剑桥中国晚清史(1800—1911)》,中国社会科学出版社1993 年版。

［3］高放等:《清末立宪史》,华文出版社 2012 年版。

［4］郭汉民:《晚清社会思潮研究》,中国社会科学出版社 2003 年版。

［5］胡绳武、金冲及:《论清末的立宪运动》,上海人民出版社 2003 年版。

［6］侯宜杰:《二十世纪初中国政治改革风潮——清末立宪运动史》,中国人民大学出版社 2011 年版。

［7］夏新华、胡旭:《近代中国宪政历程》,中国政法大学出版社 2004年版。

［8］王凤超:《中国报刊史话》,商务印书馆 1991 年版。

[9]徐建平:《清末直隶宪政改革研究》,中国社会科学出版社 2008 年版。

[10]王天根:《晚清报刊与维新舆论建构》,合肥工业大学出版社 2008 年版。

[11]徐载平、徐瑞芳:《清末四十年申报史料》,新华出版社 1988 年版。

[12]杨光辉、吕良海等:《中国近代报刊发展概况》,新华出版社 1986 年版。

[13]戈公振:《中国报学史》,生活·读书·新知三联书店 1955 年版。

[14]方汉奇等:《中国新闻事业通史》,中国人民大学出版社 1992 年版。

[15]方汉奇:《中国近代报刊史》,山西人民出版社 1983 年版。

[16]吴廷俊:《中国新闻史新修》,复旦大学出版社 2008 年版。

[17]倪延年:《中国古代报刊发展史》,东南大学出版社 2001 年版。

[18]丁淦林等:《中国新闻事业史新编》,四川人民出版社 2003 年版。

[19]刘家林:《中国新闻通史》,武汉大学出版社 2005 年版。

[20]李炎胜:《中国报刊图史》,湖北人民出版社 2005 年版。

[21]陈昌凤:《中国新闻传播史:传媒社会学的视角(第二版)》,清华大学出版社 2009 年版。

[22]刘子扬:《清代地方官制考》,紫禁城出版社 1988 年版。

[23]瞿同祖:《清代地方政府》,法律出版社 2003 年版。

[24]陈玉申:《晚清报业史》,山东画报出版社 2003 年版。

[25]董丛林等:《清末直隶新政研究》,河北人民出版社 2002 年版。

[26]董丛林:《晚清直隶总督与辖区经济开发》,当代中国出版社

2002 年版。

[27]李孝悌:《清末的下层社会启蒙运动:1901—1911》,河北教育出版社 2001 年版。

[28]王树增:《1901》,人民文学出版社 2011 年版。

[29]苏同炳:《中国近代史上的关键人物》,百花文艺出版社 2007 年版。

[30]董守义:《李鸿章》,哈尔滨出版社 1996 年版。

[31][美]E.A.罗斯:《变化中的中国人》,公茂虹、张皓译,时事出版社 2006 年版。

[32]李长莉:《近代中国社会文化变迁录(第一卷)》,浙江人民出版社 1998 年版。

[33]闵杰:《近代中国社会文化变迁录(第二卷)》,浙江人民出版社 1998 年版。

[34]罗检秋:《近代中国社会文化变迁录(第三卷)》,浙江人民出版社 1998 年版。

[35]辜鸿铭等:《清代野史》,巴蜀书社 1998 年版。

[36][美]杜赞奇:《文化、权力与国家》,王福明译,江苏人民出版社 2003 年版。

[37]叶再生:《中国近代现代出版通史》,华文出版社 2002 年版。

[38][美]J.C.亚历山大:《国家与市民社会》,邓正来译,中央编译出版社 1999 年版。

[39]方汉奇主编:《中国新闻事业编年史》,福建人民出版社 2000 年版。

[40]秦绍德:《上海近代报刊史论》,复旦大学出版社 1993 年版。

[41][美]施拉姆:《大众传播媒介与社会发展》,金燕宁等译,华夏

出版社 1990 年版。

[42]吴晗等:《皇权与绅权》,天津人民出版社 1988 年版。

[43]胡太春:《中国近代新闻思想史》,东方出版社 2015 年版。

[44]蒋国珍:《中国新闻发达史》,世界书局 1927 年版。

[45]金冠军、戴元光:《中国传播思想史(古代卷上、下,近代卷)》,上海交通大学出版社 2005 年版。

[46]张之华:《中国新闻事业史文选》,中国人民大学出版社 1999 年版。

[47]龚书铎:《中国近代文化概论》,中华书局 1997 年版。

[48]龚书铎:《中国近代文化探索(增订本)》,北京师范大学出版社 1997 年版。

[49]丁志伟:《中体西用之间》,中国社会科学出版社 1995 年版。

[50]张连起:《清末新政史》,黑龙江人民出版社 1994 年版。

[51][美]伍安祖、王晴佳:《世鉴:中国传统史学》,孙卫国、秦丽译,中国人民大学出版社 2014 年版。

[52][法]葛兰言:《中国文明》,杨英译,中国人民大学出版社 2014 年版。

[53][美]吉尔伯特·罗兹曼主编:《中国的现代化》,国家社会科学基金"比较现代化"课题组译,江苏人民出版社 2010 年版。

[54]袁伟时、马勇:《从晚清到民国》,现代出版社 2014 年版。

[55][法]谢和耐:《中国社会史》,黄建华、黄迅余译,江苏人民出版社 2010 年版。

[56]罗荣渠:《现代化新论》,北京大学出版社 1993 年版。

[57]张鸣:《重说中国近代史》,中国致公出版社 2011 年版。

[58][美]徐中约:《中国近代史:1600—2000,中国的奋斗(第 6

版)》,计秋枫译,世界图书出版公司 2008 年版。

[59]邹振环:《西方传教士与晚清西史东渐——以 1815 至 1900 年西方历史译著的传播与影响为中心》,上海古籍出版社 2007 年版。

[60][美]钱存训著、郑如斯编订:《中国纸和印刷文化史》,广西师范大学出版社 2004 年版。

[61]熊月之:《西学东渐与晚清社会》,中国人民大学出版社 2011 年版。

(四)论文

[1]李卫华:《清末报刊立宪动员与政治变迁》,《南京社会科学》2010 年第 8 期。

[2]李卫华:《清廷"预备立宪"与清末报业发展空间的扩展》,《国际新闻界》2011 年第 5 期。

[3]李卫华:《简论官报与清末立宪思想的传播》,《信阳师范学院学报(哲学社会科学版)》2011 年第 5 期。

[4]刘小林:《论清末立宪思潮》,《学术论坛》1999 年第 5 期。

[5]徐建平:《清末直隶地方官报的兴起及其政治表达》,《历史档案》2007 年第 2 期。

[6]李斯颐:《清末 10 年官报活动概貌》,《新闻与传播研究》1991 年第 3 期。

[7]李斯颐:《清末 10 年官报活动评析》,《新闻文化研究论文集》1994 年。

[8]李斯颐:《清末的官报》,《百科知识》1995 年第 6 期。

[9]李斯颐:《清末 10 年阅报讲报活动评析》,《新闻与传播研究》1990 年第 2 期。

[10]邱思达、赵伊:《天津北洋官报局印制的官报和钞票》,《中国钱币》2004 年第 3 期。

[11]李明山:《北洋官报局盗版与晚清版权律的制定》,《南通师范学院学报(哲学社会科学版)》2001 年第 3 期。

[12]张小莉:《晚清文化政策之调整:从"崇儒重道"到"中体西用"》,《河北学刊》2003 年第 2 期。

[13]张小莉:清末"新政"时期的地方官报》,《福建论坛(人文社会科学版)》2005 年第 11 期。

[14]周光明:《日本官报的设计理念》,《新闻与传播评论》2008 年第 12 期。

[15]屈永华:《宪政视野中的清末报刊与报律》,《法学评论》2004 年第 4 期。

[16]杨波、刘长宏:《清末的报刊与控制政策》,《求索》2007 年第 1 期。

[17]白铭:《河北省近现代报业史(1886—1949)》,《高校社科信息》1997 年第 5 期。

[18]方汉奇:《报纸与历史研究》,《历史档案》2004 年第 4 期。

[19]方汉奇:《中国最早的一批近代化报纸》,《新闻战线》1957 年第 6 期。

[20]许建萍:《福建农工商官报与清末新政初探》,《白城师范学院学报》2008 年第 1 期。

[21]张瑛:《〈河南官报〉初探》,《史学月刊》1987 年第 3 期。

[22]程云:《清代江西官办报刊述略》,《江西社会科学》1982 年第 5 期。

[23]王学珍:《清末报律的实施》,《近代史研究》1995 年第 3 期。

［24］李文武:《晚清报刊与文化大众化》,《贵州社会科学》1996年第2期。

［25］钱培荣等:《晚清报刊的发展历程》,《杭州大学学报(哲学社会科学版)》1996年第4期。

［26］王先明、杜慧:《"北洋"正义》,《历史教学》2014年第4期。

［27］翟砚辉、沈雪:《〈北洋官报〉发行问题探析》,《保定学院学报》2011年第3期。

［28］张珊珊:《〈北洋官报〉史话》,《中国社会科学报》2011年第2期。

［29］丁苗苗:《非"袁"不可的媒介话语》,《社会科学报》2011年第8期。

［30］唐少君:《"开启民智"在开拓北洋实业中的先导作用》,《安徽史学》1994年第2期。

［31］间小波:《二十世纪初中国传播媒介的繁荣与人的现代化》,《新闻与传播研究》1996年第1期。

［32］邓绍根:《论晚清电报兴起与近代中国新闻业的发展》,《安徽大学学报(哲学社会科学版)》2013年第4期。

［33］唐立平:《从大众传媒看中国晚清社会的变革及当代思考》,《大连干部学刊》2012年第2期。

［34］吴康林:《地方督抚对预备立宪的舆论引导》,《琼州学院学报》2015年第2期。

［35］曾荣:《国民外交思想进入中国的历史考察》,《历史教学》2010年第22期。

［36］胡建书:《从"历史的报刊"到"报刊的历史"》,《新闻与传播研究》2012年第2期。

[37]李志茗:《袁世凯幕府与清末新政》,《史林》2007 年第 6 期。

[38]徐永志:《论 20 世纪初直隶地区的社会整合——兼评袁世凯与北洋新政》,《清史研究》2000 年第 3 期。

[39]苏全有:《袁世凯与清末学堂建设》,《新乡学院学报(社会科学版)》2009 年第 8 期。

[40]周醉天:《袁世凯直隶新政对天津近代文明建构的影响》,《天津社会主义学院学报》2014 年第 2 期。

[41]崔改梅:《论清末新政之教育改革与中国教育制度近代化》,《濮阳职业技术学院学报》2009 年第 4 期。

[42]孙佳梅、李跃利:《浅论清末新政中的教育改革》,《海南师范大学学报(社会科学版)》2011 年第 1 期。

[43]马鸿儒:《清末"新政"与教育改革述评》,《历史档案》1993 年第 4 期。

[44]邢瑞苗:《清末新政的教育改革》,《河北广播电视大学学报》2006 年第 9 期。

[45]张汝:《清末新政的新式学堂与教育近代化》,《乐山师范学院院报》2002 年第 2 期。

[46]郑丽琴:《清末新政教育改革评价及其现代启示》,《科教文汇》2009 年第 11 期。

[47]宋文博:《清末新政时期袁世凯的教育思想与实践》,《黄河科技大学学报》2014 年第 5 期。

[48]戴根平:《清末新政与中国教育制度近代化》,《衡阳师范学院院报》2008 年第 2 期。

[49]曹寄奴:《社会历史的变迁与教育体制的转型》,《历史教学问题》2009 年第 6 期。

[50]但瑞华:《"政论时代"的传媒与晚清社会思潮》,《学习与实践》2012 年第 4 期。

[51]胡斌:《关于晚清社会思潮问题的几点思考》,《学术界》2011 年第 8 期。

[52]黄巍:《科举制度的废除与晚清社会思潮》,《历史研究》2007 年第 2 期。

[53]曾宪明、黄月琴:《论近代报刊与中国现代化意识的交互关系》,《湖北大学学报》2002 年第 3 期。

[54]赵晓兰:《十九世纪我国报刊评论的产生及其发展》,《浙江社会科学》2008 年第 12 期。

[55]吴祖鲲、王昆:《思想变动与学术转型——西方政治学引入与晚清社会》,《深圳大学学报(人文社会科学版)》2016 年第 7 期。

[56]陈伟军:《晚清报刊评论的现代性追寻》,《广东外语外贸大学学报》2010 年第 1 期。

[57]郭汉民:《晚清社会与晚清思潮》,《中南大学大学学报(社会科学版)》2004 年第 2 期。

[58]刘俐娜:《晚清政治变革视角下经世致用史学的研究》,载中国社会科学院近代史研究所政治史研究室编:《晚清政治史研究的检讨:问题与前瞻》,社会科学文献出版社 2014 年版。

[59]荆学民、苏颖:《不同话语身段的博弈》,《人民论坛》2013 年第 13 期。

[60]张海林、谷永清:《从"开官智"到"开民智":论晚清中国社会现代化的进路》,《东岳论丛》2011 年第 4 期。

[61]杨宁:《浅论清末新政的失败与中国现代政治文明的起步》,《南京政治学院院报》1997 年第 4 期。

［62］姚顺东：《清末新政和中国近代政治现代化》，《邵阳学院学报（社会科学）》2003 年第 3 期。

［63］陈向阳：《清末新政与中国现代化》，《华南师范大学学报（社会科学版）》1996 年第 2 期。

［64］忻平：《清末新政与中国现代化进程》，《社会科学战线》1997 年第 2 期。

［65］戴玉琴：《清末新政与中国早期现代化的进程》，《南京社会科学》1999 年第 6 期。

［66］陈向阳：《晚清三次思想分化与早期现代化思想的变迁》，《学术月刊》1999 年第 2 期。

［67］陈柳钦：《现代化的内涵及其理论演进》，《经济研究参考》1999 年第 4 期。

［68］胡传胜：《现代化理论的三个视角》，《南京大学学报（哲学·人文科学·社会科学）》2001 年第 3 期。

［69］何显明、揭艾花：《制度变迁与中国现代化进程》，《浙江社会科学》1999 年第 3 期。

［70］梁景和：《论清末地方自治的实践》，《西南交通大学学报（社会科学版）》2000 年第 12 期。

［71］刘建明：《中国古代官报的媒介批评》，《当代传播》2011 年第 2 期。

［72］崔军伟、徐保安：《晚清开官智思潮述论》，《江淮论坛》2006 年第 5 期。

［73］［美］钱存训：《印刷术在中国传统文化中的作用》，《文献》1991 年第 2 期。

［74］［美］钱存训：《关于纸和印刷史研究的新结论》，《北京日报》

2005 年 2 月 7 日。

(五)学位论文

[1] 张敏:《〈盛京时报〉与清末立宪(1906—1911)》,苏州大学,2003 年。

[2] 翟砚辉:《〈北洋官报〉与直隶新政》,河北师范大学,2010 年。

[3] 闫小会:《〈申报〉视野下的清末立宪》,吉林大学,2014 年。

[4] 徐爽:《1901—1911:旧王朝与新制度——清末立宪改革论述》,中国政法大学,2006 年。

[5] 李卫华:《报刊传媒与清末立宪思潮》,厦门大学,2009 年。

[6] 李益顺:《晚清报刊中的科学话语研究》,湖南师范大学,2014 年。

[7] 李默菡:《晚清表达自由制度研究》,武汉大学,2011 年。

[8] 马蕊:《晚清报刊民主思想研究》,上海大学,2014 年。

[9] 刘静静:《二十世纪直隶地方政府与城市变迁》,河北师范大学,2008 年。

[10] 汪苑菁:《报刊与城市现代性》,华中科技大学,2013 年。

[11] 叶德明:《袁世凯与直隶新政》,安徽师范大学,2002 年。

[12] 郭强:《论袁世凯在清末新政时期的教育改革及其影响》,河北师范大学,2008 年。

[13] 张艳丽:《清末直隶新政中的督学机构与兴学措施》,河北师范大学,2002 年。

[14] 吴仁杰:《激进与保守之间——晚清宪政思想研究》,郑州大学,2009 年。

[15] 刘觅知:《近代社会思潮格局演进下的船山学研究》,湖南大学,

2015 年。

[16]杨实生:《清流与晚清政治变革》,湖南大学,2011 年。

[17]马蕊:《晚清报刊民主思想研究》,上海大学,2014 年。

[18]廖静:《晚清时期船山思想的传播与影响》,湖南师范大学,2014 年。

[19]董卓然:《晚清政治改革潮流中的社会舆论》,浙江大学,2008 年。

[20]徐婷:《清末新政败因:基于政治观念的考察》,华中师范大学,2011 年。

[21]秦勇华:《1905 年—1916 年:清末民初政治转型研究》,广西师范大学,2008 年。

[22]葛宝森:《保定商会研究(1907——1945)》,河北大学,2011 年。

[23]陈海亮:《清末新政与中国早期现代化的全面启动》,辽宁大学,2014 年。

[24]李宏伟:《现代理论与当代中国史学研究》,山东大学,2008 年。

[25]廖志坤:《中国近代政治转型的曲折反映——袁世凯政治思想研究》,湖南师范大学,2008 年。

[26]李新丽:《中国近代报刊与人的现代化——以梁启超的报刊活动为考察对象(1896——1907)》,复旦大学,2009 年。

[27]吴嘉曦:《英敛之时期《大公报》开官智言论研究》,湖南师范大学,2015 年。

[28]周纯亚:《清政府与清末话语权之争》,宁波大学,2010 年。

[29]白文刚:《清末新政时期的意识形态控制》,中国人民大学,2005 年。

后　记

　　键盘敲出最后一个句号的时刻,我都能感觉到自己按捺不住的兴奋之情。同时,万千感慨涌上心头。回首数年求学生涯,我努力找到生活的平衡点,丝毫不敢懈怠地执桨泛舟于无边学海。风雨无阻,助我一同划桨向前的,无私的师长同侪亲朋好友们,岂是一个谢字能够表达我对你们的感激之情!

　　拜谢恩师白贵教授!老师具有渊博精雅的学识、温润深厚的德性和豁达包容的情怀。每每在我信心不足或是思路阻塞的关键时刻,老师都能为我拨云见日、指点迷津,并鼓励我直面困难,超越自我。虽不能日日面见老师,聆听老师的教诲,但老师的治学之风、工作之态、处世之道,我耳濡目染。老师的谆谆教诲我铭记在心。我是学生当中最驽钝的一个,但我一定做一只勤奋的笨鸟,在学术的道路上,不懈追求,以回报老师的培育之恩!

　　拜谢恩师王会教授!我常说,我有两位导师,我比别人幸福太多。王老师饱谙经史,博物通达,淡泊名利,儒雅高才。能得老师之教导,乃我之大幸运。从老师的授业、解惑中我多受启发,同时也深深折服于老师严谨的治学风范与浓厚的家国情怀。学生惭愧建树无多,远未达到恩师的期望。今后,定把老师的责望化作前行的动力!

浅薄小书无法承载给予我恩惠的老师们发自肺腑的谢意。感谢我的硕士生导师乔云霞教授,长久以来,她像我的母亲一样竭力地帮助我却不求回报;感谢新闻传播学院韩立新院长,大力支持博士生教育,拨款购买全套影印版《北洋官报》,大大方便了我在写作中查阅资料,减少了我在京津冀三地图书馆间的奔波之苦;感谢任文京老师、杨秀国老师、胡连利老师、田建平老师、彭焕萍老师、曹茹老师、张雅明老师、王秋菊老师、陶丹老师等的悉心教导,他们以渊博的专业学识、严谨的学术思维,授人以渔,没齿难忘;感谢诸位同门的陪伴支持,感谢新闻学院诸位领导、同仁的关怀照顾,求学苦旅,有你们的帮助和肯定,我才能步伐坚定,行走至今。

与我一起风雨同舟的还有我年事已高的父母、勤劳善良的姐姐和相濡以沫的爱人、活泼单纯的女儿。在我攻读博士学位期间,他们包容我的焦躁,分担我的家务,理解我没有更多时间的陪伴,默默地、无私地为我付出太多太多!平凡的生活中流淌着大爱无声!我爱你们!谢谢!

时光荏苒,岁月如歌。惟愿笃行致远,静水流深。

责任编辑:江小夏

封面设计:胡欣欣

图书在版编目(CIP)数据

《北洋官报》研究/都海虹 著. —北京:人民出版社,2022.5

ISBN 978 - 7 - 01 - 024166 - 1

Ⅰ.①北…　Ⅱ.①都…　Ⅲ.①北洋军阀政府-报纸-研究

　Ⅳ.①G219.295.2

中国版本图书馆 CIP 数据核字(2021)第 252115 号

《北洋官报》研究
BEIYANG GUANBAO YANJIU

都海虹　著

人民出版社 出版发行

(100706　北京市东城区隆福寺街 99 号)

北京盛通印刷股份有限公司印刷　新华书店经销

2022 年 5 月第 1 版　2022 年 5 月北京第 1 次印刷

开本:710 毫米×1000 毫米 1/16　印张:16.25

字数:240 千字

ISBN 978 - 7 - 01 - 024166 - 1　定价:66.00 元

邮购地址 100706　北京市东城区隆福寺街 99 号

人民东方图书销售中心　电话 (010)65250042　65289539